RESET
리셋, 느헤미야와 함께 다시 세우라!

Filled with Grace

은채는 "**은혜로 채우다**"의 줄임말입니다.

도서출판 은채는 독자들의 마음을 하나님의 은혜로 채우는 책들을 출판하려 합니다. 하나님께서 이 책과 도서출판 은채의 모든 책을 읽는 독자들의 마음과 삶을 은혜로 채워주시길 기도합니다.

리셋
RESET

느헤미야와 함께
다시 세우라

이재기 지음

도서출판
은채

리셋
RESET
느헤미야와 함께
다시 세우라

느헤미야는 타국 왕에게 고용되어 정부 일을 하는 관료였는데, 그의 회고록인 이 책(느헤미야서)이 말해 주듯, 후에 예루살렘 성벽을 재건하는 일을 맡게 된다. 학자이자 선생인 에스라가 그의 일을 도왔다. 에스라는 성경을 가지고 일했고 느헤미야는 돌과 회반죽을 가지고 일했다. 이 두 사람의 이야기는 서로 엮이면서 하나의 거룩한 일을 이루었다. 실제로 느헤미야 6:16에서는, 심지어 "주변 모든 나라가... 이 일의 배후에 하나님이 계신 것을 알게 되었다"라고 말한다.

　　　　　-유진 피터슨(Eugene Peterson)의 『메시지 성경』 중에서

COTENTS

여는 글

이 글을 쓰기 2달 전쯤에 우리 부부는 코로나 바이러스에 감염이 되었습니다. 심하진 않았지만 우리는 아팠고 일주일 동안 사회로부터 격리된 삶을 살았습니다. 당시 우리에게 필요한 것은 무엇보다 회복이었습니다. 우리는 건강과 사회적 관계와 일상의 삶을 얼마동안 잃어버린 상황에 처했습니다. 우리는 고쳐야 할 것을 고치고 잃어버린 것을 되찾아야 했습니다.

우리 부부가 당시 한 일주일 정도 경험한 어려움은 지난 3년간 펜데믹의 세상이 겪은 엄청난 어려움의 작디작은 한부분에 불과했습니다. 그렇습니다. 세상은 코로나19 바이러스로 촉발된 펜데믹 상황으로 인해 전례를 찾아보기 힘든 큰 어려움을 겪었습니다. 헤아릴 수 없는 사람들이 자신의 삶에서 상실과 무너짐을 경험했습니다. 관계가 무너지고, 경제적 삶이 무너지고, 일상이 무너지고, 마음이 무너지고, 심지어 생명까지 무너져 내렸습니다.

이런 현상은 그리스도인이라고 예외가 될 수 없었습니다. 오히려 그리스도인이기 때문에 일반 사람들은 겪지 않아도 되는 어려움까지 겪었습니다. 정부의 강력한 거리두기 정책으로 우리는 함께 모여 교회에서 공동식사를 하거나 소그룹 교제를 할 수 없었고 우리 신앙행위의 꽃과 같은 주일 공동 예배조차 서로 얼굴을 보며 드릴 수 없을 때가 너무 많았습니다. 그로 인해 우리 안에 많은 무너짐이 있었습니다. 신앙이 무너지고 교제가 무너지며 심지어 적지 않은 교회 공동체가 무너지는 안타까운 일들이 있었습니다.

이제 코로나 사태의 끝이 보이는 이 시점에서 우리는 무너진 것들을 다시 세우기 위해 소매를 걷어붙이고 나서야 합니다. 다시 하나님의 얼굴을 구하며 회복의 길로 나아가야 합니다. 그리고 그분의 말씀에 따라 모든 것을 리셋해야 합니다.

그러기 위해서 느헤미야서를 다시 펼쳐보는 것보다 더 좋은 일도 없다고 생각합니다. 느헤미야는 이스라엘 사람이었지만 자기 나라가 무너지고 그 백성이 타국에 유배된 암울한 시대를 살아가고 있었습니다. 그는 탁월한 리더로 알려져 있는데 그의 글, 곧 느헤미야서는 그가 그 무엇보다 회복의 리더임을 우리에게 잘 보여줍니다. 그는 무너진 예루살렘의 성벽을 재건하기 위해, 아니 무너진 하나님 백성의 신앙을 리셋하기 위해 당시 최강대국이었던 페르시아의 안락한 궁전을 떠나 하나님께서 부르신 황폐한 곳으로 가서 회복의 사역에 모든 것을 바친 하나님의 사람이었습니다. 그의 리더십으로 인해 오랫동안 무너져있었던 거룩한 도성의 성벽이 다시 세워졌고 하나님 백성의 예배가 회복되었으며 하나님 말씀에 따라 공동체가 리셋되는 아름다운 일들이 있게 되었습니다.

우리는 이 책에서 그의 안내를 받아 그와 함께 회복의 여정을 떠나려 합니다. 그에게서 우리는 회복과 부흥과 개혁이라는 하나님의 아름답고 위대한 일을 어떻게 준비하고 그 꿈을 어떻게 나누며 그 과정 가운데 벌어지는 싸움과 갈등, 그리고 방해에 어떻게 대처해야 하는지를 배우게 될 것입니다. 우리는 또한 그 일의 의미가 무엇이고 어떻게 그 일을 이루며 그 모든 일의 이유가 되시는 하나님을 어떻게 예배하고 그 크신 분께 어떻게 더 가까이 나아갈 수 있는지도 익히게 될 것입니다. 그뿐 아니라, 하나님 백성 공동체로서 어떻게 교회다운 교회가 되고 어떻게 지속적으로 부흥과 성공을 경험할 뿐 아니라 어떻게 말씀에 따라 계속 리셋하는 개혁적 신앙 공동체가 될 수 있는지에 대해서도 지혜를 얻게 될 것입니다.

모쪼록 이 작은 책이 무너진 모든 것을 다시 세우고 개인적으로 또 공동체적으로, 회복과 부흥을 경험하며 하나님의 백성답게 모든 것을 다시 시작하기 원하는 당신에게 도움이 되기를 바랍니다. 읽는 이마다 주 예수 그리스도 안에서 성령의 인도하심 가운데 하나님의 말씀에 따라 아름답고 강력한 회복의 역사가 일어나길 축복합니다. 이제 이 책의 주인공인 느헤미야가 무슨 일을 할 때마다 그랬던 것처럼 저도 기도함으로 이 책을 당신에게 건넵니다. 주 하나님께서 느헤미야와 함께 회복의 여정에 나선 당신에게 복을 주시고 지키시기를 원하며 그 얼굴로 당신에게 비추사 은혜 베푸시기를 원하며 그 얼굴을 당신을 향하여 드사 평강주시기를 간절히 기도합니다.

　이 글을 마무리하면서 마땅히 감사해야 할 분들에게 감사의 말씀을 드리기 원합니다. 먼저 이 책이 세상에 나오는데 여러 방면으로 도움을 주신 분들에게 감사를 표합니다. 원고를 꼼꼼히 읽으면서 더 정확하게 의미가 전달될 뿐 아니라 읽기 편한 글이 되도록 교정해준 유명숙 전도사님과 이 책이 매력적인 모습을 가지도록 아름답게 꾸며준 유영이 사모님에게 감사합니다. 또한 이 책의 멋진 제목에 소중한 아이디어를 제공한 김철기 전도사님에게도 고마움의 마음을 전합니다. 생각해보면, 마라톤과 같은 사역의 여정에 늘 힘이 되는 믿음의 동역자들입니다.

　사랑빛는교회 성도들에게도 감사를 드립니다. 사실, 이 책은 처음에 그들과 먼저 나눈 내용을 바탕으로 쓰여졌습니다. 그들 때문에 저의 말씀 연구와 설교의 사역은 더 초점이 분명해지고 더욱 풍성해집니다. 그들로 인해 저는 말씀사역자로서 열정을 유지하게 됩니다. 그뿐만이 아닙니다. 그들의 기도와 사랑은 저의 버팀목이자 배터리입니다. 부족한 저를 붙들어주며 어떻게든 한걸음 더 앞으로 나가게 하며 더 나은 목회자가 되도록 도와주기 때문입니다.

사랑하는 가족들에게도 이 자리를 빌어 깊은 감사를 전합니다. 그들은 언제나 저를 회복케 하고 소생케 하는 회복의 도구입니다. 그들이 있기에 넘어져도 다시 일어날 수 있습니다. 슬픔 가운데서도 다시 웃을 수 있습니다. 특별히 아내에게 감사합니다. 그녀는 이 책의 탄생에도 그 누구보다 애를 많이 썼습니다. 그 모든 수고와 기도가 많은 사람들의 회복과 영적 리셋이라는 결실로 열매 맺기를 소망합니다.

마지막으로 소망 없던 청년 시절에 저를 찾아와 무너진 삶을 다시 세워주시고 예수 그리스도 안에서 저를 리셋해주신 하나님께 감사드리며 그 고마우신 분께 모든 영광을 돌립니다.

2022년 10월 6일,
이재기 목사

덧) 이 책에 인용된 성경은 다른 표시가 없을 경우 새번역 성경에서 발췌된 것임을 밝힙니다.

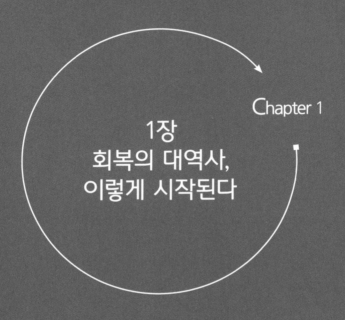

Chapter 1

1장
회복의 대역사,
이렇게 시작된다

느헤미야 1:1~3, 11

하가랴의 아들 느헤미야가 한 말이다. 이십년 기슬르월, 내가 도성 수산에 있을 때에, 나의 형제 가운데 하나인 하나니가 다른 사람들과 함께 유다에서 왔기에, 이리로 사로잡혀 오지 않고, 그 곳에 남아 있는 유다 사람들은 어떠한지, 예루살렘의 형편은 어떠한지를 물어 보았다. 그들이 나에게 대답하였다. "사로잡혀 오지 않고 그 지방에 남은 사람들은, 거기에서 고생이 아주 심합니다. 업신여김을 받습니다. 예루살렘 성벽은 허물어지고, 성문들은 다 불에 탔습니다."

주님, 종의 간구를 들어주십시오. 주님의 이름을 진심으로 두려워하는 주님의 종들의 간구에 귀를 기울여 주십시오. 이제 주님의 종이 하는 모든 일을 형통하게 하여 주시고 왕에게 자비를 입게 하여 주십시오. 그 때에 나는 왕에게 술잔을 받들어 올리는 일을 맡아 보고 있었다.

리셋

. . .

느헤미야와 함께 다시 세우라

"모든 혁명의 처음은 어떤 사람의 머릿속에 있는 생각이었다"라는 말이 있다. 이 경구는 생각의 중요성을 강조한 말이지만 한편으로 혁명과 같이 엄청나게 큰일도 한 사람의 생각이라는 작은 것으로부터 시작되었음을 보여주는 말이기도 하다.

실제로 그런 예가 인류 역사 가운데 적지 않다. 유럽과 세계의 역사를 바꾼 종교개혁을 보라. 다소 단순화된 경향이 있지만 마치 혁명과도 같은 그 엄청난 일은 독일의 마틴 루터라는 한 수도승이 당시 자행되던 면죄부 판매에 대해 의문을 제기하는 95개 조항을 비텐베르크 성당의 문에 내걺으로 시작되었다. 처음에는 그 누구도, 심지어는 루터 자신도 그런 대단한 결과가 있을 것이라고는 생각하지 못했다.

독일의 통일은 또 어떤가? 구동독 소재, 라이프치히(Leipzig)시에 있는 성 니콜라이 교회에서 1982년부터 매주 월요일에 성도들의 평화 기도회가 열렸다. 이 기도회에 많은 방문객이 찾아오기 시작했고 사람들은 교회 입구에 기도 제목을 적은 노란색 종이와 촛불을 가져다 놓았다. 1989년 9월 4일의 평화 기도회 후에 거리 행진이 열렸고 일반 시민들이 이 행진에 가세했으며 10월에는 동독 전역으로 확산되었다. 그리고 그다음 달인 11월 9일 베를린 장벽이 무너졌다. 결국 한 교회에서 성도들이 시작한 작은 촛불 기도회가 들불처럼 번져서 견고하게 서 있던 베를린 장벽을 무너뜨렸고 독일의 통일이라는 대역사로 귀결된 것이다.

느헤미야서를 읽어보면 주전 586년 바벨론의 정복으로 인해 함락되어 거의 150년 동안이나 무너져 있었던 예루살렘의 성벽이 재건되고 하나님 백성 공동체가 회복되는 큰 역사가 성취되는 것을 본다. 그 엄청난 하나님의 대역사는 어떻게 시작되었을까? 우리가 꿈꾸고 바라는 하나님의 큰일은 또한 어떻게 시작되는 것일까? 내 개인적인 바람을 넘어서는, 내 인생에 진정한 의미를 불어넣는 그 높은 꿈, 그 위대한 하나님의 일이 시작되기 위해 무엇이 필요한 것일까?

하나님의 일에 대한 관심

느헤미야서의 맨 첫 구절은 이 책에 기록된 모든 내용의 저자가 느헤미야임을 밝히면서 시작한다. 그의 이름은 "야웨가 위로하신다"라는 뜻이다. 자신의 이름처럼 그는 하나님께서 거룩한 도시 예루살렘과 그 백성들에게 보내신 "위로자"였다. 에스라서와 느헤미야서를 보면 동명이인이 두 명 더 있는데 이 느헤미야는 하가랴의 아들로 소개되어 있다. 그의 아버지에 대해서는 알려진 바가 없다. 느헤미야의 가족은 아마도 그 증조할아버지 때

포로로 왔을 것이다. 그는 왕에게 술잔을 올리는 "술 관원"이었다. 느헤미야 본인의 이야기를 들어보라. "그 때에 나는 왕에게 술잔을 받들어 올리는 일을 맡아 보고 있었다(느 1:11b)." 당시 왕의 대적들이 술에 독을 타서 왕을 암살하는 경우가 종종 있었기 때문에 술 관원은 왕의 절대적인 신뢰를 받는 사람만이 임명될 수 있는 자리였다. 따라서 그 직책은 고대사회에서 높은 관직 중 하나로 존경받는 자리였다. 비록 포로 출신이지만 느헤미야는 당시 최강대국인 페르시아 제국의 궁정에서 왕의 핵심 측근이 되는 성공을 경험했다.

그런데 어느 날 그가 수산이라는 도시에 있을 때였다. 수산은 페르시아 제국의 수도였다. 그 당시의 워싱턴 D.C.라고 말할 수 있겠다. 19세기 말에 프랑스의 한 고고학자가 수산의 유적지를 발굴했는데 그 궁전의 화려함이 사람들을 놀라게 했다고 한다. 왕궁은 금과 은과 수입 상아와 백향목으로 지어졌고 윤기 나는 벽돌과 날개를 단 황소가 새겨진 벽들이 그 아름다움을 뽐내고 있었다. 그런데 그곳이 바로 느헤미야의 일터였다. 당시 최고의 환경 가운데 그가 살고 있었다는 말이다. 때는 "이십년 기슬르월"이라고 되어 있다. 이는 아닥사스다 왕의 즉위 후 20년을 의미하는 것으로 보이는데 기원전 456년 정도가 될 것이다. 기슬르월은 11월 중순부터 12월 중순까지이다. 그 초겨울의 어느 날, 느헤미야는 누군가를 만났다. 본문 2절은 "나의 형제 가운데 하나인 하나니가 다른 사람들과 함께 유다에서 왔다"라고 한다. 하나니는 느헤미야의 진짜 형제일 수도 있고 아니면 같은 민족, 즉 그냥 유대인을 의미할 수도 있다. 1세기 유대인 역사가인 요세푸스는 느헤미야가 어느 날 저녁, 왕궁 바깥을 걷다가 히브리말로 서로 대화하는 여행자 차림의 사람들을 보았다고 한다. 이 사람들은 페르시아에 사는 유대인들로서 예루살렘에 다녀온 후 도성으로 들어가다가 느헤미야를 만난 것으로 보인다.

느헤미야는 어떻게 했을까? 그는 그들을 모른 체 할 수 있었다. 아니면 가볍게 인사를 하고 몇 마디 말을 나누다 왕궁 일이 바빠서 실례하겠다며 갈 수도 있었다. 아니면 그들의 이야기를 건성으로 듣고 오늘날 우리 그리스도인이 잘 그러는 것처럼 "기도할게요"라는 멘트를 날릴 수도 있었다. 그러나 그는 그렇게 하지 않았다. 그는 그들에게 다가가 2절 하반 절에 말한 것처럼 "이리로 사로잡혀 오지 않고, 그 곳에 남아 있는 유다 사람들은 어떠한지, 예루살렘의 형편은 어떠한지를 물어보았다." 그는 그곳에 남은 동족 유대인의 상황과 하나님의 성전이 있던 거룩한 성 예루살렘의 형편에 대해 물었다.

생각해보라. 예루살렘의 상황이 지금 그에게 무슨 상관이 있을까? 그 도시는 수산에서 1,300km나 떨어져 있다. 그는 이미 4세대 유대인이고 지금은 권력의 핵심부에서 아쉬운 것 없는 삶을 살고 있다. 요즘 정치하는 사람들을 보면 알 수 있듯이 사실 그의 모든 관심은 어떻게 권력을 유지하고 더 큰 권력을 틀어쥐는가에 있어야 한다. 그런데 느헤미야는 그렇지 않았다. 그는 하나님의 백성과 그 도성에 대해 묻고 또 물었다. 요세푸스는 느헤미야가 자기가 섬기는 왕의 저녁 식사도 잊어버리고 열심히 물어보았다고 했다. 왜 그랬을까? 왜냐하면 그것이 그의 가장 큰 관심사였기 때문이었다. 여기서 우리는 하나님의 대역사를 시작하는 한 가지 요소에 대해 배운다. **그것은 바로 하나님의 일에 대한 관심사이다.** 느헤미야는 페르시아의 왕궁에서 어떻게 하면 잘 먹고 잘 살까, 어떻게 하면 더 많은 돈을 모으고 더 높은 지위에 오를까에 대한 것보다 하나님의 거룩한 도성과 그 백성, 그리고 주님의 영광에 대해 더 뜨거운 관심이 있었다.

당신은 무엇에 대해 관심이 있는가? 자신의 관심사가 무엇인지 알고 싶다면 무엇을 궁금해하고 무엇을 질문하는지를 살펴보면 된다. 이를테면, 나 같은 목회자들은 보통 다른 목회자를 만날 때 그가 입은 옷의 브랜드가 무엇인지, 얼마를 주고 구입했는지 등에 대해서 질문하거나 궁금해하지 않는다. 그것보다는 그가 목회하는 교회에 사람이 얼마나 모이는지, 전도는 잘 되는지, 좋은 프로그램은 없는지를 궁금해하고 또 질문하기도 한다.

당신의 관심사는 무엇인가? 하나님의 나라와 그분의 뜻과 하나님의 이름에 관심이 있는가? 그분의 하시는 일에 관심이 있는가? 그분이 관심을 두는 일에 당신도 관심을 두는가? 자녀의 시험 점수보다 그 아이들의 신앙과 성품에 더 큰 관심을 기울이는가? 내 출세나 성공보다 하나님의 명성에 더 큰 관심이 있는가? 내 작은 삶과 사적 세계에 매몰되기보다 더 큰 세계와 하나님의 역사에 관심이 있는가? 내 개인적인 회사 일이나 사업뿐 아니라 하나님께서 교회 공동체를 통해서 하시고자 하는 일, 그리고 더 나아가 하나님 나라의 일에 관심이 있는가?

몇 년 전에 이만수 전 프로야구 감독이 한 게임업체로부터 광고모델 제의를 받았다고 한다. 그는 그리스도인이고 교회의 집사이다. 요즈음은 라오스와 같은 동남아 지역의 야구 육성을 위해 수년째 재능기부를 하고 있어 특별한 수입원이 없는 걸로 안다. 오히려 프로팀의 감독을 할 때보다 1.5배 돈을 더 쓴다고 했다. 그런 상황에서 그 회사로부터 광고를 찍으면 상당한 액수의 돈을 주겠다는 제안을 받았다는 것이다. 그 제안이 얼마나 매력적으로 들렸을까? 그러나 그는 그것을 거절했다. 그 이유는 광고 제의를 받은 그 상품이 젊은 사람들에게 좋지 않은 영향을 주기 때문이라는 것이다. 그의 말이다.

돈 준다고 해서 다 해서는 안 된다. 이제는 가려서 해야 하는 나이가 되었
다. 비록 작은 힘이나마 나의 행동이 세상 사람들에게 조금이라도 보탬이
된다면 희생할 줄 아는 사람이 되어야 한다.

멋지지 않은가? 그 상품이 정말 사람들에게 좋지 않은 영향을 주는 것인지
에 대한 그의 판단이 맞는지 틀리는지에 대해서는 논란이 있을 수 있고 나
도 그것을 정확하게 말할 수 없다. 그러나 내가 주목하는 것은 그의 관심
사이다. 그는 단지 돈이나 자신의 안위보다 다른 사람들의 복지에 더 관심
이 있었다. 그래서 그 많은 돈을 포기한 것이다. 자신의 관심사를 점검해보
자. 말씀을 읽으며 주님의 관심사를 확인하고 나의 관심사와 한번 비교해
보자. 바울은 골로새 교회에 쓴 편지에서 이렇게 권면한다.

그러므로 여러분이 그리스도와 함께 살려 주심을 받았으면, 위에 있는 것
들을 추구하십시오. 거기에는, 그리스도께서 하나님의 오른쪽에 앉아 계
십니다. 여러분은 땅에 있는 것들을 생각하지 말고, 위에 있는 것들을 생
각하십시오(골로새서 3:1-2).

더 높은 것들, 그저 현세적이고 찰나적이고 세속적인 것들이 아닌 영원한
것들, 하나님의 것들에 관심을 가지라는 것이다. 당신은 어떤가? 자신의 관
심사를 점검하고 수시로 모니터하고 재조정하지 않겠는가? 주님의 관심사,
주님의 마음을 달라고 기도하지 않겠는가? 그러기를 바란다. 그리고 무엇

보다 주님과 더 친밀해지는 데 시간을 쏟도록 하자. 그러면 우리의 관심사도 주님의 것으로 바뀌게 될 것이다.

거룩한 불만족

이제 다시 느헤미야의 이야기로 돌아가자. 느헤미야의 질문에 대해 그들은 뭐라고 대답했을까?

그들이 나에게 대답하였다. "사로잡혀 오지 않고 그 지방에 남은 사람들은, 거기에서 고생이 아주 심합니다. 업신여김을 받습니다. 예루살렘 성벽은 허물어지고, 성문들은 다 불에 탔습니다"(느 1:3).

그들의 대답은 느헤미야를 실망에 빠트렸다. 하나님의 백성인 이스라엘 사람들은 이방인들에게 멸시를 당하고 엄청난 고난 가운데 있다. 거룩한 도성 예루살렘의 성벽은 무너졌고 성문들은 다 불에 타버렸다. 물론 이것은 130여 년 전 느부갓네살왕이 침공했을 때의 이야기가 아니다. 최근의 소식이다. 느헤미야는 총독 스룹바벨과 제사장 에스라를 포함한 일부 유대인들이 이미 귀환했으므로 상황이 좀 나아졌으리라 기대했을지 모른다. 그러나 실상은 그곳에 있는 원수들의 방해와 내부적 분열로 상황은 조금도 나아지지 않았다. 그들의 꼴이 말이 아니었다. 명색이 하나님 백성인 그들이 이래서는 안 되었다.

이 소식을 들은 느헤미야의 반응은 구체적으로 어떠했을까? 그것은 말할 수 없는 슬픔과 눈물이었다. 그는 찢어지는 마음을 부둥켜안고 그 자리에 주저앉아 오열했다. 그리고는 슬픔에 잠겨 여러 날 동안 금식했다. 느헤미야가 이렇게 한 것은 단지 동족인 유대인이 현실적으로 비참한 상태에 처했기 때문이 아니었다. 오히려 그것은 하나님의 백성인 자기 민족의 분명한 기준과 영적 상태가 무너졌기 때문이었다. 이 사람들은 그가 10절에서 말한 것처럼 "주님께서 크신 힘과 강한 팔로 건져내신 주님의 종이며, 주님의 백성"이었다. 그들은 이런 상태로 있어서는 안 되었다. 느헤미야는 이 현실을 받아들일 수가 없었다. 그의 자존심은 큰 상처를 입었다. 그는 이스라엘 자손으로서 하나님의 선민인 자기네 나라와 민족의 상태에 대해 거룩한 불만족을 느낀 것이다. 그렇다. **이러한 거룩한 불만족이 하나님의 대역사를 시작하게 한다.**

현상에 대한 불만족은 모든 발전과 진보와 혁신의 동력이다. 요즘 우리가 쓰는 '포스트잇'도 교회의 한 성가대원이 찬송가 사이 그날 부를 곡에다 종이를 끼워놓았는데 그게 자꾸 떨어지고 선풍기 바람에 날아가는 데 대해 불만이 생겨 발명된 것이다. 현대 경영의 구루 탐 피터스(Tom Peters)의 표현에 의하면 "왕짜증"이 나서 포스트잇이 만들어졌다. 영적으로도 마찬가지이다. 우리는 자신의 영성과 가정의 상태와 한국교회의 현실에 대해 거룩한 불만족을 가져야 한다.

사도바울은 거룩한 불만족을 가진 크리스천 리더였다. 그는 예수 그리스도를 친밀히 알고 그분의 부활 권능을 체험하는 것과 관련하여 이렇게 말했다.

나는 이것을 이미 얻은 것도 아니며, 이미 목표점에 다다른 것도 아닙니다.

그리스도 [예수]께서 나를 사로잡으셨으므로, 나는 그것을 붙들려고 좇아가고 있습니다. 형제자매 여러분, 나는 아직 그것을 붙들었다고 생각하지 않습니다(빌 3:12-13a).

그는 자신이 이미 얻었거나 붙든 것이 아니라 아직도 갈 길이 먼 사람이라고 고백했다. 그러나 생각해보라. 이때 바울은 그리스도인이 된 지 거의 30년 다 되어가는 신앙의 노장이었다. 그는 다마스쿠스로 가는 길에서 눈부신 광채 가운데 부활하신 예수님을 만나기도 했고 고린도후서에서 밝힌 것처럼 셋째 하늘로 끌려 올라가 말로 표현할 수 없는 말씀을 듣는 놀라운 체험을 하기도 했다. 그뿐인가? 3차에 걸쳐 선교여행을 떠나 소아시아와 유럽에 수많은 교회를 개척하는 괄목할만한 성과를 거두기도 했다. 또한 갈라디아서와 데살로니가 전후서를 비롯한 후일 신약성경에 포함될 여러 서신을 쓰기도 했다. 우리가 보기에 영적으로 그리고 사역적으로 어떤 부족함도 없어 보일 정도로 그의 스펙은 화려하다. 그럼에도 불구하고 그는 자신에 대해 거룩한 불만족을 가지고 앞으로 나아갔던 것이다.

이처럼 개인의 신앙 성장에 대한 일이건, 가정이나 교회 공동체에 대한 일이건 우리는 현상에 만족하지 말고 거룩한 불만족을 느껴야 한다. 느헤미야처럼 아파하고 슬퍼하며 때로는 눈물을 흘리며 울어야 한다. 안타까운 조국 교회의 현실에 대해, 내 교회 공동체의 부족한 모습에 대해, 우리의 다음 세대가 처한 영적 현실에 대해, 아니 그보다 더 안타까운 나와 내 자녀의 믿음에 대해 애통해하고 끊임없이 불만족해하며 주님께 나아가야 한다. 거기서부터 하나님의 역사는 시작될 수 있다. 현상에 만족하지 마라. 하나님의 기준에 못 미치는 것들에 대해 마음 아파하고 울며 슬퍼하라. 거룩한 불만족으로 주님께 나아가 어떻게 해야 좋을지를 묻는 우리가 되었으면 한다. 꼭 그래야 한다.

간절한 기도

지금까지 본 것처럼 느헤미야는 하나님의 일에 대한 깊은 관심을 가지고 있었다. 그리고 그는 하나님의 백성인 이스라엘이 마땅히 되어야 할 모습에 이르지 못한 것에 대해 깊은 슬픔과 거룩한 불만족을 가지고 있었다. 그러나 만약 느헤미야가 여기서 멈췄다면 아무 일도 일어나지 않았을 것이다. 그런데 그는 더 나아가서 참으로 중요한 일을 했다. 그의 기록을 더 보도록 하자.

나는 슬픔에 잠긴 채로 며칠 동안 금식하면서, 하늘의 하나님께 기도하여 아뢰었다. 주 하늘의 하나님, 위대하고 두려운 하나님, 주님을 사랑하는 이들과 세운 언약, 주님의 계명을 지키는 이들과 세운 언약을 지키시며 은혜를 베푸시는 하나님, 이제 이 종이 밤낮 주님 앞에서 주님의 종 이스라엘 자손을 위하여 드리는 이 기도에 귀를 기울이시고, 살펴 주십시오(느 1:4-6a).

바로 이것이다. 예루살렘 성벽을 재건하는 위대한 하나님의 역사가 느헤미야 한 사람의 기도로 시작되었음을 우리는 보아야 한다. 그 엄청난 역사의 시작점은 하나님의 일에 관심을 가진 한 사람의 간절한 기도였다. 느헤미야는 며칠 동안 금식하면서 기도했고 그 이전에도 밤낮 기도했다. 그 기도가 예루살렘 성벽의 재건과 이스라엘 백성의 영적 부흥이라는 하나님의 대역사를 만들어낸 것이다.

우리의 경우도 마찬가지다. **우리의 기도가 우리를 향한 하나님의 대역사를 시작하게 한다.** 다시 말해 하나님의 대역사를 촉발하는 가장 강력한 요인은 바로 우리의 기도라는 것이다. 왜일까? 그것은 우리가 기도를 통해 하나님의 개입을 요청하기 때문이다. 기도하지 않을 때는 모든 것이 나 개인의 자원과 능력과 수준에 머무를 따름이지만, 기도할 때 우리는 그것을 넘어 하나님의 자원과 능력과 수준으로 올라가기 때문이다. 잘 알지 않는가? "우리가 일할 땐 우리가 일하지만 우리가 기도할 땐 하나님이 일하신다"라는 E. M. 바운즈(E. M. Bounds)의 유명한 경구를! 물론 어떻게 일하실지는 하나님께서 정하시지만 말이다.

이 명제는 역사적으로도 증명된다. 알겠지만 역사상 모든 위대한 부흥 운동은 성도들의 기도로 시작되었다. 미국의 대각성 운동 때도, 영국의 웨슬리 부흥 때도, 스펄전과 무디의 사역 때도 사람들은 모여서 기도했고 하나님은 놀라운 일을 행하셨다. 이는 지금도 마찬가지다. 미국 뉴욕의 어려운 지역에서 수많은 사람의 삶을 바꿔놓는 귀한 일에 쓰임 받는 브루클린 태버너클 교회를 보라. 그 교회의 담임목사인 짐 심발라(Jim Cymbala)는 정식 신학 공부를 하지 않은 사람이다. 그는 대학을 졸업하고 장인의 권유로 얼떨결에 교인이 한 20명 정도 있는 쓰러져가는 교회의 목회를 맡게 되었다. 그는 목회 경험도 전혀 없고 목회할 생각도 없었던 그야말로 "어쩌다 목사"였다. 거기다 흑인 지역에 있는 흑인 교회의 유일한 백인 목사였다. 그는 처음부터 기도 외에는 방법이 없다는 사실을 깨닫고 화요 저녁 기도회를 열어 기도하기 시작했다. 그리고 거기서부터 마약 중독자가 회심하여 CCM 가수가 되고 매춘부와 같이 아무 소망이 없는 이들의 삶이 변하는 것과 같은 영적 부흥의 역사가 일어나게 된 것이다.

현재 브루클린 태버너클 교회는 흑인, 히스패닉, 동양인, 백인 등 다양한 인종으로 구성된 일만 명 이상의 성도가 함께 하나님을 섬기고 예배하는 역동적인 교회로 성장했다. 교회는 또한 뉴욕시 전역의 여러 노숙자 쉼터에 복음을 전하고 있으며, 노인 성가대와 노인 활동 사역을 통해 지역 노인들의 삶의 질을 개선하는 데 앞장서고 있다. 아울러 병원, 가정, 요양원에 있는 환자, 노인들과의 만남을 통해 영적, 물질적 필요들을 채워주고 있으며, 편부모 가정 출신이 많은 뉴욕의 수백 명 아이에게 등대가 되어주고 있다. 이 모든 "큰 일"이 심발라 목사를 비롯한 소수의 성도가 하나님 앞에 겸손히 무릎을 꿇고 간절히 하나님의 얼굴을 구한 기도에서 시작되었다는 것은 결코 과언이 아니다.

사실 기도는 국가의 운명까지도 바꿔놓는다. 이미 언급한 독일의 통일이 그 훌륭한 예이다. 그런데 그뿐만이 아니다. 루마니아의 경우도 마찬가지다. 루마니아의 독재자 차우체스코의 철권 통치를 끝장낸 단초도 한 50명 남짓의 교인이 있는 작은 교회에서 열렸던 기도회였다. 1987년 퇴게스라는 이름의 젊은 목사가 부임하여 조국과 민족을 위한 기도회를 시작했는데 정부의 탄압에도 불구하고 사람들은 점점 늘어 2년 만에 교인이 5,000명으로 늘어났고 조국을 위한 기도는 그 교회를 넘어 루마니아 전역에 요원의 불길처럼 번져나갔다.

이동원 목사님은 철의 장막이 걷힌 후에 구소련, 즉 지금 러시아의 한 학교에서 열린 집회에 가서 설교할 순서를 기다리다가 갑자기 한 생각이 떠올라 눈물을 흘리며 회개했다고 했다. 그동안 장로님들과 집사님들이 대표 기도하면서 철의 장막을 무너뜨려달라고 간구하던 그 모습이 생각났기 때문이었다. 당시에는 그 기도를 들으면서 '아니 뭐 저런 거까지 주일예배에서 기도하지? 괜히 기도 시간만 길어질 뿐, 그런다고 뭐가 달라지겠어?'라고 생각했는데 실제로 하나님은 그 기도에 응답하셔서 철의 장막은 무너졌고 그로 인해 자신이 지금 러시아에 설교하기 위해 앉아있다는 인식이 들어 과거의 불신을 회개했다는 것이었다. 그렇다. 기도는 하나님의 대역사를 촉발시킨다. '기도하는 한 사람이 기도하지 않는 한 민족보다 강하다'라는 스코틀랜드의 종교개혁자 존 녹스(John Knox)의 말은 그냥 헛된 구호가 아니다.

우리 개인과 교회, 그리고 국가에 하나님의 위대한 역사를 기대한다면 우리는 무엇보다 하나님께 무릎을 꿇어야 한다. 다행한 일은 누구든 기도는 할 수 있다는 것이다. 설교나 모임 인도는 아무나 못 할지 모르지만, 심지어 성경 공부도 힘들 수 있지만 기도는 누구나 할 수 있다. 기도하자. 기도회에 참여하고 소그룹과 가정에서 또 개인적으로 기도하자. 우리가 기도하면 하나님이 일하신다. 위대한 하나님의 대역사가 힘차게 시작되며 영적 회복과 부흥이 일어나며 하나님의 영광을 경험하게 될 것이다.

작은 일로 큰 역사를...

느헤미야는 포로로 잡혀 온 민족 출신이라는 악조건을 극복하고 성공의 사다리를 올라가 화려한 궁전에서 당시 최고 권력자의 최측근이 된, 그야말로 성공한 사람이었다. 어쩌면 자신의 개인적인 꿈을 거의 다 이룬 사람이라고 할 수도 있다. 그러나 그에게는 꿈 너머의 꿈이 있었다. 그것은 자신의 조국 이스라엘이 하나님의 백성으로 회복되고 예루살렘 성이 거룩한 도성으로 다시 세워지는 데 일익을 담당하는 것이었다. 자신의 그 바람처럼 그는 예루살렘 성벽의 재건과 하나님 백성의 영적 회복이라는 위대한 역사를 이루게 된다. 그로 인해 느헤미야는 이스라엘의 역사, 아니 하나님의 역사에 이름을 남기게 되고 수많은 사람이 그의 리더십을 배우기 원하는 영웅이 되었다.

  그런데 이 모든 것, 구체적으로 예루살렘 성벽의 재건이라는 하나님의 대역사는 바로 하나님의 일에 대한 그의 관심과 거룩한 불만족, 그리고 간절한 기도로 시작되었음을 느헤미야서 1장은 잘 보여주고 있다. 엄청난 큰 역사도, 하나님 나라에서 쓰임 받는 큰 인물이 되는 일도 누구나 할 수 있는 작은 일에서 시작된다. 이제 우리 각자도 자신의 작은 세계를 넘어 하나님의 일에 대해 관심을 갖자. 하나님의 기준에 미치지 못하는 나 자신과 무너진 신앙 공동체에 대해 거룩한 불만족을 갖자. 그리고 무엇보다 기도하자. 이것들은 사실 대단한 일이 아니다. 누구나 할 수 있는 작은 일이다. 그러나 그 작은 일을 하나님 바라보면서 진심으로 행할 때 우리를 위한 하나님의 대역사도 시작될 수 있을 것이다.

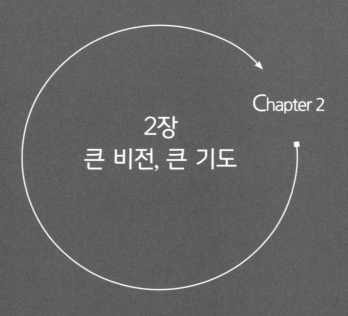

Chapter 2

2장
큰 비전, 큰 기도

느헤미야 1:4~11

이 말을 듣고서, 나는 주저앉아서 울었다. 나는 슬픔에 잠긴 채로 며칠 동안 금식하면

서, 하늘의 하나님께 기도하여 아뢰었다.주 하늘의 하나님, 위대하고 두려운 하나님, 주

님을 사랑하는 이들과 세운 언약, 주님의 계명을 지키는 이들과 세운 언약을 지키시며

은혜를 베푸시는 하나님, 이제 이 종이 밤낮 주님 앞에서 주님의 종 이스라엘 자손을

위하여 드리는 이 기도에 귀를 기울이시고, 살펴 주십시오. 우리 이스라엘 자손이 주님

을 거역하는 죄를 지은 것을 자복합니다. 저와 저의 집안까지도 죄를 지었습니다. 우리

가 주님께 매우 큰 잘못을 저질렀습니다. 주님의 종 모세를 시키시어, 우리에게 내리신

계명과 율례와 규례를 우리가 지키지 않았습니다. 주님의 종 모세를 시키시어 하신 말

씀을 기억하여 주십시오. 우리가 죄를 지으면, 주님께서 우리를 여러 나라에 흩어 버리

겠지만, 우리가 주님께로 돌아와서, 주님의 계명을 지키고 실천하면, 쫓겨난 우리가 하

늘 끝에 가 있을지라도, 주님께서 거기에서 우리를 한데 모아서, 주님의 이름을 두려고

택한 곳으로 돌아가게 하겠다고 하신 그 말씀을, 이제 기억하여 주십시오. 이들은 주님

께서 크신 힘과 강한 팔로 건져내신 주님의 종이며, 주님의 백성입니다. 주님, 종의 간구

를 들어주십시오. 주님의 이름을 진심으로 두려워하는 주님의 종들의 간구에 귀를 기울

여 주십시오. 이제 주님의 종이 하는 모든 일을 형통하게 하여 주시고 왕에게 자비를 입

게 하여 주십시오.그 때에 나는 왕에게 술잔을 받들어 올리는 일을 맡아 보고 있었다.

리셋

· · ·

느헤미야와 함께 다시 세우라

얼마 전 지인의 SNS에서 이런 기도문을 보았다. "주님, 새해에는 뚱뚱한 지갑과 날씬한 몸매를 주세요. 지난해에도 이 기도를 드렸는데 주님께서 거꾸로 주셨어요. 올해에는 뒤바뀌는 일이 없도록 해주세요." 당신도 이런 기도를 드렸는가? 이 기도를 드린 사람에게는 좀 미안하지만 그 라이프스타일에 별 변화가 없다면 올해에도 거꾸로 주시는 응답이 그에게 오지 않을까 싶다.

기도라고 다 같은 기도는 아니다. 뚱뚱한 지갑과 날씬한 몸매를 위한 기도와 고난 가운데서도 주님을 끝까지 신뢰하며 이기게 해 달라는 기도가 어떻게 같은 기도이겠는가? 가까운 곳에 주차할 수 있게 해 달라는 기도와 무너진 하나님 백성의 믿음과 자존심을 회복시켜 달라는 기도가 어떻게 같을 수 있겠는가? 사소한 기도가 있고 중요한 기도가 있다. 작은 기도가 있고 큰 기도가 있다.

앞에서 우리가 본 것처럼 느헤미야는 거룩한 성 예루살렘의 무너진 성벽과 하나님 백성들의 비참한 상황에 대한 소식을 듣고 울며 금식하며 기도하기 시작했다. 그는 당시 세계 최강대국 페르시아의 궁전에서 남부러운 것이 없는 삶을 살고 있었다. 왕의 신임을 받아 최측근인 술 관원이 되었고 권력의 핵심부에 있게 되었다. 비록 그는 유대인 포로 집안 출신이지만 그 조상들이 포로로 잡혀 온 지는 이미 140년도 넘었고 사실 지금 유대인들의 사정은 페르시아의 왕실에 있는 자신과 아무 상관이 없었다. 그는 개인적으로 성공의 가도에 있었고 더 큰 권력을 쥐기 위한 자신의 꿈을 차근차근 진행해나가면 되었다. 그런데 우리가 본 것처럼 그는 그렇게 하지 않았다. 그에게는 사적인 꿈을 넘어선 더 큰 꿈이 있었기 때문이었다. 그것은 하나님의 도성으로서 예루살렘의 회복과 하나님의 백성으로서 유대인들의 영적 회복, 즉 부흥이었다. 구체적으로 그는 무너진 예루살렘 성벽의 재건이라는 꿈을 가지고 있었다.

그래서 그는 그것을 위해 기도했다. 울며 금식하며 간절히 기도했다. 그것은 "큰 기도"였다. 꿈 너머의 꿈을 위한, 하나님 나라의 큰 비전을 위한 큰 기도였다. 이 장에서 우리는 느헤미야서 1장 4-11절에 기록된 그의 기도를 한번 살펴보기 원한다. 하나님의 큰 역사를 이루는 큰 기도의 특징은 무엇인가? 느헤미야는 어떤 기도를 드렸는가? 우리는 또 어떻게 꿈 너머의 꿈을 이루는 기도를 할 수 있는가? 큰 비전을 위한 큰 기도는 어떤 기도인가?

하나님을 크게 보기

느헤미야는 하나님을 크게 보며 기도했다. 그것이 그의 기도를 "큰 기도"

리셋, 느헤미야와 함께 다시 세우라

로 만들었다. 이 기도가 어떻게 시작되는가를 보라.

> 나는 슬픔에 잠긴 채로 며칠 동안 금식하면서, 하늘의 하나님께 기도하여 아뢰었다. 주 하늘의 하나님, 위대하고 두려운 하나님, 주님을 사랑하는 이들과 세운 언약, 주님의 계명을 지키는 이들과 세운 언약을 지키시며 은혜를 베푸시는 하나님(느 1:4b-5).

그는 반복하여 하나님을 "하늘의 하나님"이라고 부른다. 그것은 하나님의 초월성과 위대성을 강조한 이름이다. 그분은 이 땅에 매인 분이 아니다. 그분은 제한된 분이 아니다. 그분은 이 모든 것을 뛰어넘어 계신 하늘의 하나님이다. 그분은 당시 지상 최고의 권력자인 아닥사스다 왕보다 더 높은 하늘의 하나님이시다. 그러면서 느헤미야는 하나님을 "위대하고 두려운 하나님"이라고 부른다. 하나님보다 더 크고 더 두려운 분은 없다. 지상의 왕은 우리의 몸만 멸할 뿐이지만 하나님은 우리의 영혼까지 멸하실 수 있는 분이시다. 이 세상은 지금 여기 눈에 보이는 것만 관여할 수 있지만 하나님은 이 땅과 현세를 넘어 눈에 보이지 않는 모든 것을 주관하시는 분이시다. 하나님은 또한 그 백성들에게 그 누구보다 신실하시며 은혜로우신 분이시다. 다시 말해 하나님은 은혜에서도 크신 분이다. 한량없는 은혜를 가지시고 베푸시는 분이 우리 하나님이시다.

큰 기도는 하나님을 크게 볼 때 가능하다. 우리가 잘 기도하지 않고 기도에 맥이 빠지는 이유는 기도의 대상이신 하나님을 크게 보지 못하기 때문이다. 만약 느헤미야가 하나님을 크게 보지 못했다면 그는 기도하기보다 아닥사스다 왕에게 먼저 달려갔을지 모른다. 그러나 그는 하나님을 크게 보앞기에 세계 최고 권력자에게 접근이 가능했음에도 불구하고 먼저 하나님께 나아가 무릎을 꿇었던 것이다.

내가 미국의 일반대학원에서 유학을 하다가 말씀 사역자로 부르시는 하나님의 부르심을 느끼고 신학교 진학으로 새로운 진로를 모색할 때였다. 당시 우리 부부는 미국 교회에 출석하고 있었는데 그 교회의 담임목사님께서 우리에게 아주 잘 대해주셨다. 나는 고(故) 한경직 목사님이 미국의 프린스턴 신학교에 유학할 때 어떤 미국 목사님이 후원해주었다는 사실을 기억했다. 사실, 당시 신학을 하기 위해 우리에겐 재정적인 지원이 절실했다. 일반대학원에서는 물리학과 연구조교로서 장학금과 생활비를 받았지만 신학교에선 그런 것을 기대하기 힘들었기 때문이다. 그래서 나는 우리에게 호의를 베푸시는 그 미국 목사님과 교회에 기대야겠다고 생각했다. 하나님을 바라보며 그분에게 믿음으로 나아가기보다 사람을 먼저 생각하고 사람에게 의지하려 했던 것이다. 우리가 어떤 상황이나 문제에 부딪히다 보면 사람이 크게 보이고 세상이 크게 보일 수 있다. 그러나 하나님은 그 어떤 사람보다, 그 어떤 문제보다, 아니 온 세상보다 더 크신 분이시다.

『필립스 신약성경』을 편찬한 영국의 J. B. 필립스(J. B. Phillips) 목사가 쓴 책 가운데 『당신의 하나님은 너무 작다』(Your God is Too Small)라는 훌륭한 책이 있다. 이 책에서 필립스는 현대의 그리스도인들이 자신의 삶에서 하나님을 너무 작게 본다고 개탄한다. 세상의 여러 가지 사건들과 과학적 발명들에 너무 큰 인상을 받아 하나님이 얼마나 크고 대단한 분인지를 잊어버린다는 것이다. 기억하라. 하나님은 크신 분이시다. 그분은 우리보다 한 2m 정도 크신 분이 아니다. 우리보다 조금 더 재치가 있고 힘이 센 그런 분이 아니다. 그분은 온 우주를 아무런 힘도 들이지 않고 말씀 한마디로 창조하신 분이다. 그리고 어느 영어 노래 가사처럼 그 큰 우주를 당신의 손안에 붙들고 계신다.

《패션》(Passion)이라는 대규모의 집회를 통해 미국의 젊은이들에게 큰 영향을 끼치는 루이 기글리오(Louie Giglio)는 하나님의 크심을 강조하기 위해 우주에 7천억 X 1천억 개의 별이 있는데 그것은 지구의 바다와 사막에 있는 모든 모래 숫자보다 10배는 더 많은 것이라고 이야기한다. 그 천문학적 숫자의 별들 가운데는 엄청나게 큰 별들이 있는데 비틀쥬스라는 별의 경우, 만약 지구가 골프공이라면 이 별은 엠파이어스테이트 빌딩 6개를 합친 크기라는 것이다. 그는 이게 어떤 느낌인가를 알려면 비행기표를 끊어 골프공을 들고 뉴욕에 가라고 권한다. 그리고 엠파이어스테이트 빌딩 건너편 보도에 골프공을 놔두고 도로를 건너 빌딩 꼭대기로 가라는 것이다. 거기서 상상력을 동원하여 엠파이어스테이트 빌딩 5개를 그 위에 더 겹친 후, 그 상상의 지점에서 저 아래 당신이 보도에 놓아둔 골프공을 보라고 말한다. 그 골프공 어딘가에 나와 당신이 있다. 그것이 눈에 보이기라도 할까? 온 우주도 아니고 거대한 별 하나와 비교해도 지구는 그렇게 작다. 그런데 우리는 자신이 이젠 좀 컸다고 주장하면서 그 엄청난 우주를 만드신 하나님을 무시한다. 얼마나 가소로운 일인가? 우리는 하나님이 우리의 가장 무모한 상상조차도 훌쩍 뛰어넘는, 그야말로 그 어떤 것과도 비교할 수 없이 크신 분이심을 기억해야 한다.

하나님께 하나님 나라의 큰 비전을 담은 큰 기도를 올리려면 우리는 이처럼 크신 하나님을 그 사이즈대로 봐야 할 필요가 있다. 하나님은 그야말로 "어마무시"하게 큰 분이시다. 그분보다 더 큰 존재는 없다. 그분이 열면 닫을 자가 없고 닫으면 열 자가 없다. 우리는 이 하나님을 크게 보고 믿음으로 의지하며 주께서 우리 가운데 큰일을 행하여 주실 것을 기대하는 가운데 기도해야 한다. 우리의 사이즈를 넘어서는 일, 우리의 능력과 지혜를 넘어서는 위대한 일을 크신 하나님께서 우리를 통해 이루어주실 것을 간구해야 한다. 현대 선교의 아버지로 일컬어지는 윌리엄 캐리(William Carey)는 "하나님에게서 위대한 일을 기대하라, 하나님을 위해 위대한 일을 시도하라(Expect great things from God, attempt great things for God)"라는 유명한 말을 남겼다. 이 말을 남긴 캐리는 영국의 구두 수선공 출신이었지만 크신 하나님을 바라보며 기도와 헌신으로 나아갔기 때문에 그야말로 위대한 일을 이룬 믿음의 영웅이 되었다. 그는 침례교 목사가 되었고 결국 인도 선교사로 자신을 드려 수많은 인도의 영혼들을 주님께로 인도했을 뿐 아니라 아시아 44개의 언어로 성경을 번역했고 당시 영적으로 잠자던 영국을 깨운 위대한 인물이 되었다. 하나님을 크게 보며 그 크신 하나님에게서 위대한 일을 기대하자. 그리고 그렇게 기도하자. 그럴 때 우리는 큰 비전을 위한 큰 기도를 할 수 있다.

큰 끈기로 기도하기

느헤미야는 꾸준히 기도했다. 큰 끈기를 가지고 기도한 것이다. 그는 느낌이 올 때만 반짝 기도하다가 잘 응답이 안 된다고 바로 포기하지 않았다. 그의 기도를 직접 보라. "이제 이 종이 밤낮 주님 앞에서 주님의 종 이스라엘 자손을 위하여 드리는 이 기도에 귀를 기울이시고, 살펴 주십시오(6a절)." 그는 밤낮으로 기도한다고 했다. 사실 1장에서 그가 예루살렘 성벽 훼파에 대한 소식을 듣고 울며 금식하며 이 기도를 시작한 시점부터 2장에서 아닥사스다 왕에게 사정을 말한 시점까지만 따져도 무려 4개월이나 된다. 그는 그 이전부터도 밤낮으로 이스라엘 자손을 위해 기도했지만 성벽 재건의 구체적 기도 제목을 갖고도 4개월 동안 밤낮으로 끈질기게 기도했던 것이다.

모든 위대한 일을 위해서는 끈기가 필요하다. 그것은 기도에도 마찬가지이다. 특별히 큰 비전을 위해서는 끈질기게 기도해야 한다. 예수님도 말씀하지 않으셨는가? "밤낮으로 부르짖는 자의 기도를 들어주시지 않겠느냐?" 하나님의 때가 올 때까지 인내하며 기도하라는 것이다. 그런데 지속적으로 꾸준히 기도하는 것은 생각보다 쉽지 않다. 기독교 작가 고든 맥도날드(Gordon MacDonald)는 『영적 성장의 길』이라는 자신의 책에서 "중도포기 유전자"라는 재미있는 용어를 만들어 사용한 적이 있는데 기도와 관련해서는 이 유전자가 거의 모든 사람에게 있는 것처럼 보인다. 우리는 인내하지 못하고 너무 빨리 포기하는 경향이 있다.

우리가 큰 끈기로 기도하지 못하는 이유는 기도의 훈련이 안 되어 있기 때문이기도 하지만 또 한편으로는 우리의 주의가 자꾸 흔들리기 때문이다. 우리는 여러 다양한 문제들을 만나면서 처음의 그 열정과 관심을 잃어버리는 경향이 있다. 따라서 우리는 기도 제목을 적어놓고 그것이 얼마나 중요한 일인가를 수시로 상기할 필요가 있다. 누군가가 구원받는 것, 우리의 자녀가 세상에 물들지 않는 것, 우리의 가정이 믿음으로 서는 것, 우리 교회가 영적 부흥을 경험하는 것, 하나님 나라를 위한 나의 거룩한 꿈이 이루어지는 것, 이 모든 것이 얼마나 중요하며 이것을 이루는데 우리가 얼마나 무력한지를 자주 기억해야 한다. 그리고 하나님만이 이 일들을 이루시며 하나님만이 문제의 해결자가 되심을 굳게 믿어야 한다.

우리는 또한 늘 기도하고 낙심하지 말아야 한다는 주님의 권면을 기억하면서 쉽게 포기하지 말아야 한다. 바울은 영적 추수의 법칙에 대해 말하면서 선한 일에 포기하지 않는다면 때가 이르렀을 때 거두게 된다고 했다. 나는 몇 년 전, 어느 청년집회에서 같은 강사로 나선 한 여성 CEO와 대화를 나눈 적이 있다. 그분은 당시 60세 정도였는데 자기 시어머니의 구원을 위해 결혼한 직후인 20대 초반부터 그때까지 기도했다고 했다. 거의 40년을 기도했으니 얼마나 끈질긴 기도인가! 그런데 그 시어머니가 여든이 다 되어 예수님을 영접했다는 것이다. 병도 있었는데 기적적으로 나아 노구를 이끌고 여러 교회에 간증하러 다니신다고 했다. 기억하라. 큰 끈기와 간절함이 하나님의 마음을 움직인다. 그리고 그것이 우리의 큰 비전을 위해 하나님을 일하시게 한다.

큰 장애물 제거하기

느헤미야는 또한 자신과 이스라엘 자손의 잘못을 자백하고 회개했다. 모든 위대한 하나님의 사람들은 이처럼 기도 가운데 자신뿐 아니라 다른 사람들의 죄까지 자신의 책임으로 여기고 하나님께 통회하며 나아가는 모습을 보인다.

우리 이스라엘 자손이 주님을 거역하는 죄를 지은 것을 자복합니다. 저와 저의 집안까지도 죄를 지었습니다. 우리가 주님께 매우 큰 잘못을 저질렀습니다. 주님의 종 모세를 시키시어, 우리에게 내리신 계명과 율례와 규례를 우리가 지키지 않았습니다(느 1:6b-7).

죄는 기도 응답의 장애물이다. 하나님의 귀가 둔하여 듣지 못하는 것이 아니고 손이 짧아 구원하지 못하는 것이 아니라 우리의 죄 때문이라고 이사야 선지자는 분명히 말했다. 느헤미야는 그 장애물을 제거하기 위해 자신뿐만 아니라 다른 사람들의 죄까지 떠안고 그 죄를 자백하며 용서를 구하고 있는 것이다.

우리는 연약한 존재들이다. 의도하지 않았더라도 수시로 하나님의 길에서 벗어나며 생각과 행동으로 죄를 범한다. 따라서 우리는 수시로 돌이키며 우리의 잘못을 하나님께 겸손히 자백해야 한다. 죄가 있는 곳에서는 하나님의 역사를 기대하기 어렵기 때문이다. 이스라엘 자손들이 아이성을 정복할 때 아간 한 사람의 죄로 인해 하나님은 역사하시지 않았고 전체 이스라엘 공동체는 패배를 경험해야 했다. 그러므로 하나님의 응답을 기대한다면 우리는 우리의 죄를 자백해야 한다. 그러면 사도 요한이 쓴 것처럼 신실하시고 의로우신 하나님은 "우리 죄를 용서하시고 모든 불의에서 우리를 깨끗하게 해주실 것"(요일 1:9)이다.

오늘날 많은 사람이 자신의 잘못을 인정하지 않고 오히려 다른 사람에게 책임을 떠넘기곤 한다. 부모 때문에, 불공평한 사회 때문에, 정치인 때문에, 친구나 잘못된 동료들 때문에 문제가 생겼다고 불평한다. 1970년대에 이장희라는 포크송 가수가 만들어 불렀던 "그건 너"라는 노래가 있다. 당시 엄청난 히트를 했던 노래인데 그 후렴의 가사는 "그건 너, 그건 너, 바로 너 때문이야"이다. 그 가사처럼 지금도 "그건 너"를 외치며 자기가 아닌 다른 사람에게서 문제의 원인을 찾는 수많은 사람이 있다. 문제의 책임을 외부로 떠넘기는 것이다. 그러나 성숙한 사람은 느헤미야처럼 다른 사람의 문제까지 떠안고 그들을 대신하여 회개한다. 우리도 그래야 한다. 우리 자녀의 문제, 우리 부서의 학생 또는 교사의 문제, 우리 소그룹 구성원의 문제, 우리 교회의 문제, 우리 사회의 문제를 떠안고 주님 앞에 자백하며 기도해야 한다. 그럴 때 장애물은 사라지며 우리의 기도는 하나님의 보좌에 상달될 것이다.

막연한 기적보다 거룩한 기회를...

느헤미야는 기도를 하면서 하나님의 큰 역사를 가로막는 장애물인 죄를 회개한 후 이스라엘의 회복을 약속하신 하나님의 말씀을 믿음으로 주장했다. 그게 6-10절까지의 내용이다. 그런 다음 말미에서 자신의 간구를 하나님께 올려드린다.

> 주님, 종의 간구를 들어주십시오. 주님의 이름을 진심으로 두려워하는 주님의 종들의 간구에 귀를 기울여 주십시오. 이제 주님의 종이 하는 모든 일을 형통하게 하여 주시고 왕에게 자비를 입게 하여 주십시오(느 1:11).

이 기도를 잘 보라. 느헤미야는 '주님, 그냥 성벽이 하늘에서부터 떨어져 예루살렘 성을 둘러싸게 해주옵소서'라고 기도하지 않았다. 오히려 그는 자신에게 성벽을 건축할 수 있는 기회를 달라고 기도했다. 자신이 이제 성벽 재건의 일에 헌신할 테니 그 일을 형통하게 해주시고 특별히 아닥사스다 왕으로부터 자비를 입게 해 달라고 기도한 것이다. 그 말은 아닥사스다라는 독재 군주에게 감히 예루살렘 성벽의 재건에 대해 이야기를 하고 자신의 상관인 그의 허락을 얻어 예루살렘으로 갈 수 있게 해달라는 뜻이다. 다시 말해 자신이 자기 기도의 응답이 되겠다고 말한 것이다. 나는 회의 같은 데서 이런저런 아이디어를 제안할 때가 있다. 그 가운데는 좋은 것들도 제법 있다. 그러나 아이디어 자체는 좋은데 상당한 대가가 요구되는 것이 문제가 된다. 그런 경우, 의장이나 참석자로부터 제안하신 분이 직접 한번 해보면 어떻겠냐는 말을 들을 때가 있다. 내가 어떻게 반응할 것 같은가? 그건 아닌 것 같다고, 나는 적임자가 아니라며 발을 빼려 한다. 나는 내가 말한 것의 응답이 되기를 원하지 않는 것이다.

우리는 막연한 기적을 기대하는 기도를 잘한다. 내가 신학교에 다닐 때의 일이다. 헬라어 시간에 시험을 보는데 시험을 앞두고 교수님이 한 학생에게 기도를 시켰다. 덩치가 큰 외국 학생이었다. 그 학생이 이렇게 기도했다. "하나님, 우리가 지금까지 공부한 것 다 생각나게 하시고 공부 안 한 것까지도 모조리 생각나게 하소서." 기도하다가 참지 못하고 웃음보가 터졌다. 혹시 이런 기도를 하고 있지 않은가? 앞에서 말한 "풍뚱한 지갑과 날씬한 몸매를 위한" 기도도 이런 류에 들어갈 수 있다. 그냥 기적을 바라는 것이다. 돈을 벌기 위해 열심히 일해야 하는데 그러지 않고, 돈 좀 생기면 충동구매해서 다 써버리고, 저녁 10시에 치킨과 컵라면을 먹으면서, 풍뚱한 지갑과 날씬한 몸매의 "기적"을 위해 기도하는 경우가 얼마나 많은가? 그래 놓고는 기도한 것과는 거꾸로 주셨다고 하나님을 원망한다.

우리는 이처럼 뭔가 초자연적이고 기적적인 일이 일어나길 바라는 막연한 기대보다 거룩한 기회를 위해 기도할 필요가 있다. 이를테면 "하나님,

제 자녀를 믿음 좋은 사람으로 만들어주옵소서"라는 기도보다 "하나님, 제 자녀가 믿음의 사람으로 성장하는데 좋은 영향을 끼칠 수 있는 기회를 제게 주옵소서"라고 기도해야 한다. "하나님, 제 친구가 예수님을 믿을 수 있게 하늘에 십자가라도 하나 그려주세요"라고 기도하기보다 "하나님, 제게 그 친구를 예수님께로 인도할 수 있는 기회를 허락해주세요"라고 기도해야 한다. 그럴 때 내가 하나님의 큰 역사를 이루는 일에 쓰임 받을 수 있을 것이다.

이것은 공동체적으로도 마찬가지이다. '하나님, 우리 교회가 부흥하게 해주세요. 옆에 있는 교회 교인들이 통째로 우리 교회 오게 해주세요. 기왕이면 오는 과정에서 골치 아픈 성도는 떨어지게 하옵소서'라고 기도하면 안 된다. 그건 진짜 얌체 기도이며 다른 사람들을 위해 자기를 희생하신 예수님의 사람들이 해서는 안 되는 기도이다. 우리는 "하나님, 우리 교회가 건강한 교회로 성장하고 부흥하는 데 일익을 담당하고 싶습니다. 제게도 기회를 주옵소서"라고 기도해야 한다. 하나님 나라를 세우고 확장하는 일에 기회를 구하는 기도를 하라. 민족을 치유하고 세상을 주께 회복시키는 위대한 공동체를 이루는 일에 내게도 기회를 달라고, 그 일을 형통하게 해 달라고 기도하기 바란다. 초대교회 시절 베드로와 요한이 당시 권세자들에게 붙들려 예수의 이름으로 말하지도 가르치지도 말라는 위협을 받은 후 풀려났을 때, 예루살렘 교회는 헤롯과 권세자들을 초자연적으로 이동시키거나 그들의 사지를 마비시켜 달라는 등의 막연한 기적을 위해 기도하지 않았다. 그들은 그 위협 가운데서도 거룩한 기회를 위해 기도했다. "주님, 이제 그들의 위협을 내려다보시고, 주님의 종들이 참으로 담대하게 주님의 말씀을 말할 수 있게 해주십시오(행4:29)." 우리도 그렇게 기도해야 한다. "하나님, 이 가치 있고 거룩한 하나님의 미션에 기쁨으로 참여할 수 있는 기회를 주옵소서. 제가 이 대역사의 역군이 되겠습니다. 저의 길을 형통하게 하옵소서." 그렇게 기도할 때 하나님의 큰 비전이 이루어지게 될 것이다. 그렇게 할 때, 당신은 하나님의 영광을 위해 공동체의 회복과 영적 부흥의 큰 꿈을 이루는 기쁨을 경험하게 될 것이며 하나님 나라를 위해 하나님께 쓰임 받는 인생이 될 것이다.

그냥 하라!(Just do it!)

이 장에서 우리는 큰 비전을 이루는 큰 기도의 특징에 대해 느헤미야의 기도문을 통해 살펴보았다. 어떤 기도가 큰 비전을 이루는 큰 기도인지를 배우는 것은 중요하다. 그러나 더 중요한 것은 실제로 기도하는 일이다. 그냥 이론으로만 아는 것은 어떤 역사도 이루지 못한다. 기도는 무엇보다 '하는 것'이다. 그러므로 그냥 하라!

존 오트버그(John Ortberg) 목사는 워싱턴에서 정치인을 대상으로 사역하는 자신의 친구 덕 코(Doug Coe)에게 일어난 한 에피소드를 말한 적이 있다. 덕은 밥(Bob)이라는 보험회사 직원을 알게 되어 그를 주님께로 인도했다. 초신자인 밥은 성경을 읽다가 "내 이름으로 구하면 줄 것이고 두드리면 열릴 것이다"라는 구절을 읽게 되었고 덕에게 그 말씀이 사실이냐고 질문을 했다. 덕은 그렇다고 답하면서 향후 6개월간 매일 하나님께 열린 문을 달라고, 다시 말해 하나님 나라를 위한 기회를 달라고 기도하자는 제안을 했다. 그는 동기를 부여하기 위해 만약 아무 일도 일어나지 않으면 자신이 그에게

500달러를 주겠다고까지 했다. 밥은 기도하기 시작했고 꾸준히 기도했다.

그러던 어느 날, 우연히 저녁 식사 모임에서 밥은 우간다의 가장 큰 고아원과 의료시설을 운영하는 여인의 옆자리에 앉아 대화를 나누게 되었다. 하나님이 문을 여신 것이다! 그로 인해 그는 우간다에 초청되었고 그 나라의 열악한 상황을 알게 되었다. 그는 무모하다는 생각이 들었지만 개의치 않고 미국의 제약회사들에 편지를 써서 약품을 보내달라고 호소했고 몇몇 제약회사가 반응하여 우간다의 고아원을 변화시키는 데 쓰임을 받았다. 그리고 그런 일로 인해 결국은 우간다의 대통령까지 만나 그로 하여금 정적들을 감옥에서 석방하도록 영향을 주게 된다. 미국 정부도 하지 못했던 일이 기도하는 한 초신자를 통해 이루어진 것이다.

우리도 그렇게 하자. 밥이 그랬던 것처럼 앞으로 6개월간 매일 하나님을 크게 보며 큰 끈기로 하나님 나라의 비전을 위해 기도하지 않겠는가? 그러기를 바란다. 죄가 있다면 수시로 그것들을 하나님 앞에 자백하고 돌이킴으로써 기도의 큰 장애물을 처리하며 거룩한 기회를 위해 기도하자. 그러면 그 기도가 우리를 하나님의 역사로 인도하시리라 믿는다.

이제 한번 상상해보자. 만약 우리 모두가 회개를 통해 죄라는 큰 장애물을 제거하는 가운데 하나님을 크게 보며 큰 끈기로 위대한 기회를 위한 기도를 한다면 우리 교회와 가정에는 어떤 일이 생기게 될까? 어떤 하나님의 역사가 우리 가운데서 펼쳐지게 될까? 영적인 갱신과 회복과 부흥에 당신이 쓰임 받게 되며 복음의 능력이 드러나 누군가가 구원받을 뿐 아니라 더 강력하고 생명력 있는 가정과 교회가 될 수 있을 것이다. 그것이야말로 우리 모두가 바라고 꿈꾸는 일이 아니겠는가!

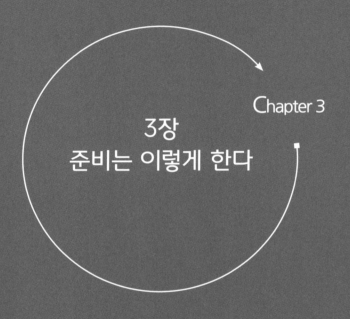

Chapter 3

3장
준비는 이렇게 한다

느헤미야 2:1~10

아닥사스다 왕 이십년 니산월에 나는 왕에게 술을 따르는 일을 맡았다. 왕에게 술을 따라 드리는 어느 날, 왕께서는 나의 안색이 평소와는 달리 좋지 않은 것을 보시고는 "안색이 좋지 않구나. 아픈 것 같지는 않은데, 무슨 걱정되는 일이라도 있느냐?" 하고 물으셨다. 나는 너무나도 황공하여 "임금님, 만수무강 하시기를 빕니다. 소신의 조상이 묻힌 성읍이 페허가 되고 성문들이 모두 불에 탔다는 소식을 듣고서, 울적한 마음을 가누지 못한 탓입니다" 하고 아뢰었더니, "네가 바라는 것이 무엇이냐?" 하고, 왕께서 또 나에게 물으셨다. 나는 하늘의 하나님께 기도를 드리고 나서, 왕에게 말씀드렸다. "임금님께서 좋으시면, 임금님께서 소신을 좋게 여기시면, 소신의 조상이 묻혀 있는 유다의 그 성읍으로 저를 보내 주셔서, 그 성읍을 다시 세우게 하여 주시기를 바랍니다." 그 때에 왕후도 왕 옆에 앉아 있었다. 왕은 "그렇게 다녀오려면 얼마나 걸리겠느냐? 언제쯤 돌아올 수 있겠느냐?" 하고 나에게 물으셨다. 왕이 기꺼이 허락하실 것 같은 생각이 들어서, 나는 얼마가 걸릴지를 말씀드렸다. 나는 왕에게 덧붙여서 말씀드렸다. "임금님께서 좋으시다면, 소신이 유다까지 무사히 갈 수 있도록 유프라테스 서쪽 지방의 총독들에게 보내는 친서를 몇 통 내려 주시기 바랍니다. 또 왕실 숲을 맡아 보는 아삽에게도, 나무를 공급하라고 친서를 내리셔서, 제가 그 나무로 성전 옆에 있는 성채 문짝도 짜고, 성벽도 쌓고, 소신이 살 집도 짓게 하여 주시기 바랍니다." 나의 하나님이 선하신 손길로 나를 잘 보살펴 주셔서, 왕이 나의 청을 들어주었다. 왕은 나에게 장교들과 기병대를 딸려 보내어, 나와 함께 가게 하였다. 그래서 나는 길을 떠나, 유프라테스 서쪽 지방의 총독들에게로 가서, 왕의 친서를 전하였다. 호론 사람 산발랏과 종노릇을 하던 암몬 사람 도비야에게 이 소식이 들어갔다. 그들은, 어떤 사람이 이스라엘 자손의 형편을 좋게 하려고 오고 있다는 것을 알고서, 몹시 근심하였다고 한다.

리셋

느헤미야와 함께 다시 세우라

어느 날, 내가 섬기는 신학교의 총장님이 히브리어 문법책을 다시 꺼내보고 있어서 왜 그러냐고 물었더니 곧 있을 이스라엘 성지순례를 준비하기 위해 그런다는 대답을 했다. 그분의 그 준비는 매우 독특한 준비이지만 사실 모든 여행자는 여행을 위해 준비를 한다. 비행기 표와 여권, 옷가지 등을 준비하고 지도책을 보며 여행지의 정보를 모은다. 일정을 짜고 호텔 예약을 하며 환전을 한다. 다 여행 준비의 일환이다.

여행은 우리가 준비해야 하는 하나의 일에 불과하다. 우리는 수많은 것들을 준비한다. 일이 중요하고 어려울수록 우리는 준비에 만전을 기해야 한다. 별 준비 없이 그냥 되는 일치고 가치 있는 일은 거의 없다. 올림픽에서 뛴 선수들을 보라. 그들은 그 올림픽을 위해 얼마나 오랫동안 준비했을까? 얼마나 힘들게 준비했을까? 언젠가 쇼트트랙 여자 선수들이 올림픽 계주에서 우승한 후, 소감을 말하는데 눈물까지 글썽이며 그동안 힘들었던 준비과정에 대해 말하는 것을 본 적이 있다.

하나님의 일도 마찬가지이다. 준비가 필요하다. 나는 목회를 위해 신학 공부를 10년 이상 했다. 오랫동안 조력자로서 훈련도 받았다. 물론 그게 다는 아니겠지만, 만약 전혀 준비가 되어있지 않았다면 목회의 기회가 왔어도 잘할 수 없었을 것이다.

우리를 회복시키고 공동체를 부흥케 하는 하나님의 대역사를 위해 우리는 반드시 준비해야 한다. 문제는 어떻게 준비하느냐 하는 것이다. 보통 그런 중요한 일들은 쉽지 않다. 가치가 있고 중요한 일은 대부분 몹시 어려운 일들이다. 거의 불가능하게 보이기도 한다. 그런 어려운 일을 우리는 어떻게 준비할 수 있을까? 느헤미야서 2:1-10은 그 질문에 대한 대답을 찾는 데 아주 유익한 본문이다. 먼저 본문의 이야기를 만나 보도록 하자.

때가 오다

느헤미야서 2장의 시간적 맥락은 아닥사스다 20년 니산월이다. 니산월은 요즘으로 하면 3/4월이다. 느헤미야가 무너진 예루살렘 성벽과 이스라엘 백성의 비참한 상황에 대해 듣고 울며 금식하며 기도를 시작한 것이 기슬르월, 즉 11/12월이므로 그 사이에 4개월이 지난 것이다. 그 4개월 동안 느헤미야가 무엇을 했을까? 1장 6절의 기도문에서 그가 밤낮 이스라엘 자손을 위하여 기도를 드린다고 한 것을 보면 그는 그 4개월 동안 계속해서 이스라엘 백성과 예루살렘 성벽의 회복을 위해 기도했을 것이다. 그런데 아무 일도 일어나지 않았다. 얼마나 조바심이 났을까? 얼마나 포기하고 싶었을까? 그러나 그는 계속해서 기도했다.

그러던 어느 날, 그는 여느 때처럼 왕에게 와인을 따르는 일을 하고 있었다. 6절에 왕후도 같이 있었다는 말로 봐서 아마 왕과 왕비가 같이 식사하는 자리였는지도 모른다. 느헤미야가 섬긴 이 페르시아 제국의 왕은 아닥사스다 왕인데 아르타크세르크세스 1세로도 알려져 있다. 그는 에스더의 남편이었던 아하수에로 왕의 아들이다. 느헤미야는 지금까지 개인적인 슬픔과 답답함에도 불구하고 자신의 표정을 잘 관리했는데 그날은 도저히 억누를 수가 없었던 모양이다. 그만 그의 표정이 어두워졌는데 평소와 같지 않은 그의 안색을 보고 왕이 물었다. "안색이 좋지 않구나. 아픈 것 같지는 않은데, 무슨 걱정되는 일이라도 있느냐?"(느 2:2) 이 말만 보면 엄청 자상한 왕처럼 느껴진다. 그러나 실상 그는 매우 포악하고 잔인한 왕이다. 일반 문헌은 아닥사스다 왕을 감정적으로 변덕이 심하고 신경질적이며 권위주의적인 성품의 폭군으로 소개한다. 왕의 질문에 대한 느헤미야의 반응을 새번역은 "나는 너무나도 황공하여"라고 적었는데 원어의 의미를 살리자면 "나는 매우 크게 두려워했다"라고 번역하는 것이 옳다. 왜 그토록 두려워했을까? 전제군주요 독재자인 왕 앞에서 어두운 표정을 보이면 일단 왕의 기분을 상하게 만들 수 있다. 이것만으로도 위험천만한 일인데 더 나아가 어두운 표정은 반역에 대한 의심을 살 수 있다. 그러면 느헤미야의 목숨은 바로 날아가게 된다.

이렇게 위험한 상황에서 이제 그가 해야 할 말 또한 위험한 말이었다. 왜냐하면 예루살렘의 공사를 중단시킨 장본인이 바로 이 아닥사스다 왕이었기 때문이었다. 그러나 느헤미야는 용기를 내었다. 그동안 이 순간을 위해 기도하지 않았던가. 그는 예루살렘이라는 단어를 직접 언급하지 않고 지혜롭게 대답했다.

"임금님, 만수무강 하시기를 빕니다. 소신의 조상이 묻힌 성읍이 폐허가 되고 성문들이 모두 불에 탔다는 소식을 듣고서, 울적한 마음을 가누지 못한 탓입니다" 하고 아뢰었더니(느 2:3).

페르시아 사람들은 조상들의 무덤을 존중했기에 느헤미야는 '자기 조상이 묻힌' 성읍이 폐허가 되었다고 말을 했다. 하나님의 일에는 지혜가 필요하다. 용기나 열정만으로는 부족하다. 나는 한 젊은 목사의 이야기를 들은 적이 있다. 전임 목회자로 인해 엄청난 상처를 받아 거의 쓰러질 상태의 교회에 부임한 그는 전 성도의 길거리 전도 캠페인을 하면서 "우리 다 예수를 위해 죽자"라고 성도들을 밀어붙였다고 한다. 그 성도들은 그냥 놔두어도 죽을 판이었다. 열정과 용기도 필요하지만 지혜도 필요하다. 느헤미야의 말을 들은 왕은 놀랍게도 "네가 바라는 것이 무엇이냐?"라고 긍정적으로 반응했다.

느헤미야는 하나님께서 그동안 자신이 드렸던 기도에 응답하시는 것을 느낄 수 있었다. 때가 온 것이다. 잠언 말씀처럼 하나님은 왕의 마음도 움직이신다. 그래서 그는 짧은 순간 소위 "화살기도"를 드렸다. '하나님, 도와주세요!' 정도로 짧게 주님의 개입을 요청한 후 5절에서 이렇게 대답했다. "임금님께서 좋으시면, 임금님께서 소신을 좋게 여기시면, 소신의 조상이 묻혀 있는 유다의 그 성읍으로 저를 보내 주셔서, 그 성읍을 다시 세우게 하여 주시기를 바랍니다."

"내 하나님의 선한 손이 나를 도우심으로"

느헤미야는 예루살렘 성벽 재건을 위한 자신의 요구사항을 분명히 알렸다. 이제 왕의 말이 나올 차례이다. 그런데 6절에서 느헤미야는 좀 생뚱맞게 "그때에 왕후도 왕 옆에 앉아 있었다"라는 말을 집어넣었다. 굳이 왜 별 필요도 없어 보이는 이 말을 포함시키는 수고를 했을까? 어쩌면 왕후가 왕에게 뭔가를 속삭였을지 모른다. 아니면 왕이 먼저 의견을 물어서 왕후가 좋게 말했는지도 모른다. 그런 말이 있지 않은가? 나라를 다스리는 자는 왕이지만 그 왕을 다스리는 자는 왕비라고! 부인들의 영향력은 무시할 수 없다. 왕은 느헤미야의 요청에 대해 6절에서 이렇게 질문했다. "그렇게 다녀오려면 얼마나 걸리겠느냐? 언제쯤 돌아올 수 있겠느냐?" 이제 느헤미야는 왕이 허락해줄 의사가 있음을 확신하고 얼마나 걸릴지를 왕에게 고했다. 그 말은 그가 이미 계획을 다 세웠다는 뜻이다. 교회에서 아무 계획도, 생각도 없이 하는 일을 믿음이라는 말로 포장하는 경우가 많다. 아무 준비도 없이 믿음으로 건축한다고 하다가 어려움에 빠진 교회가 한두 교회인가! 거리가 온통 얼음인데 믿음으로 심방 가자고 하다가 사고 난 심방팀은 또 어떤가! 믿음은 무모함이나 무계획과 동의어가 아니다.

그런 다음, 그는 왕에게 예루살렘까지 안전히 갈 수 있는 왕의 조서와 성의 재건을 위한 목재를 요청한다. 그는 담당자가 누구인지도 이미 다 알고 있었다. 그가 얼마나 철저히 준비했는가를 잘 보여주는 대목이다.

"임금님께서 좋으시다면, 소신이 유다까지 무사히 갈 수 있도록 유프라테스 서쪽 지방의 총독들에게 보내는 친서를 몇 통 내려 주시기 바랍니다.

또 왕실 숲을 맡아 보는 아삽에게도, 나무를 공급하라고 친서를 내리셔서, 제가 그 나무로 성전 옆에 있는 성채 문짝도 짜고, 성벽도 쌓고, 소신이 살 집도 짓게 하여 주시기 바랍니다(느 2:7-8)."

이것은 대단히 대담하고 큰 요청이다. 그런데 왕은 그것을 다 허락해준다. 어떤 사람들은 이때 이집트와 사이프러스에 불안 요소가 있었다는 일반 역사 자료를 인용하면서 아닥사스다가 느헤미야 정도 되는 사람을 그곳의 총독으로 보내야 할 만한 정치적 이유가 있었다고 말하기도 한다. 그러나 느헤미야는 왕의 허락을 세상의 정치적인 동기로 돌리는 것이 아니라 하나님의 손길에 돌렸다. "나의 하나님이 선하신 손길로 나를 잘 보살펴 주셔서, 왕이 나의 청을 들어주었다(느 2:8b)." 신앙은 해석을 잘하는 것과 연관이 있다. 세상은 우연이라고 말하지만 하나님을 믿는 사람에게 우연은 없다. "우리의 만남은 우연이 아니야"라는 찬송가 급의 가요도 있지 않은가? 세상은 정치적인 이유, 경제적인 이유를 대지만 모든 것의 주권자이신 하나님을 믿고 기도하는 사람에게는 그 이유들 이전에 하나님이 계시다.

드디어 느헤미야는 왕의 허락을 얻어 자신이 기도하고 꿈꾸던 예루살렘으로 떠난다. 9절을 보라. "왕은 나에게 장교들과 기병대를 딸려 보내어, 나와 함께 가게 하였다. 그래서 나는 길을 떠나, 유프라테스 서쪽 지방의 총독들에게로 가서, 왕의 친서를 전하였다(느 2:9)." 그가 기도한 대로 하나님께서 그의 길을 형통케 하신 것이다. 그러나 그렇다고 아무 문제와 장애물이 없는 것은 아니었다. "호론 사람 산발랏과 종노릇을 하던 암몬 사람 도비야에게 이 소식이 들어갔다. 그들은, 어떤 사람이 이스라엘 자손의 형편을 좋게 하려고 오고 있다는 것을 알고서, 몹시 근심하였다고 한다(느 2:10)."

느헤미야는 예루살렘에 도달해서 틀림없이 먼저 귀환했던 에스라와 다른 일행에게 환영을 받았겠지만 본문은 이에 대해 침묵한 채 오히려 그의 적대세력에 대해 언급한다. 호론 사람 산발랏과 암몬 사람 도비야는 사마리아 지역을 다스리던 이방인 리더들로 보인다. 그들은 느헤미야로 인해 자신들의 기득권이 무너지고 이스라엘의 회복이 일어날까 봐 몹시 염려하며 전의를 불태우고 있었다. 자 이제 어떻게 될 것인가? 느헤미야의 나머지 이야기는 다음 장에서 살펴보도록 하고 여기서는 어려운 일의 준비에 대해 본문이 가르쳐주는 몇 가지 교훈을 나누도록 하겠다.

하나님의 은혜를 구하며 기도하기

어려운 일을 준비하는 데 있어서 하나님을 믿는 사람들이 그렇지 않은 사람들에 비해 결정적으로 유리한 점이 있는데 그것은 하나님을 그 준비과정에 포함시키는 것이다. 다시 말해 전지전능하신 하나님께 기도하며 준비한다는 말이다. 이건 쉬운 일이든 어려운 일이든 다 마찬가지이지만 특별히 어려운 일일수록 우리는 하나님의 은혜를 구하며 기도해야 한다. 예를 들어 내가 매주 설교 준비를 하면서 제일 먼저 하는 일은 기도이다. 나는 주일 설교가 끝나면 그다음 주의 설교를 위해 기도하기 시작한다. "하나님, 다음 주에는 무슨 설교를 해야 할까요?" 때로는 주일날 저녁에 하루의 사역을 다 마친 후, 집에 가서 TV를 보면서 속으로 그런 기도를 할 때도 있다. 나는 지난 15년 동안 목회 사역을 하면서 설교를 펑크 내거나 설교가 막혀 한 1분 정도 아무 말도 못 하고 있거나 아니면 이상한 말로 성도들을 "멘붕"에 빠트린 적이 없다. 그것은 하나님께서 그 기도에 응답하시고 은혜를 주셨기 때문이라고 생각한다. 딱 한 번, 점심 바로 전에 드리는 11시 반 예배에서 말씀을 위한 기도를 하다가 마지막에 "이 음식을 주셔서 감사합니다"라는 말이 입에서 불쑥 나왔던 적이 있기는 했다. 그때 너무 배가 고팠는지, 식당의 음식 냄새가 너무 강렬해서 내 정신을 혼미하게 했는지, 도대체 왜 그랬는지 모르겠다. 준비하는 과정에서 설교를 위해서는 기도했으면서 설교 전 기도를 위해선 기도하지 않아 그랬을지도 모른다.

준비 과정에서 기도는 필수이다. 왜냐하면 하나님이 아니면 안 되는 일이 있기 때문이다. 느헤미야를 생각해보라. 세계 최강 권력자인 아닥사스다의 마음을 움직여 과거 본인이 내렸던 칙령을 스스로 부인하게 하는 것은 느헤미야의 영역 밖에 있는 일이다. 이처럼 사람의 마음을 움직이고 변화시키는 것은 우리 인간의 영역 밖이다. 내가 설교를 준비하면서 반드시 기도해야 하는 이유는 설교의 내용과 전달에 대해서만이 아니라 그 설교의 결과 때문이다. 주님만이 그 말씀으로 사람의 마음을 바꾸시고 사람을 변화시키실 수 있다. 자녀를 키우는 부모가 반드시 기도해야 하는 것은 하나님만이 우리 자녀의 마음을 만지시고 또 지키실 수 있기 때문이다. 그래서 우리는 어려운 일, 특히나 하나님의 대역사를 준비하면서 반드시 하나님의 은혜를 구하며 기도해야 한다. 전도의 열매는, 예배의 회복은, 교회와 가정의 참된 부흥은, 자녀의 성품과 신앙 성장은 다 우리의 영역 밖에 있는 일이다. 그래서 우리는 기도로 준비해야 한다. 우리가 기도할 때 느헤미야에게 그러하셨던 것처럼 하나님의 선하신 손길이 우리를 이끄시고 보살펴주실 것이다.

주의 깊게 계획 세우기

느헤미야는 4개월 동안 기도하면서 동시에 자신이 해야 할 일에 대해 철저히 계획을 세웠다. 그는 그 일을 위해 무엇이 필요하며 시간이 얼마나 걸릴지를 미리 생각했다. 왕실 숲을 맡아보는 사람이 누구인지, 유프라테스 서쪽의 총독들에게 어떤 권한이 있는지를 알아보았다. 그래서 하나님이 그의 기도에 응답하시고 기회를 주셨을 때 왕의 질문에 막힘없이 대답하면서 일을 진척시킬 수 있었던 것이다. 생각해보라. 왕이 그에게 그 일이 얼마나 걸릴지를 물었을 때 "어, 그게 글쎄요, 하나님께서 인도하시는 데 달렸으니 저는 잘 모르죠 뭐! 그냥 믿음으로 가는 거죠"라고 말했다면 그 결과가 어땠을까? 그런데 많은 그리스도인이 하나님의 일에 이런 식으로 임한다.

믿음은 무질서와 같은 말이 아니다. 바울이 지적한 것처럼 하나님은 무질서의 하나님이 아니시다. 오병이어의 기적을 일으키실 때 남자 성인만 오천 명, 많이 잡으면 전체가 거의 만 오천 명에 달하는 사람을 오십 명씩 그룹으로 나누신 분은 바로 예수님이시다. 뿐만 아니라 믿음은 계획을 반대하지 않는다. 잠언 말씀을 보면 계획의 수립을 지지하는 많은 구절이 있다. 잠언 20장 18절의 말씀이 대표적이다. "계획은 사람들의 뜻을 모아서 세우고, 전쟁은 전략을 세워 놓고 하여라." 계획과 전략을 세우라고 분명히 권면한다. 다만 계획을 세울 때, 야고보 사도가 권면한 것처럼, 주님의 뜻을 고려하고 그분이 바꾸기 원하시면 기꺼이 바꾸는 유연성을 갖고 세울 필요가 있음을 우리는 인식해야 한다. 어떤 사람이 자기의 언어생활에 문제가 있음을 인지하고 그것을 위해 4주 동안 침묵 훈련을 하려는 계획을 세웠다. 수양관에 들어가서 훈련을 하는 중, 걷다가 자기 잘못으로 누구와 심하게 부딪혔는데 그는 미안하다는 말을 전혀 하지 않았다. 4주 동안 침묵하려는 계획을 세웠기 때문이다. 이렇게 하면 안 된다. 계획을 세우되 유연성을 가질 필요가 있다.

그런가 하면 어떤 사람은 계획을 세우기는 하는데 실행할 의도가 없이 하기도 한다. 내 친구 중에 계획표를 만드는데 거의 도통한 이가 있다. 상당한 시간을 들여 계획표를 만들긴 하는데 거의 실행하지 않는다. 그 부인이 계획표만 만들지 말고 하나라도 좀 실행을 하라고 핀잔을 주자 그 친구의 대답이 걸작이었다. '다 실행할 거면 실행표라고 하지 왜 계획표라고 하겠소?' 하나님의 일을 준비할 때, 우리는 실행할 의사를 갖고 주의 깊게 계획을 세우되 하나님의 개입에 순종하려는 유연성을 갖고 계획을 세워야 한다. 하나님은 우리의 질서 있는 생각과 계획을 존중하시고 기뻐하시며 그것들을 사용하신다. 하나님의 큰일을 준비하는가? 꿈을 현실로 만들기 원하는가? 세심하게 계획을 세우라. 하나님이 그것들을 사용하실 것이다.

반대 예상하기

느헤미야가 예루살렘에 도착하였을 즈음, 그를 환영한 사람들보다 자신의 반대 세력을 언급한 것은 하나님의 일을 준비하는 우리에게 중요한 통찰을 제공한다. 그것은 하나님의 뜻을 수행해나갈 때 반대 세력이 반드시 있음을 상기시켜준다. 따라서 우리는 준비과정에서부터 반대와 장애물을 예상해야 한다. 아무 문제도 없이, 모든 것이 순풍에 돛 단 듯 진행이 되면 얼마나 좋겠는가? 그러나 현실은 그렇지 않다. 하나님의 가장 위대한 역사인 출애굽의 과정을 보라. 수많은 반대와 장애물이 있었다. 아니 인류 구원을 위한 예수님의 사역을 보라. 대제사장들과 바리새인들은 물론, 가룟 유다라는 내부의 배신자까지 예수님을 막아섰고 그분의 가는 길을 방해하려 했다.

하나님의 뜻을 행한다고 아무 문제가 없는 것은 절대 아니다. 오히려 더 극심한 반대를 만날 수도 있다. 내가 아는 한 선교사는 대기업에 다니다가 선교지를 향한 하나님의 부르심을 받았다. 그런데 그의 아버지가 얼마나 극심하게 반대했는지 모른다. 그 아버지는 그가 다니던 교회의 담임 목회자에게까지 전화를 걸어 자기 아들의 길을 막으려 했다. 그는 너무 고민이 되어 종이를 꺼내놓고 선교지로 가면 생길 일과 가지 않을 때 생길 일을 열거하면서 머리를 쥐어뜯었다고 한다. 선교지로 가는 것은 분명한 하나님의 뜻이었지만 그는 엄청난 반대에 직면해야 했다. 마틴 루터 킹(Martin Luther King Jr.) 목사는 또 어떤가? 흑인들의 인권과 민권을 위한 비폭력 운동은 분명한 하나님의 뜻이지만 그는 견디기 힘든 반대에 부딪혔고 결국은 반대자의 총에 암살되기까지 했다.

그렇다. 하나님의 일이라고 반대가 없지 않다. 하나님이 주신 꿈이라고 아무 장애물도 없이 이루어지는 일은 없다. 믿음의 가정을 세우는 일, 하나님이 주신 비전을 이루는 일, 건강한 교회를 세우는 일, 많은 비(非)그리스도인을 전도하는 일, 직장과 사회에 하나님 나라의 가치를 구현하는 일, 사회정의를 위해 헌신하는 일, 다 마찬가지이다. 누군가는 반대할 것이고 무언가 장애물이 있을 것이다. 우리는 준비 과정에서부터 그런 것을 예상해야 한다. 그래야 반대가 있다고 위축되거나 물러서지 않을 수 있다. 그래야 반대에 대응할 수 있고 반대에도 불구하고 앞으로 나아갈 수 있다.

인내로서 하나님의 때를 기다리기

준비 과정에서 주의해야 할 것은 서두르지 않는 것이다. 하나님보다 앞서지 않는 것이다. 느헤미야는 4개월을 기다렸다. 우리는 하나님께서 기회를 주실 때까지, 그분이 문을 여실 때까지 인내하면서 기다려야 한다. 기도하고 생각하고 계획을 짜면서 기다리는 것이다. 물론 이것은 쉽지 않다. 우리는 잘 기다리지 못한다. 특별히 인스턴트 시대, 시속 100km의 시대를 사는 우리 대한민국 사람들은 더욱 기다리는 일에 약하다. 누가 우리 민족을 은근과 끈기의 민족이라고 했나? "빨리빨리"가 우리를 대표하는 말이 되어 버렸다. 운전할 때도, 쇼핑할 때도 우리는 마치 쇼트트랙 게임을 하듯이, 아니 스피드스케이팅을 하듯이 한다. 이런 태도는 우리의 신앙생활에도 그대로 옮겨 온 것처럼 보인다. 우리는 오늘 기도하고 내일 응답을 바란다. 성격이 급한 어떤 사람이 잘 기다리지를 못해서 주님께 기도했다. "주님, 제게 인내심을 주옵소서. 기다리는 마음을 주옵소서. 그런데 지금 당장 그것을 주옵소서!" 이게 우리다. 우리는 훈련과 준비의 과정을 건너뛰기 원한다. 우리는 서두르고 급하며 하나님보다 앞선다.

그러나 하나님은 종종 우리에게 기다리라고 하신다. 느헤미야가 성벽을 재건하는 데는 52일밖에 걸리지 않았다. 하지만 그것을 위해 기도하고 생각하면서 기다린 시간이 4개월이나 걸렸다는 것은 우리로 하여금 많은 것을 생각하게 한다. 준비의 시간이 너무 긴 것 같고 쓸모없는 낭비처럼 느껴질 수 있지만 결코 그렇지 않다. 그 시간은 하나님께서 우리를 하나님의 일에 적합한 사람으로 빚어 가는 데 필요한 시간일 수 있다. 그 시간은 하나님께서 환경을 준비하고 사람들의 마음을 준비시키는 데 필요한 시간일 수

리셋, 느헤미야와 함께 다시 세우라

있다. 그 시간은 완벽한 하나님의 때가 오기까지 필요한 시간일 수 있다. 모세는 40년의 사역을 위해 80년을 준비했다. 하나님은 예수님을 보내시기 위해 수천 년을 기다리셨다. 예수님은 이 땅에 오셔서 삼 년의 공생애를 위해 삼십 년을 준비하며 기다리셨다.

그러므로 우리는 하나님께서 주신 비전을 현실화하고 하나님 나라의 대역사를 이루기 위해 진득하게 기다려야 한다. 자신을 살피며 끈기 있게 기도하며 필요한 일들에 대해 생각하고 세심하게 계획을 짜면서 기다려야 한다. 그러는 가운데 하나님이 움직이시면, 기회를 허락하시면, 신호를 주시면, 문을 여시면 우리도 일어나 움직이면 된다. 용기와 지혜로 나아가면 된다. 그러므로 기도하고 충분히 준비하며 인내와 민감성을 갖고 하나님의 때를 기다리기 바란다. 기다린 시간만큼 하나님의 역사는 더 단단하게 더 아름답게 이루어질 것이 분명하기 때문이다.

준비의 예술 익히기

이번 장을 마무리하며 2년 전에 아카데미 감독상을 탄 봉준호 감독에 대해 이야기하려 한다. 그는 자신이 각본을 쓰고 감독한 영화 《기생충》을 통해 한국 감독으로는 최초로 2019년 황금종려상을 수상하였고, 2020년 제77회 골든 글로브상에서 최우수 외국어 영화상을 수상했다. 그는 제92회 아카데미상에서 자신의 영화 작업을 인정받아 최우수 국제영화상, 최우수 작품상, 최우수 감독상, 최우수 각본상의 4개 부문 상을 모두 받은 최초의 아시아 영화감독이 되었다. 수많은 대한민국 국민을 자랑스럽게 만든 정말 대단한 일을 이루었다. 그러나 그가 그렇게 되기 위해 어떤 준비 과정들을 거쳤겠는지를 생각해보라. 그는 그냥 하늘에서 뚝 떨어져 그 자리에 선 사람이 아니다. 어릴 때부터 그는 영화감독이 되기로 결심하고 본인의 감독상 수상소감에서 밝힌 것처럼 거장들의 책도 읽고 그들의 영화도 공부하면서, 그리고 공적인 교육도 받고 현장에서 스태프로 참여하면서 꾸준히 준비해왔던 것이다. 자식이 영화감독의 길을 가지 않길 바라는 부모님과의 갈등도 있었다고 했다. 그 모든 준비와 기다림의 과정이 힘들지 않았겠는가? 그러나 그런 인고의 과정이 있었기에 그는 영화감독으로서 자신의 꿈을 이룰 수 있었던 것이다.

　우리도 마찬가지이다. 꿈 너머의 꿈, 하나님 백성의 회복과 부흥이라는 하나님의 대역사를 이루기 위해서는 준비의 과정이 반드시 필요하다. 느헤미야처럼 하나님 나라의 리더로서 쓰임 받기 원하는 사람은 더 말할 것도 없다. 그 준비의 과정을 불필요하게 여기거나 불성실하게 보내거나 건너뛰지 않도록 주의하자. 오히려 그 기간 동안 하나님의 은혜를 바라며 기도하고 계획을 세우자. 그리고 반대를 예상하는 가운데 하나님의 때를 인내로써 기다리도록 하자. 충분히 준비하도록 하자. 나중에 후회하지 않도록 잘 준비하자. 준비의 예술을 익히자. 느헤미야가 그랬던 것처럼, 모세가 그랬던 것처럼, 아니 우리 주님께서 그러셨던 것처럼 그렇게 하자. 우리가 인내와 기도와 많은 생각 가운데 더 잘 준비한 만큼 개인적인 삶에서, 가정에서, 교회에서, 또 직장과 사업처에서 하나님의 역사는, 그분이 주신 위대한 비전은 더 멋지게, 더 놀랍게 이루어질 것이니 말이다.

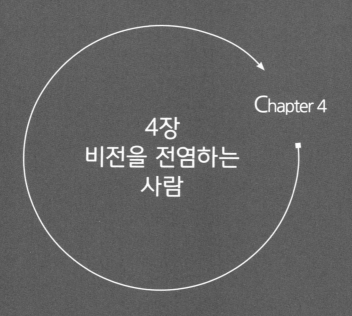

4장
비전을 전염하는
사람

Chapter 4

느헤미야 2:11~20

나는 예루살렘에 이르러, 거기에서 사흘 동안 쉬고 나서, 밤에 수행원을 몇 명 데리고 순찰을 나섰다. 하나님이 나의 마음을 움직이셔서 예루살렘에서 일하도록 하신 것을, 나는 그 때까지 어느 누구에게도 말하지 아니하였다. 나에게 짐승이라고는, 내가 탄 것밖에 없었다. 밤에 나는 '골짜기 문'을 나섰다. '용 샘'을 지나 '거름 문'에 이르기까지 예루살렘 성벽을 살펴보니, 성벽은 다 허물어지고, 문들도 모두 불에 탄 채로 버려져 있었다. 샘 문'과 '왕의 연못'에 이르렀을 때에는, 내가 탄 짐승이 더 나아갈 길이 없었다. 그래서 그 날 밤에 나는 계곡을 따라 올라가면서, 성벽을 둘러보고, 다시 '골짜기 문'을 지나 되돌아왔다. 그 때에 내가 유다 사람들이나, 제사장들이나, 귀족들이나, 관리들이나, 그 밖에 직책을 가진 어느 누구에게도 이것을 말하지 아니하였으므로, 관리들은, 내가 어디를 다녀왔는지, 무엇을 하였는지, 아무도 알지 못하였다. 이렇게 돌아보고 난 다음에, 나는 비로소 관리들에게 말하였다. "여러분이 아는 바와 같이, 우리는 지금 어려움에 빠져 있습니다. 예루살렘은 폐허가 되고, 성문들은 불탔습니다. 이제 예루살렘 성벽을 다시 쌓읍시다. 남에게 이런 수모를 받는 일이 다시는 없어야 할 것입니다." 나는 또한 나의 하나님이 선하신 손길로 나를 잘 보살펴 주신 일과, 왕이 나에게 한 말을 그들에게 말하였다. 그랬더니 그들은 공사를 시작하겠다고 나에게 다짐하였고, 힘을 내어, 기꺼이 그 보람있는 일을 시작하였다. 그러나 이 일이 호론 사람 산발랏과 종노릇을 하던 암몬 사람 도비야와 아랍 사람 게셈에게 알려지니, 그들은 우리에게로 와서 "당신들은 지금 무슨 일을 하고 있는 거요? 왕에게 반역이라도 하겠다는 것이오?" 하면서, 우리를 업신여기고 비웃었다. 내가 나서서 그들에게 대답하였다. "하늘의 하나님이 우리를 위하여 이 일을 꼭 이루어 주실 것이오. 성벽을 다시 쌓는 일은 그분의 종인 우리가 해야 할 일이오. 예루살렘에서는 당신들이 차지할 몫이 없소. 주장할 권리도 기억할 만한 전통도 없소."

리셋

• • •

느헤미야와 함께 다시 세우라

 지금도 다 끝난 것은 아니지만 지난 2년 반이 넘도록 우리나라를 포함하여 전 세계는 코로나19로 불리는 신종 코로나 바이러스 때문에 몸살을 앓아왔다. 중국 우한에서 시작된 이 바이러스는 무서운 속도로 전 세계에 퍼져나가 지금까지 5억 5천 명이 넘는 사람들을 감염시켰다. 사망자 수도 640만 명에 이른다. 이 바이러스는 전염성이 너무 강해 정부는 얼마 전까지만 해도 마스크 강제 착용과 사회적 거리두기 정책을 강력하게 시행해왔다. 그럼에도 불구하고 전파가 멈추지 않았고 아이들이 학교에 가지 못했을 뿐 아니라 교회와 성당이 예배를 중단하거나 온라인으로 전환하는 초유의 사태까지 빚어지게 되었다.

 본 장에서 우리는 전염에 대한 이야기를 하려고 한다. 코로나 바이러스처럼 부정적인 것을 전염하는 것에 대한 이야기는 물론 아니다. 사실 전염이라는 단어는 그 자체로 꼭 부정적인 것이 아니다. 한글 사전에 의하면 전염은 그저 "남에게 옮는 것," 또는 "옮아서 물이 드는 것"이라는 뜻이다.

꼭 병균과 같은 나쁜 것이 옮는 경우에만 쓸 필요는 없다. 그래서 '행복을 전염하다', '열정을 전염하다', 심지어 '예수님을 전염하다'라는 말은 다 맞는 말이다. 참고로 전염시킨다는 말보다 전염하다가 한글 맞춤법에 맞는 표현이다.

본 장의 제목은 "비전을 전염하는 사람"이다. 꿈과 비전은, 특별히 개인적인 꿈을 넘어선 하나님 나라의 꿈은 여러 사람이 공유해야 한다. 어느 시인이 말한 것처럼 "혼자 꾸는 꿈은 단지 꿈일 뿐이지만 함께 꿈을 꾸면 현실이 되기" 때문이다. 마틴 루터 킹 주니어 목사를 보라. 그의 "나에게는 꿈이 있습니다"라는 유명한 연설에서 잘 묘사된 것처럼 그에게는 인종차별이 사라진 미국 사회라는 꿈과 비전이 있었다. 그의 비전은 수많은 사람에게 영감을 주었고 공유되었다. 수많은 사람이 같은 꿈을 꾸었고 그로 인해 그 꿈은 비록 완벽하진 않지만 미국 사회에서 현실이 된 것이다.

개인적인 꿈이든 공동체적인 것이든 혼자서 다 이룰 수 있는 그런 꿈은 없다. 가치 있는 일은 여러 사람이 함께하여 이루어진다. 우리에게는 꿈의 동역자가 필요하다. 특별히 하나님 나라의 꿈, 교회의 비전, 하나님께서 주신 세상을 향한 비전은 수많은 사람에게 전염되어야 한다. 느헤미야서 2장 11-20절을 보면 느헤미야야말로 비전을 전염하는 사람이었다. 느헤미야가 훌륭한 리더로 평가받는 것에는 그의 이 자질도 분명히 한몫을 했다고 말할 수 있다. 따라서 하나님 나라의 리더를 꿈꾸는 사람에게 본 장의 이야기는 너무도 중요하다. 본문의 이야기를 따라가면서 하나님께서 내게 주신 하나님 나라의 비전을 어떻게 전염할지에 대해 지혜를 얻도록 하자.

혼자만의 시간을 통해 비전을 온전히 소유하기

지난 이야기에서 본 것처럼 느헤미야는 예루살렘에 도착했다. 그동안 밤 낮으로 마음에 품고 기도하던 곳에 드디어 오게 된 것이다. 얼마나 가슴이 벅차올랐을까? 얼마나 이 도시를 새롭게 일으켜 세우고 싶었을까? 나 같으면 아닥사스다가 준 완장을 차고 확성기로 셀프 소개를 하면서 유력인사를 만나고 거리를 누볐을지 모른다. 그러나 느헤미야는 그렇게 하지 않았다. 그는 무엇을 했을까? "나는 예루살렘에 이르러 거기에서 사흘 동안 쉬고 나서(느 2:11)." 그는 사흘 동안 쉬었다. 수산에서 예루살렘까지는 1,300km 나 가야 하는 먼 길이었다. 서울에서 부산까지 보다 3배 이상 더 먼 거리 다. 자동차가 있는 것도 아니고 길이 좋은 것도 아니다. 최소한 두 달은 걸 렸을 것이다. 그래서 그는 사흘 동안 아무것도 하지 않았다. 그 기간은 새 번역이 번역한 것처럼 분명 여독에 지친 그에게 쉼을 주었을 것이다. 쉼 없 이 죽자 살자 사역만 하는 것을 무조건 좋은 것, 신령한 것으로 추켜세우기 도 하지만 사실은 그렇지 않다. 일주일에 하루를 안식일로 만드신 분은 하 나님이시다. 하나님이 신령하지 않거나 헌신이 덜 되어서 하루를 쉬라고 했 겠는가? 적절한 쉼을 갖지 않을 때 우리는 소진되고 비전에 대한 열정도 잃 게 되며 위험한 상태에 빠지게 된다. 그래서 느헤미야는 3일간 쉬었다. 그 러나 쉰다는 것이 그냥 소파에 뒹굴면서 아침부터 밤까지 TV를 본다거나 SNS를 한다는 뜻은 아니었다. 그 사흘 동안 느헤미야는 하나님과 교통하 며 자신의 비전을 새롭게 확인하고 그가 해야 할 일들에 대해 생각하며 하 나님의 인도하심을 구했을 것이다. 그는 그 비전을 12절에서 "하나님이 나 의 마음을 움직이셔서 예루살렘에서 일하도록 하신 것"이라고 묘사했다.

그 비전이 사흘 동안 점점 자신의 마음속에서 커져가는 동안, 그는 "주님, 이제 어떻게 해야 할까요?"라고 기도하며 주님의 지혜를 구하지 않았을까?

그리고 사흘 후, 다음 스텝이 취해졌다. 느헤미야는 밤에 비밀리에 현장 조사를 나갔다. 수행원이 몇 명 있었지만 여전히 외부와의 접촉을 끊고 개인적인 행보를 이어갔다. 실질적으로 혼자만의 시간을 가진 것이다. 그 내용이 12-16절에 나와 있다.

밤에 수행원을 몇 명 데리고 순찰을 나섰다. 하나님이 나의 마음을 움직이셔서 예루살렘에서 일하도록 하신 것을, 나는 그 때까지 어느 누구에게도 말하지 아니하였다. 나에게 짐승이라고는, 내가 탄 것밖에 없었다. 밤에 나는 '골짜기 문'을 나섰다. '용 샘'을 지나 '거름 문'에 이르기까지 예루살렘 성벽을 살펴보니, 성벽은 다 허물어지고, 문들도 모두 불에 탄 채로 버려져 있었다. '샘 문'과 '왕의 연못'에 이르렀을 때에는, 내가 탄 짐승이 더 나아갈 길이 없었다. 그래서 그 날 밤에 나는 계곡을 따라 올라가면서, 성벽을 둘러보고, 다시 '골짜기 문'을 지나 되돌아왔다. 그 때에 내가 유다 사람들이나, 제사장들이나, 귀족들이나, 관리들이나, 그 밖에 직책을 가진 어느 누구에게도 이것을 말하지 아니하였으므로, 관리들은, 내가 어디를 다녀왔는지, 무엇을 하였는지, 아무도 알지 못하였다.

느헤미야는 왜 이렇게 했을까? 그것은 백성들과 비전을 나누기에 앞서 자신의 눈으로 상황을 직접 확인하기 원했던 것이다. 13절과 15절에 사용된 '성벽을 살펴보았다'와 '둘러보았다'의 히브리 단어는 "무언가를 매우 주의 깊게 들여다보다"라는 뜻이다. 이 단어는 의학적인 용어로써 의사가 상처

부위를 살펴볼 때 쓰는 말이었다. 느헤미야는 예루살렘의 성벽이 무너진 것에 대해 듣기는 했지만 실제로 본 적이 없었다. 실제로 본 적도 없는 것에 대해 어떻게 다른 사람을 확신시킬 수 있는가? 내 친구 하나가 생각난다. 청년 때인데 당시 내게 복음을 듣고 상당히 마음이 열렸던 모양이다. 우리 이모님과 같은 아파트에 살았던 그 친구는 우연히 이모님을 만나 말을 건넸다. "이모님, 예수님을 믿어야 구원받고 천국 갈 수 있답니다. 마음에 평안도 누리고요. 이모님은 구원의 확신이 있으세요?"

이모님이 되물으셨다. "너는 확신이 있니?"

친구가 머리를 긁적이며 대답했다. "아뇨, 아직은요."

"싱겁기는!" 한마디를 던지시고 이모님은 가던 길을 가셨다.

느헤미야는 그렇게 되기를 원치 않았다. 그래서 그는 밤에 홀로 나섰던 것이다. 무너진 성벽과 불탄 성문을 바라보며 느헤미야는 무엇을 어떻게 해야 할지 그림을 그렸을 것이다. 리더는 단순히 꿈나라에서 살아서는 안 된다. 그는 현실과 팩트를 정확히 파악하고 그 위에 비전을 세워야 한다. 그날 밤, 느헤미야는 자기 눈으로 문제를 보았고 그와 함께 가능성도 보았을 것이다. 이스라엘 백성의 수치가 피부로 느껴지면서 거룩한 불만족과 부담이 그의 마음을 가득 채웠으리라. 그런 과정을 통해 성벽 재건의 비전은 더욱 분명해졌고 그 비전을 이루고자 하는 열정은 더욱 뜨거워지지 않았을까? 뿐만 아니라 어떻게 그것을 해야 할지에 대한 마스터플랜과 전략도 세워졌을 것이다.

비전을 전염하기 원하는가? 당신의 거룩한 꿈에 다른 사람들을 끌어들이길 원하는가? 꿈의 동역자를 만들고 싶은가? 그렇다면 마치 공상과도 같은 설익은 이야기를 섣불리 퍼뜨리지 말고 혼자만의 시간을 통해 하나님께서 주시는 비전을 확인하고 분명히 하라. 필요한 조사와 공부를 통해 현실과 팩트를 파악하면서 어떻게 이 비전을 이룰 수 있을지 전략을 세우라. 계획과 전략이 없는 비전은 비전이 아니다. 그것은 그냥 백일몽에 불과하다.

당신에게는 비전이 있는가? 하나님께서 심어주신 꿈 너머의 꿈이 있는가? 내가 아는 한 미국 목사는 생명력 없는 전통교회를 다니면서 자랐다. '교회가 원래 이런 건가?'라는 의문이 가끔씩 들었지만 그냥 관성에 이끌려 다녔다. 그는 '아버지의 사업을 물려받으면 되겠거니'라고 생각하며 살았다. 사실은 삶에 대해 그리 진지하게 생각해보지도 않았다. 그런데 그의 친구 중 한 사람이 "너는 어떻게 살 거야? 네 인생을 갖고 뭘 할 거야?"라고 계속해서 물었다. 그 후 여러 사건을 통해 친구의 질문은 결국 그의 주의를 끌었고 그는 자신의 방에서 하나님께 무릎을 꿇었다. "하나님, 제가 무엇을 하기 원하십니까? 지금 제가 사는 이런 삶보다는 더 많은 것이 제 인생에 반드시 있어야 할 것 같습니다." 하나님과 독대하는 혼자만의 시간을 통해, 그리고 성경적 공동체에 대한 갈망과 개인적인 공부와 전통 교회에서의 부정적 경험을 통해 목회자가 되어 세상의 희망이 되는 사도행전적 교회를 세워야겠다는 그의 비전은 점점 더 분명해져 갔다. 느헤미야처럼, 위의 미국 목사처럼 생각하고 기도하고 사실을 조사하며 하나님이 마음에 주신 것에 대해 전략을 세우라. 혼자만의 시간을 통해 비전을 온전히 자신의 것으로 소유하라. 그래야 더 많은 사람에게 비전을 전염할 수 있다.

긍정적인 태도로 비전 나누기

혼자만의 시간을 통해 성벽 재건의 비전을 온전히 소유하고 마스터플랜을 짠 느헤미야는 이제 그 비전을 다른 사람들과 나누기 시작했다.

> 이렇게 돌아보고 난 다음에, 나는 비로소 관리들에게 말하였다. '여러분이 아는 바와 같이, 우리는 지금 어려움에 빠져 있습니다. 예루살렘은 폐허가 되고, 성문들은 불탔습니다. 이제 예루살렘 성벽을 다시 쌓읍시다. 남에게 이런 수모를 받는 일이 다시는 없어야 할 것입니다.' 나는 또한 나의 하나님이 선하신 손길로 나를 잘 보살펴 주신 일과, 왕이 나에게 한 말을 그들에게 말하였다(느 2:17-18a).

느헤미야의 호소는 매우 긍정적이며 열정적이다. 그는 예루살렘에 온 지 며칠 되지도 않았지만 "우리"라는 단어를 쓰고 있다. 새번역에는 "우리"가 한 번 밖에 나오지 않지만 사실은 이 짧은 문장에서 그는 세 번이나 우리라는 단어를 쓰고 있다. 그는 자신의 청중들에게 당신들이 이런 문제를 만들었다며 비난하거나 마치 제삼자처럼 말하지 않는다. 느헤미야는 그들과 자신을 동일시하며 말하고 있다. 내가 섬기는 교회에서 건축디자인 설명회를 했을 때였다. 그날 건축가는 외부인임에도 불구하고 계속해서 "우리 교회"라는 표현을 썼다. 동질감을 느끼게 만든 것이다. 그날 설명회가 성도들의 호응을 받았던 이유 가운데는 그의 그 표현도 한몫했을 것이라는 생각이 들었다. 커뮤니케이션에서, 그리고 사역에서 동질감은 매우 중요하다. 나는 신학교 제자들과 후배들에게 어떤 교회에 부임하면 "이 교회"라는 말을 쓰지 말고 "우리 교회"라는 말을 쓰라고 종종 조언을 한다.

느헤미야는 또한 문제보다 하나님의 크심과 선하심에 초점을 맞추고 있다. 물론 문제를 무시하지 않았다. 그는 현실을 직시하며 자신들이 어려움에 빠져있고 예루살렘은 폐허가 되고 성문은 불타 있다고 말한다. 문제를 보지 못하면 비전도 보지 못하기 때문에 그는 문제에 대해 말했다. 그러나 그럼에도 불구하고 하나님이 어떻게 일하셨으며 어떻게 당시 최고 권력자였던 아닥사스다 왕을 움직이셨는지에 대해 언급함으로써 사람들이 크신 하나님을 바라보도록 돕고 있다.

더 나아가 그는 "우리가 남에게 이런 수모를 받는 일이 다시는 없어야 할 것입니다."라는 말을 통해 하나님 백성으로서의 자존심에 호소한다.

- '이건 받아들일 수 없어!'
- '이렇게 살아서는 안 돼!'
- '이건 정상이 아냐, 교회가 이 상태로 있어서는 곤란해!'

그의 말을 듣자 패배와 수치에 익숙해져 있던 백성들의 마음속에서 무언가 뜨거운 열정이 끓어올랐다. 그들은 느헤미야의 비전에 전염되어 자리에서 일어났다. "그랬더니 그들은 공사를 시작하겠다고 나에게 다짐하였고, 힘을 내어, 기꺼이 그 보람 있는 일을 시작하였다(느 2:18b)." 비전이 전염되었고 동역자들이 일어난 것이다.

긍정적이고 열정적으로 비전을 나누는 것은 비전의 전염에 매우 중요하다. 《애플》의 창립자인 스티브 잡스(Steve Jobs)는 마케팅의 천재라는 별명을 갖고 있던 펩시콜라 사장 존 스컬리(John Sculley)를 찾아와《애플》의 비전에 대해 설명한 후《애플》의 CEO를 맡아달라고 부탁하면서 다음과 같은 말을 했다. "설탕물이나 팔면서 남은 인생을 낭비하고 싶습니까? 아니면 나와 함께 세상을 바꿔보고 싶습니까?" 그 말 한마디가 존 스컬리를 《애플》 맨으로, 잡스의 동역자로 바꾸어놓았다.

당신의 마음속에서 끓어오르는 꿈과 비전을 긍정적인 방식으로 사람들과 나누라. 문제와 어려움을 무시하지 않으면서 동시에 가능성과 할 수 있다는 믿음을 제시하라. 앤디 스탠리(Andy Stanley)는 『비저니어링』이라는 자신의 책에서 비전이 언제나 문제를 해결하는 방법이라고 했다. 당시 예루살렘의 문제는 무너진 성벽이었다. 느헤미야의 비전은 그 성벽을 재건하는 것이었다. 그는 문제를 문제로 느끼지도 못하는 사람들에게 뭐가 문제인지를 인식하게 했고 열정적으로 긍정적으로 해결책을 제시했다. 그런가하면 1960년대 미국의 문제는 인종차별이었다. 그런 상황에서 마틴 루터 킹 주니어는 인종적 편견과 차별이 없는 사회의 비전을 제시했다. 그는 그 비전을 이런 그림 언어로 묘사했다.

나에게는 꿈이 있습니다. 언젠가 이 나라가 모든 인간은 평등하게 태어났다는 것을 자명한 진실로 받아들이고, 그 진정한 의미를 신조로 살아가게 되는 날이 오리라는 꿈입니다. 언젠가는 조지아의 붉은 언덕 위에 예전에 노예였던 부모의 자식과 그 노예의 주인이었던 부모의 자식들이 형제애의 식탁에 함께 둘러앉는 날이 오리라는 꿈입니다. 언젠가는 불의와 억압의 열기에 신음하던 저 황폐한 미시시피주가 자유와 평등의 오아시스가 될 것이라는 꿈입니다. 나의 네 자녀가 피부색이 아니라 인격에 따라 평가받는 그런 나라에 살게 되는 날이 오리라는 꿈입니다.

그림이 그려지지 않는가? 이처럼 비전을 나눌 때 미래를 상상하게 하라. 무엇보다 하나님의 크심과 선하심에 초점을 맞추라. 당신의 개인적인 비전뿐 아니라 가정의 비전, 교회 소그룹과 부서의 비전, 교회 전체의 공동체적 비전에 대해서도 사람들과 나누라. 그러면 더 많은 사람이 비전에 전염될 것이고 하나님의 일이 이루어질 것이다.

반대에 주저앉지 말고 지혜와 용기로서 대처하기

이전 장에서 나는 하나님 나라의 꿈을 준비하는 과정에서 반대를 예상해야 한다는 말을 했다. 이제 우리는 그 반대가 어떻게 작동하는지를 잘 볼 수 있다. 느헤미야가 비전을 나누자마자 바로 반대가 들어왔다. 19절이다. "그러나 이 일이 호론 사람 산발랏과 종노릇을 하던 암몬 사람 도비야와 아랍 사람 게셈에게 알려지니, 그들은 우리에게로 와서 "당신들은 지금 무슨 일을 하고 있는 거요? 왕에게 반역이라도 하겠다는 것이오?" 하면서, 우리를 업신여기고 비웃었다(느 2:19)." 10절에서는 반대자가 산발랏과 도비야 두 사람이었는데 여기서는 아랍 사람 게셈이 추가되어 세 사람이 되었다. 하나님의 역사가 진척될수록 반대도 늘어난다는 사실을 볼 수 있다. 교회가 부흥되면 마귀도 부흥회를 연다는 말을 혹시 들어보았는가? 본문의 상황이 꼭 그렇다. 이 세 반대자의 전략은 업신여김과 비웃음이었다. 무언가 새롭고 모험적인 일을 시작하는 개척자들은 늘 비웃음을 당했다. 달라스 신학대학원의 총장을 역임했던 도날드 캠벨 박사(Dr. Donald K. Cambell)는 미국에서 무언가가 처음 시도되었을 때의 반응을 이렇게 전했다.

미국 최초의 증기선은 뉴욕에서 올바니까지 약 200km를 가는 데 32시간이 걸렸다. 사람들은 비웃었다. 초기의 자동차는 하도 느려서 그냥 서 있는 것 같았고 말과 마차의 추월을 당했다. 사람들은 비웃었다. 최초의 전구는 너무 어두워서 사람들은 가스램프를 사용해서 그것을 보아야 했다. 그들은 비웃었다. 첫 번째 비행기는 이륙한 지 59초 만에 내려왔다. 사람들은 비웃었다. (Donald Cambell, *Nehemiah: Man in Charge*, 22.)

누군가 당신을 업신여기고 비웃으면 당신은 어떻게 반응하는가? 버스 기사와 승객 사이에 다툼이 났다. 승객은 기사를 조롱하며 말했다. "한심한 놈, 평생 버스나 몰며 살아라." 그러자 기사가 승객에게 말했다. "그래 인간아. 너는 평생 버스나 타고 다녀라." 당신은 어떻게 반응하는가? 어떤 사람은 같이 싸우고 어떤 사람은 주눅이 든다. 업신여김과 조롱은 우리를 주저앉히거나 곁길로 나가게 하거나 우리의 비전을 중단시킬 수 있다.

그러나 느헤미야는 그렇게 하지 않았다. 그는 위축되지 않았고 말싸움하지도 않았다. 그는 아닥사스다가 준 편지를 흔들며 고함을 지르지도 않았다. "이게 왕의 친서라는 거거든. 보이긴 하냐? 눈 좀 찢어줘? '앞트임 뒤트임' 수술 한번 할래?" 아니다. 그는 수준을 높였다. 아닥사스다라는 왕보다 더 크신 분을 바라보며 이렇게 대답했다.

내가 나서서 그들에게 대답하였다. "하늘의 하나님이 우리를 위하여 이 일을 꼭 이루어 주실 것이오. 성벽을 다시 쌓는 일은 그분의 종인 우리가 해야 할 일이오. 예루살렘에서는 당신들이 차지할 몫이 없소. 주장할 권리도 기억할 만한 전통도 없소"(느 2:20).

느헤미야는 이 일이 하나님의 일이며 하나님께서 이루어주실 일임을 확신했다. 그래서 그는 그 일을 반대하는 누구의 목소리에도 방해받지 않으리라 결심했다. 하나님 외에 누구도 그 일을 중단시키지 못하게 했다.

우리는 반대에 대해 지혜와 용기를 갖고 대처해야 한다. 어떤 올바른 일이든 반대가 있을 수 있다. 하나님의 뜻을 행하는 일도 마찬가지이다. 예수님의 경우를 보라. 인류 구원의 비전을 이루기 위해 십자가 죽음에 대해 말했을 때 베드로는 예수님을 책망까지 하며 그 길을 막아섰다. 대제사장과 율법학자와 바리새인들도 계속해서 예수님을 반대했고 그분의 비전을 죽이려 했다. 심지어 제자 중 하나인 가룟 유다는 스승인 예수님을 배신하고 원수의 손아귀에 예수님을 넘겨주기도 했다. 반대와 장애물과 문제가 있을 수 있다. 비판을 받을 수 있다. 리더의 경우에는 더욱 그렇다. 사실 한 번도 비판받은 적이 없다면 그는 어떤 중요한 일도 하지 않았을 가능성이 크다. 물론 모든 반대와 비판이 다 무가치하므로 무시해야 한다는 뜻은 아니다. 그래서 지혜와 분별력이 필요하다. 만약 누군가가 하나님의 음성을 듣고 올바른 태도로 반대를 표현한다면 우리는 그의 말에 귀를 기울여야 한다. 그러나 본문의 산발랏과 도비야와 게셈처럼 그것이 하나님에게서 온 것이 아니고 태도 또한 잘못되었다면 우리는 느헤미야처럼 단호히 대처해야 한다. 무엇보다 우리의 꿈과 비전이 하나님께서 우리 마음에 심어주신 것이라면 우리는 반대에 위축되거나 주저앉아서는 안 된다. 지혜와 용기로 반대에 대처하며 계속해서 앞으로 나아가야 한다. 그럴 때 비전은 더 많은 사람에게 전염되고 하나님의 대역사가 이루어지는 아름다운 일이 있을 것이다.

궁극적 느헤미야, 예수 그리스도

우리는 이 장에서 백성들에게 비전을 전염하는 느헤미야의 모습을 살펴보았다. 그런데 이 이야기의 느헤미야는 우리 주님이신 예수 그리스도를 생각나게 한다. 아니 팀 켈러(Tim Keller)의 표현처럼 예수님은 "궁극적 느헤미야"이시다. 예수님은 화려한 페르시아의 궁전을 떠나 황폐하고 무너진 예루살렘에 온 느헤미야처럼 하늘의 궁전을 떠나 이 깨어진 세상에 오셨다. 무너진 성읍을 다시 세우기 원했던 느헤미야처럼 예수님은 무너진 심령들을 다시 세우기 원하셨다.

비전을 나누는 모습에서도 느헤미야는 예수님을 닮았다. 예수님은 3일간 혼자 있었던 느헤미야처럼 사람들 앞에 본격적으로 나타나기 전에 40일 동안 광야에 혼자 거하셨다. 금식과 기도 가운데 십자가 죽음과 부활을 통한 인류 구원과 특별히 음부의 권세가 이기지 못하는 교회의 비전을 거기서 분명히 하셨다. 그리고 그런 다음, 그 비전을 제자들에게 나누어주셨다. 그분은 또한 수많은 반대에도 굴하지 않으시고 그 비전을 이루기 위해 앞으로 나아가셨다. 그래서 지금 모든 민족과 종족과 백성과 언어에서 나온 사람들이 구원받고 전 세계에 하나님의 교회가 세워져서 하나님 나라의 일을 감당하고 있는 것이다.

우리도 하나님 나라의 거룩한 비전을 전염시키는 사람이 되자. 당신은 하나님께서 당신과 당신의 교회, 그리고 당신의 신앙 공동체에 주신 비전이 무엇인지 아는가? 그 비전을 공유하고 당신 자신의 것으로 만들라. 그리고 그것을 다른 사람들과 나누며 그것을 이루기 위해 앞으로 나아가라. 비록 반대와 장애물이 있더라도 일을 이루실 하나님을 바라보며 전진해 나

아가라. 이 위대한 비전에 우리가 먼저 전염되고 또 다른 사람들을 전염함
으로 하나님의 나라를 확장시키고 하나님께 영광을 돌리는 큰 은혜가 있
기를 바란다.

Chapter 5

5장
당신의 사역에 대한
놀라운 비밀

느헤미야 3:1~32

대제사장 엘리아십이 동료 제사장들과 함께 나서서, '양 문'을 만들어 하나님께 바치고, 문짝을 제자리에 달았으며, '함메아 망대'와 '하나넬 망대'까지 성벽을 쌓아서 봉헌하였다. 그 다음은 여리고 사람들이 쌓았고, 또 그 다음은 이므리의 아들인 삭굴이 쌓았다. '물고기 문'은 하스나아의 자손이 세웠다. 문틀을 얹고 문짝을 달고, 빗장과 빗장둔테를 만들어 달았다. 그 다음은 학고스의 손자요 우리야의 아들인 므레못이 보수하였고, 그 다음은 므세사벨의 손자요 베레갸의 아들인 므술람이 보수하였으며, 그 다음은 바아나의 아들인 사독이 보수하였다. 그 다음은 드고아 사람이 보수하였는데, 그들 집안의 어떤 유력자들은 공사 책임자들에게 협조하지 않았다. '옛 문'은 바세아의 아들인 요야다와 브소드야의 아들인 므술람이 보수하였다. 문틀을 얹고 문짝을 달고, 빗장과 빗장둔테를 만들어 달았다.

리셋

. . .

느헤미야와 함께 다시 세우라

성경을 읽다 보면 우리에게 중단하고 싶은 유혹을 주는 장들이 있다. 레위기는 책 자체가 그런 책이다. 그래서 레위기를 "내 위기"라고 말하기도 한다. 마태복음 1장의 족보도 그중 하나이다. 정말 마음잡고 신약성경 딱 펼쳤는데 '누가 누구를 낳고'가 계속 반복된다. 누구 말처럼 "산부인과 복음"도 아니고 읽기가 쉽지 않다. 그래서 우리는 거기서 멈추고 싶은 유혹을 받는다. 이번 장에서 우리가 살펴볼 느헤미야서 3장도 그런 곳 가운데 하나이다. 사람들의 이름이 반복되면서 누가 무언가를 보수하였다는 이야기가 계속 이어진다. 좀 짧기라도 하면 좋을 텐데 32구절로 이루어진 긴 장이다. 본서에서 "꿈 너머의 꿈"이라는 표현을 썼는데 정말 "너머"가고 싶은 장이다.

이 길고 어려운 장에서 우리는 우리에게 부과된 사역의 의미에 대해 한번 생각해보기 원한다. "사역"이란 용어는 교회에 다니지 않는 사람에겐 낯선 용어인데 쉽게 말하자면 하나님께서 주신 것을 가지고 하나님을 섬길 뿐 아니라 다른 사람의 필요를 채우기 위해 그리스도인이 하는 봉사의 일이다. 그게 사역이다. 예를 들어 주일이나 주중에 교회 식당에서 봉사하는 분들은 하나님이 주신 힘과 솜씨로 하나님의 기쁨과 우리 모두의 육체적 필요를 채우기 위해 밥하는 일을 한다. 나를 포함한 설교자나 교사들은 하나님의 말씀과 지혜로 사람들의 영적이거나 지적인 필요를 채우기 위해 말씀을 가르치는 일을 한다. 어떤 성도들은 교회를 세우고 감정적인 필요를 채우기 위해 상담을 하거나 또는 사람들을 환영하는 일을 한다. 그런 것들을 우리 기독교인들은 사역이라고 부른다. 사역을 그냥 일이라고 할 수도 있겠지만 그 동기와 목적이 일반적인 다른 일과는 다르다. 베테랑 목회자인 워렌 위어스비(Warren Wiersbe)는 사역을 이렇게 정의한다. "사역이란 무한하신 하나님의 자원이 긍휼이 넘치는 사람들을 통해 사람들의 필요를 채워 하나님께 영광이 돌려지는 일이다(워렌 위어스비, 『하나님의 일꾼과 사역』, 23.)."

느헤미야서 3장에서도 그런 사역이 펼쳐지고 있다. 그것은 하나님의 영광과 하나님 백성의 안위와 부흥을 위해 무너진 예루살렘 성벽을 재건하는 일이다. 우리는 이전 이야기들을 통해 어떻게 느헤미야가 이 일을 준비하고 사람들에게 동기를 부여했는지에 대해 살펴보았다. 이제 느헤미야서 3장에서는 느헤미야의 리더십 아래 본격적인 공사가 진행되고 있음을 묘사하고 있다. 이 본문을 통해 당신의 사역에 대한 몇 가지 흥미로운 비밀을 알아보도록 하자.

당신의 생각보다 더 중요한...

먼저 성벽을 보수하는 사람들에게 주목하면 좋겠다. 어떤 사람들은 불탄

문을 복원하여 문짝을 만들어 제자리에 붙였다. 어떤 사람들은 무너진 성벽의 일정 구간을 보수했다. 한 예로 15절을 보라.

'샘 문'은 미스바 구역의 책임자이며 골호세의 아들인 살룬이 보수하였다. 문틀을 얹고, 지붕을 덮은 다음에, 문짝을 달고, 빗장과 빗장둔테를 만들어 달았다. 그가 왕의 동산 옆 '셀라 연못' 가의 성벽을 다윗 성에서 내려오는 층계까지 보수하였다.

이런 일 자체에는 어떤 영광도 없다. 그들은 온몸에 먼지를 뒤집어써가며 힘들게 일을 했을 것이다. 나무를 깎고 대패질과 못질을 하고 벽돌을 나르며 하나씩 쌓는 그 일에 무슨 영광이 있겠는가? 소위 "폼"이 안 나는 일이다. 그렇다고 그게 뭐 대단히 신령한 일로 생각되지도 않았을 것이다. 사실 일 그 자체는 힘든 노동에 불과하다.

그들은 그 사역에 대해 어떤 생각을 했을까? 그저 자신들이 무너진 성을 재건해서 예전보다 좀 더 안전하게 살 수 있도록 돕는 일을 한다고 생각하지 않았을까? 그리고 이방인들에게 위협과 수치를 당하지 않기 위해 공사 현장에서 막노동한다고 생각하지 않았을까? 그러나 그들이 했던 사역의 의미는 그 이상이었다. 그것은 그들이 인식했던 것보다 훨씬 더 큰 의미와 중요성을 지니고 있었다. 그것은 하나님께서 예수 그리스도를 이 땅에 보내기 위해 구속의 역사를 진행해 나가는 과정 가운데 한 부분이었다. 생각해보라. 그들의 사역으로 하나님의 백성이자 메시아의 조상인 유대인들은 거룩한 성 예루살렘에서 외부의 위협이나 방해 없이 하나님을 예배할 수 있게 되었다. 이스라엘 백성이 하나님의 예배 공동체로 다시 설 수 있게 된 것이다. 그것은 또한 장차 오실 구원자이신 예수 그리스도의 가계를 안전하게 지키는 일에도 일조했을 것이다. 마태복음 1장의 족보를 통해 알 수 있듯이 예수님은 포로에서 돌아온 스룹바벨의 후손들을 통해 이 땅에 오셨다. 그런 측면에서 본다면 지금 이들의 사역은 단순히 어떤 무너진 도시의 성벽을 쌓는 것보다 훨씬 큰 의미가 있었다. 그것은 그저 하나님의 백성이 이방인에게 수치를 당하지 않고 보다 안전하게 살 수 있도록 만들어주는 것보다 더 큰 의미를 가지고 있었다. 그것은 그들이 인류를 구원하려는 하나님의 장대한 구속 역사 가운데 한 부분을 감당하고 구원자이신 예수 그리스도의 오심을 예비하는 의미를 지녔던 것이다.

지금 우리가 하는 사역도 마찬가지이다. 우리는 자신이 하는 사역의 가치와 중요성을 과소평가하는 경향이 있다. "에이, 이거 뭐 그냥 애기들 봐주는 거잖아" "이건 그냥 청소하는 거네." 그렇게 말하거나 생각하진 않는가? 윌로우크릭 교회의 예술 디렉터였던 낸시 비치(Nancy Beach)는 『일요일의 한 시간(*An Hour on Sunday*)』이라는 자신의 책에서 "그냥 교회 일인데요, 뭐"라는 말보다 자신을 더 화나게 만드는 일은 없다고 했다. 그런데 우리도 그러지 않나? '이거 그냥 교회에서 밥하는 일인데요 뭐'라는 말을 주고받을 때가 있지 않나?

그런데 우리가 반드시 인식해야 할 것은 그 사역이 "그냥" 밥하는 차원에 머물지 않는다는 것이다. 만약 아무도 성도들을 위해 밥을 하지 않는다면 주일에 이루어지는 예배와 교제와 사역은 큰 어려움에 봉착할 수 있다. 누군가는 그 밥 때문에 교회에 와서 사람들과 교제하고 마음을 열며 결국 예수님을 믿게 될 수도 있다. 그런데 사실은 그런 실용적인 차원을 뛰어넘어 우리가 하는 모든 사역은 교회를 통해 이 땅에 하나님의 구속 역사를 계속해서 이어가려는 거룩한 하나님의 일이다. 하나님 나라의 역사를 쓰는 일이며 천국의 지도를 바꾸는 일에 그 모든 사역이 기여한다는 말이다.

당신이 하는 사역은 지금 자신이 생각하는 것보다 훨씬 더 중요하다. 그것이 본문이 귀띔해주는 당신의 사역에 대한 비밀이다. 당신은 그게 어떤 의미가 있었는지를 천국에 가서야 알게 될 것이고 아마 깜짝 놀라게 될 것이다. 수년 전에 재미있게 보았던 영화 중에 《홀랜드 오퍼스》(Mr. Holland's Opus)라는 영화가 있었다. 제목을 직역하면 "홀랜드씨의 작품" 정도가 될 것이다. 그것은 평범한 고등학교 음악 선생인 글렌 홀랜드의 삶을 그린 영화이다. 그는 원래 떠돌아다니며 밴드에서 연주를 했었지만 생계 문제로 인해 음악 교사 일을 시작하게 된 그런 사람이다. 그에게는 위대한 교향곡을 작곡하여 브로드웨이에 진출하려는 꿈이 있었기에 교사 생활을 하면서도 늘 작곡의 일에 몰두했다. 그러나 그 꿈은 이루어지지 않았고 생계 때문에 잠시만 하려 했던 교사 생활은 30년으로 늘어났다.

그러던 어느 날, 그를 더 이상 학교에 머무를 수 없게 하는 일이 생긴다. 학교에서 긴축 재정을 위해 음악 프로그램을 없애기로 한 것이다. 떠날 채비를 하면서 지나온 세월을 돌아보니 깨져버린 꿈 때문에 헛된 삶을 살아온 것처럼 느껴져 회한이 몰려왔다. 훌륭한 교향곡을 작곡하여 브로드웨이에서 유명해지려는 꿈도 이루지 못했고 기대를 걸었던 아들에겐 청각장애가 있어 음악을 함께 나누지도 못하며 이제 남은 것이라고는 주름진 이마와 초라한 퇴임밖에 없었다.

마지막으로 학교를 나서는 날, 강당에서 귀에 익은 음악 소리가 들려 들어가 보니 30년간 자신이 가르쳤던 제자들이 모두 모여 있었다. 그가 문을 열고 들어오자 거기 있던 모든 청중이 일어나서 열광적으로 그를 환영한다. 깜짝 은퇴식이 열린 것이다. 뒤이어 주지사가 된 그의 제자가 따라 들어왔는데 그녀는 학창 시절 클라리넷을 제대로 불지 못해 많은 좌절을 겪다가 홀랜드의 도움으로 연주할 수 있게 된 사람이었다. 그녀는 자신의 선생님과 포옹을 한 후 단에 올라가는데 그 커튼 뒤에는 그녀를 포함하여 제자들로 구성된 오케스트라가 미리 자리를 잡고 있었다. 그녀는 자신의 선생님을 바라보며 다음과 같은 감동적인 연설을 한다.

홀랜드 선생님은 제 인생뿐 아니라 내가 아는 많은 사람의 삶에 깊은 영향을 끼쳤습니다. 그러나 선생님 스스로는 인생을 헛되이 보냈다고 생각하실지도 모르겠습니다. 선생님은 부와 명예를 안겨줄 심포니 작곡에 열중하셨지만 부도 명예도 얻지 못하셨습니다. 따라서 스스로를 실패자로 생각하실 수도 있지만 그것은 잘못된 판단입니다. 홀랜드 선생님은 부와 명예를 초월한 성공을 하셨기 때문입니다. 주위를 둘러보세요! 이 강당 안에 선생님의 손길이 닿지 않은 인생은 하나도 없습니다. 선생님 덕분에 우리는 모두 더 나은 사람이 되었습니다. 우리가 선생님의 심포니입니다. 여기 있는 제자들 한 사람 한 사람이 모두 선생님이 지으신 작품(opus)의 음표이자 음악입니다. 이제 저희가 선생님께 무언가 돌려 드릴 때입니다. 선생님과 사모님 그리고 30년간 이 작품을 기다린 모든 분을 위해 이 지휘봉을 잡아주시겠습니까? 처음으로 연주되는 선생님의 아메리칸 심포니를 직접 지휘해주시길 바랍니다.

글렌 홀랜드가 교사로서 자신의 30년 사역의 진정한 의미와 가치를 퇴임할 때 비로소 알게 되었던 것처럼 우리 또한 이 땅에서 우리의 모든 사역을

리셋, 느헤미야와 함께 다시 세우라

마감하고 주님 앞에 섰을 때 우리의 사역이 어떤 의미가 있었고 어떤 가치가 있었는지를 깨닫게 될 것이다. 그렇다. 우리는 다 알지 못하고 바로 깨닫지도 못하지만 우리의 사역으로 교회가 세워지고 하나님 나라가 확장되며 누군가의 운명이 영원히 변화될 수 있다. 우리는 하나님의 구속 역사 가운데 한몫을 담당하는 사역자인 것이다. 그 사실을 기억하고 인내와 성실로 맡은 사역을 잘 감당하면 좋겠다.

하나님께 매우 중요한...

이제 느헤미야서 3장에 나오는 이름들을 보자. 성경을 펴서 보면 알겠지만 느헤미야서 3장에는 수많은 이름이 등장한다. 38개의 개인 사역자 이름과 42개의 다른 그룹들이 나온다. 하나님은 당신의 책에 누가 어떤 문을 달았고 누가 어디에 있는 성벽을 보수하였는지를 세밀하게 적고 계시다. 이름이 같은 다른 사람과 헷갈리지 않게 그 사람의 아버지와 할아버지까지 밝히고 때론 그 사람의 직업까지 명기하고 있다. 다음의 예를 보라.

- 그 다음은 학고스의 손자요 우리야의 아들인 므레못이 보수하였고, 그 다음은 므세사벨의 손자요 베레갸의 아들인 므술람이 보수하였으며, 그 다음은 바아나의 아들인 사독이 보수하였다(느 3:4).
- 그 다음에 이어지는 부분 곧 다윗의 묘지 맞은쪽에서부터 인공 연못과 '용사의 집'까지는, 벳술 반쪽 구역의 책임자이며 아스북의 아들인 느헤미야가 보수하였다(느 3:16).

혹시라도 위의 느헤미야가 책의 주인공인 하가랴의 아들 느헤미야와 혼동될까 봐 이 일을 한 사람은 아스북의 아들인 느헤미야라고 분명히 밝히고 있는 것이다.

이것이 말해주는 바가 무엇인가? 그것은 하나님께서 우리의 사역을 가볍게 여기지 않으시고 정말 중요하게 생각하심을 분명히 보여준다. 그렇지 않은가? 비록 무너진 벽에 벽돌을 쌓는 그런 하찮은 일이라 하더라도 하나님은 그것을 허투루 보지 않으시고 그 이름을 아시며, 그 이름 하나하나를 기억하실 뿐 아니라 영원한 하나님의 책에 기록해놓으신 것이다.

하나님은 당신의 이름을 아신다. 당신이 예수님의 이름으로 섬긴 작은 섬김 하나도 놓치지 않으신다. 당신이 어떤 사람이며 무슨 일을 했는지 정확히 아신다. 수백 명의 교역자와 스텝들로 이루어진 대형교회 조력자들의 가장 큰 질문은 '담임목사님이 내 이름을 아실까?'라는 것이라는 말을 들은 적이 있다. 교역자들의 상황이 그 정도이니 일반 성도의 이름은 몇 명이나 알겠는가? 그런데 그렇게 큰 교회뿐 아니라 작은 교회 목회자도 교인의 이름을 모를 때가 있다. 나도 가끔씩 신간에 싸인해주다가 내 앞에 서 있는 성도의 이름이 갑자기 생각나지 않아 정말 당황했던 경우가 있었다. 목회자는 잊어버릴 수 있다. 사람은 모를 수 있고 지나칠 수 있다. 그러나 하나님은 내 이름을 아신다. 그분은 내 모든 사역을 기억하시고 인정하시며 중요하다고 하신다.

잊지 않았으면 좋겠다. 당신의 사역이 눈에 띄는 일이 아니고 사람들이 몰라준다고 하더라도 하나님은 아신다. 그리고 그것이 세상의 눈으로 볼 때 그리 대단한 일이 아니라 하더라도, 아니 아주 단순한 일이라 하더라도 그분은 그것을 매우 중요하게 생각하신다. 혼자만의 중보기도실에서 교회와 열방을 위해 기도하는 당신의 사역을 아무도 못 보고 모른다 하더라도, 기도해줘서 고맙다고 누가 말하지 않더라도 하나님은 아시며 그 사역을 중요하게 여기신다. 주말 저녁 또는 주일 아침, 텅 빈 교회당을 청소하는 당신의 사역도 마찬가지이다. 그것은 하나님께 알려졌으며 너무도 중요하다. 토요일마다 신실하게 비그리스도인들에게 필요한 것들을 나눠주며 전도하는 당신을 어떤 사람들은 거절하고 어떤 사람들은 귀찮게 여길지도 모르지만 하나님은 당신을 향해 엄지척하시고 미소를 지으신다. 말 안 듣는 다음 세대들을 돌보며 그들에게 하나님의 말씀을 가르치는 일도 마찬가지이다. 아이도, 부모도, 그 누구도 당신의 사역을 인정하지 않더라도 하나님은 하신다. 그러므로 하나님을 바라보고 하나님만 의식하며 힘을 내어라. 비교하지 말며 사람들에게 드러내거나 인정받으려고 너무 애쓰지 마라. 하나님이 아시고 그분이 중요하게 여기시면 다 된 것이다. 그것만이 영원히 남는 것이며 그것만이 당신의 마음에 참된 평안과 지속적인 만족을 줄 것이다. 그리고 그것이 어려움과 문제 가운데서도 계속해서 하나님을 섬기며 사역할 수 있는 동기를 부여해줄 것이다.

하나님의 은혜로...

우리는 사역을 부담이라고 생각한다. 내가 그냥 한번 해주는 것이라고 생각한다. "아, 우리 담임목사님, 요즘 안색도 안 좋고 좀 안 됐다. 한번 해주자." 담임목사를 불쌍히 여겨 해주는 것이다. 심지어는 사역을 벌이라고 생각한다. "내가 뭐 좀 밉보인 게 있나? 왜 이걸 나한테 시키지?" 그러나 사역은 부담도 동정도 벌도 아니다. 그것은 하나님의 은혜이며 오직 은혜로 되는 것이다. 생각해보라. 우리가 누구인데 감히 하나님을 섬기며 하나님의 일을 감당하는가? 사역할 수 있다는 자체가 은혜이다.

본문의 사람들을 보라. 그들이 성벽을 쌓는 이 역사적인 일에 함께 할 수 있었던 것은 하나님의 은혜였다. 자기 안에 뭔가 고상하고 거룩한 것이 있어서 스스로 이 일을 시작한 게 아니었다. 사실 그들은 귀환한 지 수십 년이 되었지만 이 사역을 할 생각조차 하지 않고 있었다. 5절에 보면 보수공사에 참여한 드고아 사람들 이야기가 있는데 거기 이런 기록이 나온다. "그 다음은 드고아 사람이 보수하였는데, 그들 집안의 어떤 유력자들은 공사 책임자들에게 협조하지 않았다." 소위 이 유력자들처럼 원래 그들 모두는 교만했고 공동체의 일에 무관심했으며 이기적이었다. 그런데 하나님께서 그들의 마음을 만지시고 필요를 보게 하신 것이다. 느헤미야의 표현대로 하면 "하나님의 선하신 손길"이 그들의 마음을 터치하고 감동을 주셨기 때문에 그들이 이 사역에 나설 수 있었던 것이다. 그리고 무엇보다 느헤미야 같은 탁월한 지도자를 그들에게 보내주셔서 그들을 일깨우며 성벽을 재건할 수 있는 자원을 공급하셨기 때문에 이 영광스러운 사역에 그들이 참여할 수 있었던 게 아니겠는가?

우리도 마찬가지이다. 우리가 각자의 신앙 공동체를 통해 하나님 나라를 세우고 다른 사람의 필요를 채우는 이 가치 있는 하나님의 일을 할 수 있는 것은 우리의 의지가 아니라 하나님의 은혜이다. 하나님께서 우리에게 "궁극적인 느헤미야", 즉 예수님을 보내주시지 않았다면 우리는 결코 이 거룩한 일을 할 수 없었을 것이고 하지도 않았을 것이다. 하나님의 뜻에 순종하여 페르시아의 궁전을 떠나 무너지고 황폐한 예루살렘에 왔던 느헤미야처럼 예수님은 아버지의 뜻에 순종하여 하늘의 궁전을 떠나 이 깨지고 황폐한 세상에 오셔서 우리에게 복음을 전해주시고 무너진 우리의 삶을 세워주신 것이다. 그리고 우리를 사역으로 부르신 것이다. 이 은혜가 없었다면 우리는 이 거룩한 일과 아무 상관도 없이 살고 있을 것임에 틀림이 없다.

우리는 사역이 그 자체로 은혜이며 하나님의 은혜로 된 것임을 기억해야 한다. 내가 잘 나서, 내게 대단한 자격이 있어서 하는 것이 아니다. 그게 어떤 사역이든 마찬가지이다. 최근에 나는 대학 시절 나와 함께 그룹사운드를 했던 친구로부터 우리의 젊은 시절에 관한 몇 장의 오래된 사진을 카톡으로 받았다. 그는 세계적으로 인정받는 건축가가 되어 하나님의 오묘한 섭리 가운데 우리 교회 건축의 설계를 맡았던 친구이다. 사진에는 예수님처럼 머리를 길게 기르고 사이키 조명 아래서 록 음악을 연주하는 우리가 있다. 그 사진을 보면서 소망이 없던 시절, 타락했고 세속적이었고 허망했고 인생의 의미도 목적도 모르던 그 시절들이 생각났고 동시에 그런 내 삶에 임하신 하나님의 은혜가 너무도 감사하게 여겨졌다. 만약 내가 궁극적 느헤미야인 예수님을 만나지 못했다면 내 인생은 어떻게 되었을까? 그냥 무너진 채로, 영혼이 황폐한 채로, 수치가 수치인 줄도 모르고, 이기적이며 허망한 삶을 살았을 것이다. 그런데 하나님의 선하신 손이 내 마음을 만지시고 주님의 음성을 듣게 하시며 하나님의 말씀을 전하는 기독교 사역에 불러주신 것이다. 그게 은혜가 아니면 무엇이 은혜인가? 함께 록 밴드를 하던 다른 친구들보다 내가 더 도덕적이거나 더 종교적이거나 더 거룩해서 그렇게 된 것이 아니다. 어쩌면 가장 상태가 나빴을지 모른다. 그런데 순전한 하나님의 호의로 예수 그리스도 안에서 내 모든 죄를 사하시고 새로운 정체성을 주실뿐 아니라 목사의 사역으로 불러주셔서 귀한 하나님의 교회를 섬길 수 있게 하신 것이다.

　나만 그런 것이 아니다. 당신도 마찬가지이다. 하나님의 은혜가 예수 안에서 당신을 살렸고 당신을 사역자로 불러서 세운 것이다. 그것뿐인가? 궁극적 느헤미야와 작은 느헤미야들을 통해 동기를 부여하셨고 섬길 수 있는 마음을 주셨으며 은사와 자원을 주신 것이다. 그리고 그 일을 할 수 있는 사역의 장을 주신 것이다. 기억하라. 사역은 은혜이다. 그게 어떤 일이든 그건 다 하나님의 일이며 감히 우리가 하나님의 일을 할 수 있다는 자체가 은혜이다. 그리고 더 나아가 우리는 사역을 통해서 나를 만지시고 빚으시는 특별한 하나님의 은혜를 경험하기도 한다. 당신의 사역에 대한 이 큰 비밀을 잊어버리지 말라. 그렇다. 사역은 은혜이고 은혜에 대한 우리의 반응이며 은혜받는 기회이다. 그러므로 우리는 하나님의 은혜를 늘 생각하며 그 은혜에 잠겨야 한다. 그것이 좋은 그리스도인으로 살고 좋은 사역자로 섬길 수 있는 가장 중요하고 강력한 비결이다. 우리의 힘과 의지만으로는 안 된다. 얼마간 어느 정도는 하겠지만 곧 한계에 부딪힐 것이다.

　평택 대광교회라고 있다. 그 교회는 상당히 큰 교회인데 교역자가 별로 없다고 한다. 왜냐하면 성도들이 그 역할을 감당하기 때문이다. 내 친구 목회자가 자기 교회 소그룹 리더들과 함께 그 교회에 견학을 갔다. 주중인데도 교회 곳곳에서 많은 사람이 무언가를 하고 있어서 놀랐다고 한다. 처음에는 교역자나 직원인 줄 알았는데 대부분 일반 성도라서 또 놀랐다는 것이다. 견학하다가 계단 청소를 하고 있던 한 성도에게 '어떻게 주중에 교회에 나와 이런 일을 하십니까?'라고 물었다. 그 성도가 그 교회 순장 중 한 명인데 질문에 대한 대답으로 즉석 간증을 했다는 것이다. 간증의 자세한 이야기를 듣지는 못했지만 그 순장에게 임했던 하나님의 은혜에 대한 것이라고 했다. 간증을 듣는 모든 사람이 감동을 받아 그 자리가 눈물바다가 되었단다. 하나님의 은혜가 평범한 사람들로 하여금 기꺼이 자신의 시간과 물질과 재능을 드려 기쁘게 다른 사람과 교회를 섬기는 비범한 일을 하게 만든 것이다. 하나님의 은혜를 늘 기억하고 그 은혜의 보좌로 나아가며 날마다 새롭게 그 은혜를 누리는 우리가 되자. 그럴 때 우리는 하나님을 영화롭게 하며 다른 사람의 필요를 채울 뿐 아니라 자기 인생을 의미 있게 만드는 사역자로 살 수 있을 것이다.

젊은 사람보다 사역자가...

내가 섬기는 교회에는 비교적 젊은 사람들이 많다. 강사로 오시는 목사님마다 젊은 사람이 많아서 좋다고, 교회에 희망이 있다고들 말씀한다. 그말은 맞다. 그러나 나는 그것보다 사역하는 사람이 많을 때 교회의 미래는 더 밝을 것이라고 믿는다. 왜냐하면 교회를 세우는 일에는 적극적으로 참여하는 헌신된 사역자가 많이 필요하기 때문이다. 하나님의 교회를 세우는 사역자가 되겠다고 하나님께 헌신하지 않겠는가? 사역은 내가 생각하는 것보다 훨씬 더 중요하고 하나님께도 중요할 뿐 아니라 그 자체가 은혜이다. 그 사실을 인식하며 하나님의 사랑과 은혜 가운데서 자신을 하나님께 드리도록 하자. 나를 은혜로 불러주시고 내 이름을 아실뿐 아니라 내가 하는 작은 사역을 기억하시고 그 차원을 확 높여 하나님 나라의 구속 역사에 포함시켜 주시는 그 주님께 "주님, 제가 벽돌을 쌓겠습니다. 문짝을 달겠습니다. 당신의 교회와 나라를 세우는 사역자가 되겠습니다"라고 고백하며 나아가는 우리가 되기를 바란다.

이 글의 독자 가운데 아직 예수님을 인격적으로 만나지 못한 사람이 있다면 천국의 궁전을 떠나 이 깨지고 황폐한 세상에 오신 예수님을 믿음으로 만날 수 있기를 바란다. 그분이 당신의 무너진 삶을, 상한 마음을, 깨진 가정을 다시 회복시켜주실 것이다. 당신을 온전케 하기 위해 그분 자신이 십자가에 달려 몸의 깨트려짐과 심령의 무너짐을 경험하셨다. 당신의 목마름을 해갈하기 위해 그분이 팔레스타인의 땡볕 아래서 타는 목마름을 경험하셨다. 당신을 의롭게 하기 위해 그분이 당신의 죄를 뒤집어쓰고 그 모든 벌을 대신 받으셨다. 당신을 하나님께 연결시키기 위해 그분이 하나님으로부터 분리되는 지옥을 경험하셨다. 당신의 삶을 재건하기 위해 그분이 파괴되신 것이다. 그 고마운 분의 말씀을 듣고 그 사랑을 받아들이며 그분을 믿지 않겠는가. 무너졌던 것이 재건되며 새롭게 될 것이다. 그럴 때 다른 사람과 공동체를 살리는 회복의 도구로, 은혜의 사역자로 하나님께 쓰임 받는 가치 있는 인생이 가능하게 되지 않을까? 그럴 것이다. 반드시 그렇게 될 것이다.

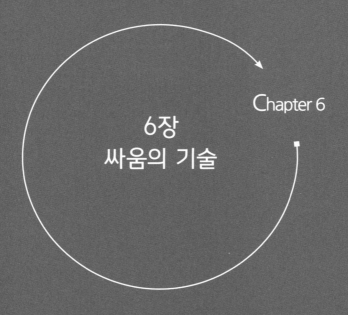

Chapter 6

6장
싸움의 기술

느헤미야 4:1~23

우리가 성벽을 다시 쌓아 올리고 있다는 소식을 들은 산발랏은, 몹시 분개하며 화를 내었다. 그는 유다 사람을 비웃으며, 자기 동료들과 사마리아 군인들이 듣는 데에서 "힘도 없는 유다인들이 도대체 무슨 일을 하는 거냐? 이 성벽을 다시 쌓는다고? 여기에서 제사를 지내겠다는 거냐? 하루 만에 일을 끝낸다는 거냐? 불타 버린 돌을 흙무더기 속에서 다시 꺼내서 쓸 수 있다는 거냐?" 하고 빈정거렸다. 그의 곁에 서 있는 암몬 사람 도비야도 한 마디 거들었다. "다시 쌓으면 뭘 합니까? 돌로 성벽을 쌓는다지만, 여우 한 마리만 기어 올라가도 무너지고 말 겁니다." "우리의 하나님, 들어주십시오. 우리가 이렇게 업신여김을 받고 있습니다. 제발, 우리에게 퍼붓는 그 욕이 그들에게 되돌아가게 하여 주십시오. 그들이 노략을 당하게 하시고, 남의 나라로 끌려가게 하여 주십시오. 그들의 죄를 용서하지 마시고, 그들의 죄를 못 본 체하지 마십시오. 그들이야말로 성을 쌓고 있는 우리 앞에서 주님을 모욕한 자들입니다." 우리는 성 쌓는 일을 계속하였다. 백성이 마음을 모아서 열심히 일하였으므로, 성벽 두르기는 마칠 수 있었으나, 높이는 반밖에 쌓지 못하였다. 그 때에 산발랏과 도비야와 아랍 사람들과 암몬 사람들과 아스돗 사람들은, 예루살렘 성벽 재건이 잘 되어가고 있으며, 군데군데 무너진 벽을 다시 잇기 시작하였다는 소식을 듣고서, 몹시 화를 내면서, 한꺼번에 예루살렘으로 올라와서 성을 치기로 함께 모의하였다. 우리를 혼란에 빠뜨리려는 것이었다. 그래서 우리는, 한편으로는 우리의 하나님께 기도를 드리고, 다른 한편으로는 경비병을 세워, 밤낮으로 지키게 하였다.

리셋

· · ·

느헤미야와 함께 다시 세우라

나는 싸움을 잘하지 못한다. 대한민국의 사내아이로 자라나면서 나도 싸움을 안 하진 않았지만 결과는 신통치 않았다. 나는 싸움을 잘하지 못할 뿐 아니라 싫어한다. 싸움 나면 막 신나서 구경 가는 사람이 있는데 나는 보는 것도 싫다. 말로 하는 싸움이든 몸으로 하는 싸움이든 마찬가지이다. 싸움을 잘하는가? 그리고 좋아하는가? 그러면 정계에 진출하라. 성공할 가능성이 크리라 믿는다. 그런데 가만히 보면 싸움을 잘하는 사람들에겐 기술이 있다. 그들은 단지 힘만으로 싸우지 않는다. 그들은 어떻게 싸워야 이기는지를 안다. 이는 개인의 몸싸움도 그렇지만 더 큰 규모의 싸움, 더 복잡한 싸움에도 사실이다. 그들은 싸움의 기술을 가지고 있다.

느헤미야서 4장에 보면 느헤미야와 이스라엘 백성들은 싸움에 직면한다. 원수들이 싸움을 걸어왔기 때문이다. 우리가 지금까지 본 것처럼 느헤미야는 포로가 된 민족 출신이지만 페르시아의 궁전에서 왕의 핵심 측근이 되는 데 성공한 사람이다. 그러나 그는 하나님께서 심어주신 큰 꿈을 이루기 위해 자청하여 화려한 페르시아의 왕궁을 떠나 황폐한 예루살렘으로 간다. 무너진 예루살렘의 성벽을 재건하기 위해서이다. 하나님의 은혜와 아닥사스다 왕의 허락으로 그는 예루살렘에서 성벽 재건의 위대한 역사에 돌입한다. 소수의 교만한 유력자들을 제외하고 대부분의 유대인이 참여하여 무너진 성벽의 재건이 이루어지고 있었다. 그것이 지금까지의 내용이었다.

그런데 4장에서는 이 일이 잘되어가고 있다는 소식에 열 받은 원수들이 싸움을 걸어온다. 느헤미야와 이스라엘 백성들은 어떻게 이 싸움에 대처했을까? 우리는 또 어떻게 우리의 영적 싸움을 싸울 수 있을까? 승리하기 위해서 우리가 배워야 할 싸움의 기술은 무엇일까? 본격적으로 싸움의 기술을 논하기 전에 본문의 이야기부터 잠시 들여다보자.

조롱 vs. 기도 & 경비병

느헤미야서 4장의 이야기는 산발랏의 도발로 시작된다. 1세기 유대의 역사가인 요세푸스에 의하면 산발랏은 사마리아의 총독이었다. 그는 예루살렘 성벽 재건으로 인해 자신의 영향력이 줄어드는 것을 참을 수 없었다. 그래서 그는 공사 소식을 듣고 화를 내며 유대인들을 비웃고 조롱한다. 2절에 그의 말이 적혀 있다. "힘도 없는 유다인들이 도대체 무슨 일을 하는 거냐? 이 성벽을 다시 쌓는다고? 여기에서 제사를 지내겠다는 거냐? 하루 만에 일을 끝낸다는 거냐? 불타 버린 돌을 흙무더기 속에서 다시 꺼내서 쓸 수 있다는 거냐?" 그러자 암몬 사람 도비야가 등장하여 여우 한 마리만 기어 올라가도 성벽이 무너질 것이라고 거들었다. 조롱한 것이다. 영국의 작가인 토마스 카알라일(Thomas Carlyle)은 조롱을 "마귀의 언어"라고 했다. 실제 조롱과 비웃음으로 무너진 사람이 적지 않다.

이 조롱에 대한 느헤미야의 첫 번째 반응은 기도였다. 느헤미야는 기도가 몸에 밴 사람임이 분명하다. 느헤미야서를 보면 기도하는 느헤미야의 모습을 자주 만나게 된다. 우리도 어떤 일이 생겼을 때 기도부터 먼저 할 필요가 있는데 이것은 사실 웬만한 내공이 아니면 쉽지 않은 일이다.

> 우리의 하나님, 들어주십시오. 우리가 이렇게 업신여김을 받고 있습니다. 제발, 우리에게 퍼붓는 그 욕이 그들에게 되돌아가게 하여 주십시오. 그들이 노략을 당하게 하시고, 남의 나라로 끌려가게 하여 주십시오. 그들의 죄를 용서하지 마시고, 그들의 죄를 못 본 체하지 마십시오. 그들이야말로 성을 쌓고 있는 우리 앞에서 주님을 모욕한 자들입니다(느 4:4-5).

느헤미야가 기도부터 한 것은 정말 존경스럽다. 그런데 이 기도의 내용은 우리를 좀 당황스럽게 한다. 어릴 때 누가 욕을 하면 나는 "반사!"라고 응수했는데 이 기도가 꼭 그런 것 같다. 그런 거 해본 적 있나? '이 바보!' 그러면 '반사' 그러면 또 '반반사' '반반반사' 그렇게 왔다 갔다 하다가 '이게!'라고 하면서 멱살 잡는 것 말이다. 근데 솔직히 이렇게 기도하면 안 되지 않나? 예수님처럼 저들의 죄를 용서해달라고 해야 할 텐데 느헤미야는 오히려 죄를 용서하지 말아 달라고 기도한다. 물론 이런 기도가 십자가의 이편에 있는 우리의 모델 기도는 아니지만 우리가 알아야 할 것은 느헤미야가 지금 개인적인 복수를 위해 이런 기도를 하는 것은 결코 아니라는 사실이다. 하나님께 자신의 아픈 감정을 솔직하게 털어놓는 측면도 있지만 이 기도에서 느헤미야는 조롱하는 원수들을 자신뿐 아니라 주님의 일을 가로막는 주님의 원수로 보고 하나님의 정의를 구하고 있는 것이다. 여하튼, 그는 원수의 공격에 대해 육신적으로 대응하지 않고 기도로 응수했다. 그것은 쉬운 일이 아니며 정말 칭찬받을만한 일이다.

그런 다음, 그들은 일을 계속했다. 포기하지 않았다. 조금만 힘들어지면 포기하는 사람들이 있다. 그런 사람들은 어떤 일도 이루지 못한다. 재능이나 교육이나 배경이 아니라 끈질김이 성공의 비결이다. 우리에겐 버티는 능력이 필요하다. 그들은 버티면서 마음을 모아 열심히 일했다. 그러자 원수들은 이제 군사적인 공격을 가하려 했다. 기존의 북쪽 대적 산발랏과 동쪽 대적 도비야, 그리고 남쪽의 아랍 사람 외에 서쪽의 아스돗 사람까지 가세했다. 동서남북에서 대적이 다 온 것이다. 그들의 의도는 이스라엘 백성들을 혼란에 빠트리려는 것이었다. 이 위협에 대한 반응이 9절에 나온다. "그래서 우리는, 한편으로는 우리의 하나님께 기도를 드리고, 다른 한편으로는 경비병을 세워, 밤낮으로 지키게 하였다." 기도와 함께 실제적인 방책을 마련한 것이다.

낙심과 두려움 vs. 격려와 무장

지금까지 잘 막았지만 그럼에도 불구하고 원수들의 전략은 어느 정도 성공한 것처럼 보인다. 일부 이스라엘인들은 낙심과 패배주의에 빠져서 이렇게 넋두리를 했다. "흙더미는 아직도 산더미 같은데, 짊어지고 나르다 힘이 다 빠졌으니, 우리 힘으로는 이 성벽 다 쌓지 못하리(느 4:10)." 나는 아주 가끔씩 다양한 사역의 요구로 인해 주일 설교 준비를 토요일 오전이 돼서야 시작할 때가 있다. 시간은 자꾸 가고 다루어야 할 본문의 구절이 너무 많아 압도당하면 내 입에서도 앞의 이스라엘 사람들 같은 넋두리가 나온다. "본문은 아직도 산더미 같은데 시간은 자꾸 가니 내 힘으로는 이 설교 다 만들지 못하리! 내일 성도들은 아마도 자습을 해야 하리!" 명심하라. 원수는 어떻게든 우리를 낙심시켜 주저앉히려 한다. 그것은 마귀가 가장 유용하게 쓰는 무기이다.

그뿐만이 아니었다. 원수들의 은밀한 살해 음모 가운데 그들 가까이 사는 유대인들은 두려움에 빠져 느헤미야에게 열 번이나 도움을 요청했다. 그래서 느헤미야는 백성의 일부를 가문별로 무장시켜 성벽 뒤에 배치하고 사람들을 격려했다. "그들을 두려워하지 말아라. 위대하고 두려운 주님을 기억하고, 형제자매와 자식과 아내와 가정을 지켜야 하니, 싸워라(느 4:14)." 두려워하지 말라고 했다. 미국의 32대 대통령인 프랭클린 루즈벨트(Franklin Roosevelt)는 자신의 대통령 취임식에서 경제공황에 빠진 미국인들에게 "우리가 두려워해야 할 유일한 것은 바로 두려움 그 자체이다"라는 유명한 말을 했다. 왜냐하면 두려움은 우리를 마비시키기 때문이다. 고양이 앞의 쥐처럼 몸을 얼어붙게도 하고 우리의 이성을 마비시키기도 한다. 이처럼 두려움은 우리를 마비시키기 때문에 두려움 자체를 두려워하라는 것이다. 그러나 느헤미야는 "우리가 두려워해야 할 유일한 분은 주님이시다"라고 말하고 있다. 그는 사람들의 시선을 위대하고 두려운 주님에게로 돌린다. 우리가 주님을 두려워하면 다른 것들에 대한 두려움에서 해방될 수 있다. 그러나 우리가 주님을 두려워하지 않으면 모든 것이 우리를 두렵게 할 수 있다. 사람, 상황, 날짜, 귀신, 미신 등 모든 것이 말이다.

지도자의 이런 격려 가운데 사람들은 힘을 얻었고 원수들은 유대인들의 무장 소식을 듣고 일단 물러났다. 하나님께서 그들의 음모를 헛되게 만드신 것이다. 그래서 하나님의 일은 계속되었다. 그날부터 느헤미야는 사람들을 반으로 나누어 반은 일을 하고 나머지 반은 무장을 하게 했다. 짐을 나르는 사람들은 한 손으로 짐을 나르고 나머지 한 손으로는 무기를 잡았으며 성벽을 쌓는 이들은 허리에 칼을 차고 일하게 했다. 경보(警報)를 위해 나팔수를 자기 곁에 두기도 했다. 앞으로도 또 어떤 소문이 있을 수 있는데 그때마다 일을 중단할 수는 없으니 만반의 대비 태세를 갖춘 것이다. 그리고 그는 다시 사람들을 격려하였다.

> 하여야 할 일이 많은데다, 일하는 지역이 넓으므로, 우리는 성벽을 따라서 서로 멀리 떨어져 있다. 어디에서든지 나팔 소리를 들으면, 그 소리가 나는 곳으로 모여와서, 우리와 합세하여라. 우리 하나님이 우리 편이 되어서 싸워 주신다(느 4:19-20).

'우리 하나님이 우리 편이 되어서 싸워 주신다!'라는 이 말이 얼마나 격려가 되었을까? 만약에 축구를 한다면 메시가 자기편이 되어 싸워준다는 말보다 더 힘이 되는 말은 없을 것이다. 그렇다면 하나님이 우리 편이 되어서 싸워주신다는 말은 얼마나 더 그러하겠는가? 그 격려의 말과 함께 사람들은 이른 새벽부터 밤까지, 그야말로 별이 보일 때까지 열심히 일을 하였다. 느헤미야는 또한 예루살렘 바깥에서 온 일군들에게 밤에 자기 집으로 돌아가지 말고 성안으로 들어와 경계를 서라고 지시했다. 뿐만 아니라 그 자신도 부하들과 함께 경계를 늦추지 않았다. 그는 옷을 벗지 않고 물을 길으러 갈 때도 무기를 들고 다니며 사람들에게 본을 보였다. 그는 진정한 리더였다. 그의 리더십으로 백성들은 이 싸움에서 넘어지지 않고 앞으로 나아갈 수 있었다. 아름다운 이야기이다. 그러면 이 이야기가 가르쳐주는 싸움의 기술은 뭘까?

싸움의 기술 #1: 원수의 공격을 예상하라

예루살렘 성벽이 건설에 들어가자 바로 원수들이 결집하여 일어났고 그 공격은 점점 심해졌음을 우리는 보았다. 지금 우리의 경우도 마찬가지이다. 당신이 그리스도인이라면 반드시 원수가 있다. 속 썩이는 당신의 배우자나 사춘기 자녀를 말하는 것이 아니다. 그들과는 비교할 수 없이 혐오스럽고 진짜 겁나는 원수가 있다. 그는 우리를 너무도 미워할 뿐 아니라 우리를 무너뜨리려는 우리의 철천지원수 마귀이다. 비록 눈에 보이지 않지만 마귀는 실존하는 무서운 영적 존재이다.

『스크루테이프의 편지』라는 흥미로운 책이 있다. 『나니아 연대기』를 쓴 C. S. 루이스(C. S. Lewis)의 책이다. 이 책은 고참 악마인 스크루테이프가 신참인 윔우드를 교육하는 편지 형식으로 되어 있는데 거기에 이런 내용이 나온다.

네 환자(악마의 작업 대상자)를 무지의 어둠 속에 가두어 두는 게 그리 어려울 것 같지는 않구나. 현대인들은 악마를 대체로 희극적인 모습으로 상상한다는 사실이 힘이 될 게다. 혹시라도 환자의 마음속에 네가 정말 존재할

지도 모른다는 의심이 희미하게라도 떠오를 시에는 그 즉시 몸에 딱 달라
붙는 빨간 타이즈 입은 꼴 따위를 보여주면서 이런 우스꽝스러운 존재는
믿을 수 없으니 네 존재도 믿을 수 없지 않느냐고 설득하거라. (C. S. 루이스,
『스크루테이프의 편지』, 53-54.)

사람들이 악마를 빨간 스타킹을 뒤집어쓴 우스꽝스러운 존재로 생각하게
해서 아예 없는 것으로 믿게 만들라는 것이다. 오늘날 이 전략은 매우 성공
적인 것으로 보인다. 우리는 '요즘 같은 과학 시대에 마귀는 무슨? 지금이
중세도 아니고!' 또는 '마귀요? 그걸 믿으라고요? 나 이대 나온 여자예요!'
라는 식의 말을 듣는다. 그러나 기억하기 바란다. 하나님이 계시고 천사가
실존하듯 마귀도 존재한다. 그는 생생하게 살아있고 지구 이 끝에서 저 끝
까지 부지런히 돌아다니며 열심히 활동한다.

그런데 만약 우리가 아무것도 하지 않는다면 어떨까? 그러면 악마는 우
리에게 별 신경을 쓰지 않고 우리를 그냥 내버려 둘 것이다. 그냥 놔두어도
자기들에게 아무 위협도 되지 않기 때문이다. 그러나 그는 하나님의 원수
이기에 우리가 하나님의 일을 하려고 한다면 일어나 우리를 공격할 것이다.

예수님을 보라. 그분이 침(세)례를 받고 메시아로서 사역을 시작하려고
하자 마귀는 광야에서 바로 예수님을 공격하였다. 그분이 십자가에 달리기
전에도 사탄은 베드로를 통해 그 길을 막았고 유다를 꼬드겨 예수님을 팔
아넘기게 했다. 나는 기독교 사역을 하면서 영적으로 의미심장한 하나님의
일이 일어나려고 할 때 마귀의 방해와 공격을 여러 번 경험했다.

미국의 한인교회에서 전도사로 섬기던 때의 일이다. 처음으로 교회 청년
부를 조직하고 그들에게 복음을 전하기 위해 모임을 소집했다. 그런데 그

날 갑자기 배가 심하게 아프고 자동차가 고장이 나는 등 예상치 못한 사고가 생겼다. 예배에 갈 수가 없었다. 나는 직감적으로 마귀의 방해임을 느낄 수 있었다. 그래서 그냥 주저앉지 않았다. 시간을 맞추진 못했지만 멤버 중 한 사람에게 나를 좀 데리러 오라고 부탁을 했다. 그리고 기어이 그 모임에 갔다. 기독교에 대한 반감으로 인해 교회는 나와도 예배당 앞자리에 일부러 고개를 처박고 앉아있기 일쑤였던 리더 격의 형제가 그곳에서 복음에 마음을 활짝 열었다. 정말 "꼴통"이었는데 그 꼴통이 구원받게 되는 중요한 계기가 되었다. 다른 비신자 청년들도 좋아했다. 그러니 어찌 방해를 안 하고 싶었겠나? 이때만이 아니었다. 이런 일이 여러 번 있었다. 이는 목회 가운데서도 마찬가지이다. 교회가 성장하거나 하나님을 위해 어떤 일을 하려고 할 때 그냥 아무 일도 없이 좋게만 된 적은 없었다. 생각해보라. 교회가 잘되는 꼴을 마귀가 왜 가만 보고 있겠는가?

  당신이, 당신의 가정이, 또는 당신의 교회가 하나님께 헌신하며 그분의 일을 하려고 할 때 좋지 않은 일이 일어나거나 문제가 생기는 것을 이상히 여기지 마라. 저항이나 반대가 있는 것에 너무 당황하지도 마라. 그것은 당신이 하나님께 유용한 존재이며 당신이 하고 있는 그 일이 하나님의 뜻 안에 있는 일임을 보여주는 반증일 수 있다. 그러므로 낙심하거나 주저앉지 말고 하려던 일을 계속하라. 뿐만 아니라 원수의 공격을 예상하고 경계를 게을리하지 마라. 마음을 단단히 먹고 맞설 수 있기를 바란다. 바울은 에베소서 6장 11절에서 영적 전쟁의 현실에 대해 말하면서 "악마의 간계에 맞설 수 있도록, 하나님이 주시는 온몸을 덮는 갑옷을 입으십시오."라고 분명히 권면한다. 그의 공격을 예상하고 대비하며 맞서도록 하라. 하나님의 도우심으로 당신은 이길 수 있다.

싸움의 기술 #2: 기도로 싸움에 임하라

느헤미야는 공격을 받자 바로 기도하며 하나님께 나아갔다. 기도를 통해 이 싸움을 하나님께 넘긴 것이다. 영적 싸움은 우리의 힘만으로 결코 이기지 못한다. 느헤미야가 말한 것처럼 하나님께서 우리 편이 되어 우리를 위해 싸워주셔야 한다. 우리가 기도해야 하는 이유가 바로 그 때문이다. 우리가 하나님의 일을 하고 하나님의 뜻을 행할 때 비록 우리를 반대하고 비난하고 공격하는 세력이 어떤 개인이거나 사람들의 단체일지라도 그것은 단순한 사람과의 싸움이 아니다. 그 배후에는 하나님의 일을 막으려는 마귀와 악한 영들이 있다. 에베소서 6장 12절에서 바울의 말을 들어보라. "우리의 싸움은 인간을 적대자로 상대하는 것이 아니라, 통치자들과 권세자들과 이 어두운 세계의 지배자들과 하늘에 있는 악한 영들을 상대로 하는 것입니다."

그래서 우리는 무엇보다 기도해야 한다. 마귀는 우리가 상대하기에는 너무 강하고 교활하며 무서운 존재이다. TV 프로그램에서 유재석 같은 비 스포츠인이 프로 선수들과 대결하는 모습을 본 적이 있을 것이다. 샤라포바와 테니스를 친다거나 스테판 커리와 농구를 한다거나 하는 것 말이다. 언젠가는 팀 킴과 컬링도 했다고 들었다. 게임이 될까? 아무리 애를 써도, 아무리 크게 "영미!"를 외쳐도 일반인은 진다. 선수들이 슬슬 해줘도 이기지 못한다. 이길 수가 없다. 마찬가지로 우리도 마귀의 상대가 안 된다. 그래서 기도해야 하는 것이다. 그런데 찰스 스윈돌(Charles Swindoll)이 지적한 것처럼 그리스도인의 삶에서 가장 자주 간과되는 것이 바로 기도이다. 이는 리더들도 예외가 아니다. 회의하고 전략을 짜며 책을 읽고 설교 준비를 열심히 하지만 기도를 빼먹을 때가 솔직히 없지 않다.

영적 싸움에서 이기기를 원하는가? 자신과 가정과 교회에 대한 마귀의 공격을 무력화시키기 원하는가? 하나님께 나아가 기도해야 한다. 이런 말이 있다. "가장 강한 성도의 지혜와 능력을 마귀는 비웃는다. 그러나 가장 약한 성도가 무릎 꿇고 기도하면 마귀는 떤다!" 우리가 기도하지 않는 것은 가장 강한 지원군을 스스로 포기하는 일이다. 그것은 스스로를 위험에 노출시키는 일이며 패배를 자초하는 매우 잘못된 선택이다. 기도하자. 전쟁은 내게 속한 것이 아니라 하나님께 속해 있다. 따라서 모든 것을 그 하나님께 맡기자. 그것이 영적 싸움의 최고 기술이다.

싸움의 기술 #3: 기도와 함께 할 바를 다하라

어떤 사람들은 기도하면 다 된다고 하면서 마땅히 해야 할 바를 하지 않는다. 오래전 내가 가르친 한 신학생은 시험 전날 학교가 자리 잡은 산 위에 올라가 밤새도록 기도를 했다. 다음날 시험시간에 그는 밤새 기도를 통해 너무 은혜를 많이 받았다면서 굳이 시험을 보지 않아도 될 것 같다고 말을 했다. 당연히 시험성적은 0점이었다. 느헤미야는 그 학생처럼 하지 않았다. 그는 기도했지만 동시에 경계를 게을리하지 않았다. 무장한 경비병을 세우고 일하는 사람에게도 무기를 차고 일하게 했다. 나팔을 마련하여 알람 시스템도 만들었고 최선을 다해 사람들을 독려했다.

하나님의 주권과 인간의 행동은 우리의 생각에 잘 조화가 되지 않는 것처럼 보인다. '하나님께 기도로 다 맡겼는데 경계는 왜 서냐? 무기는 왜 차냐? 믿음 없는 짓이다'라고 말할 수 있다. 실제로 기도만 열심히 하면 병원에 안 가도 된다고 가르치는 사람들도 있다. 그러나 성경은 그렇게 말하지 않는다. 하나님의 주권과 인간의 행동은 둘 다 필요하고 중요하다. 우리 생각에는 그 둘이 서로 충돌하는 것 같지만 하나님 안에서는 아니다. 삼위일체 교리처럼 그것은 우리의 이성을 초월한다. 우리는 간절히 기도해야 하지만 동시에 우리의 의무를 다해야 한다. 사울이 다윗을 잡으려 했을 때 다윗은 기도했지만 동시에 정신없이 도망갔다. 할 바를 다하라. 우리의 행동은 중요하다. 출애굽 당시 아말렉과 전쟁할 때도 모세는 산 위에서 손을 들고 기도했지만 여호수아와 이스라엘 군인들은 죽기 살기로 적군과 싸웠다.

기도하는 것은 중요하다. 그러나 기도하고 하나님을 의지하는 가운데 학생들은 열심히 공부하고, 교회학교 교사나 소그룹 리더들은 열심히 모임 준비를 하며, 예배 인도자들은 예배가 잘 진행될 수 있도록 해야 할 바를 해야 한다. 설교자도 기도와 함께 열심히 말씀 공부를 해야 한다. 악한 자의 시험 가운데 있는 사람은 기도할 뿐 아니라 영적 무장을 하고 스스로를 지킬 무언가를 해야 한다. 게임 사이트로 자기를 유혹하는 컴퓨터를 없애거나 누군가에게 도움을 요청하거나 전문가에게 상담을 받아야 한다. 또는 끌리는 이성과 단둘이 있는 경우를 피하고 신용카드를 체크카드로 바꾸는 등, 여하튼 무언가를 해야 한다. 그것은 참으로 중요한 싸움의 기술이다.

싸움의 기술 #4: 지도자의 음성을 들으라

본문 이야기에 나오는 유대인들에게 느헤미야가 없었다면 어떻게 되었을까? 그들은 아마 원수의 공격에 무너졌을 것이다. 성벽 재건은 중단되었을 것이고 그들은 패배했을 것이다. 그러나 다행히도 그들에게는 탁월한 지도자 느헤미야가 있었다. 그는 백성들을 대표하여 기도했고 그들로 하여금 크신 하나님을 바라보도록 격려했으며 싸움에서 이길 수 있는 실제적인 지시를 내려주었다. 그의 지도력 하에 그들은 이 싸움 가운데서 넘어지지 않고 전진할 수 있었다고 나는 믿는다.

본서의 네 번째 장에서 우리는 예수님이야말로 궁극적 느헤미야라는 이야기를 했다. 하늘의 궁전을 떠나 타락하고 황폐한 이 땅에 오신 그분은 우리의 무너진 부분을 재건해주시고 리셋해주시는 우리의 주님이자 우리 삶의 지도자이시다. 본문 이야기의 느헤미야를 보면서도 알 수 있듯이 우리는 좋은 지도자가 승리에 얼마나 필수 불가결한 존재인가를 잘 안다. 2002년도 월드컵 한국대표팀의 히딩크처럼, 임진왜란 때의 이순신 장군처럼 이길 수 없는 상황에서 그들은 승리를 만들어낸다. 너무나 감사하게도 우리에게는 예수님이라는 놀라운 지도자가 계신다. 그분은 누구도 이길 수 없는 무적의 리더이시다. 그분은 죽음까지도 이기신 분이다. 우리는 그분의 음성에 귀를 기울이고 그분의 지시를 받아야 한다. 그분은 말씀하신다.

- "세상에서는 너희가 환난을 당하나 담대하라 내가 세상을 이기었노라(요 16:33)."
- "너희는 마음에 근심하지도 말고 두려워하지도 말아라(요 14:27)."
- "보아라, 내가 세상 끝 날까지 항상 너희와 함께 있을 것이다(마 28:20)."

우리는 이와 같은 그분의 말씀을 들어야 한다.

예수님을 믿은 지 얼마 되지 않았을 때의 일이다. 그때 나는 구원의 은혜가 너무 감사해서 주변의 친구와 지인들에게 전도를 하고 다녔다. 심지어 다른 교회의 대학생들에게 성경을 가르치기도 했다. 사탄이 가만있었겠는가? 공격이 왔다. 구원의 확신을 흔들었다. '네가 구원받은 것이 맞아? 그것을 어떻게 알아? 자기 최면 아니야?' 이런 식의 공격이었다. 나는 많이 흔들렸다. 의심이 나를 감쌌다. 괴로웠다. 의심을 안 하려고 하면 더 의심이 되었다. 나는 집에 가서 복음서를 읽기 시작했다. 그런데 정확히 무슨 구절인지는 기억이 나지 않지만 주님의 한 말씀이 마치 살아있는 것처럼 내 마음속에 들어와 움직이기 시작했다. 그리고 그 즉시로 의심이 사라졌고 다시는 그 부분에 대해 의심하지 않았다. 영적 싸움에서 우리는 내 힘으로 그 싸움에서 이길 수 없다. 그래서 기도해야 한다. 그러나 동시에 우리의 지도자 되신 주님의 음성을 들어야 한다. 기록된 말씀이나 성령의 내적 자극을 통해 그분은 우리를 격려하시고 힘을 주시며 지혜와 지침을 제공하실 것이다. 하나님께서 허락하신 영적 지도자들의 말에 귀를 기울이는 것도 중요하지만 궁극적 느헤미야 되신 예수님의 음성을 듣는 것, 그것이 바로 싸움의 기술이다.

루터의 싸움, 우리의 싸움

종교개혁자인 마틴 루터는 로마서 말씀을 통해 회심한 다음부터 평생을 타락한 로마 가톨릭과 싸우는 삶을 살았다. 그는 당시 하나님의 대리자 노릇을 하면서 막강한 권력을 행사하던 교황 레오 10세로부터 "주님의 포도원을 파괴하는 멧돼지"에 비유되면서 파문의 칙령을 받기도 했고 신성로마제국의 황제인 찰스 5세 앞에 불려가서 지금까지의 주장들에 대한 철회를 요구받기도 했다. 그것은 얼마나 위험한 싸움이었을까? 그것은 또한 얼마나 게임이 안 되는 싸움이었을까? 자신의 힘만으로는 결코 이길 수 없는 싸움이었다. 사실 루터는 언제라도 붙들려 죽을 수 있었다. 그러나 루터는 이 싸움에서 지지 않았고 결국 승리했음을 우리는 안다. 어떻게 그럴 수 있었을까? 루터는 싸움의 기술을 아는 사람이었다. 그는 이 싸움의 배후에 있는 마귀의 공격을 충분히 예상했다. 그래서 매일같이 시간을 정해 놓고 주님께 나아가는 기도의 사람이었다. 기도의 성자라는 이 엠 바운즈의 『기도의 강력』이라는 책에 의하면 루터는 "내가 아침에 2시간 기도하지 않으면 그날은 마귀가 계속 승리한다. 나는 할 일들이 너무 많기 때문에 매일 3시간을 기도하지 않으면 그 일들을 감당할 수 없다"라고 말했다고 한다. 그렇다고 그가 기도만 하고 있었던 것은 아니다. 그는 글을 쓰고 토론을 하며 유력한 사람들을 만나고 교회를 조직하는 등 자신의 할 바를 다 했다. 뿐만 아니라 그는 기도하는 것만큼 말씀의 묵상에 힘썼고 주의 음성에 귀를 기울였다.

　루터처럼, 본문 이야기의 유대인들처럼, 우리 그리스도인들은 싸움을 피할 수 없다. 특별히 우리가 하나님의 일을 하려고 할 때는 더욱 그렇다. 문제는 그 싸움이 너무도 어려운 것이며 우리 싸움의 진짜 상대인 마귀와 악한 영들이 우리에겐 너무나 힘든 상대라는 것이다. 우리는 위에서 주시는 싸움의 기술로 무장될 필요가 있다. 당신은 원수 마귀의 공격을 예상하며 깨어서 경계하는가? 그래서 하나님께 간절히 규칙적으로 기도하는가? 비록 루터처럼 오랜 시간을 하지는 못하더라도 시간을 정해놓고 능력의 근원이 되시는 전능자에게 무릎을 꿇는가? 또한 기도와 함께 자신의 책임을 다하는가? 모든 것이 하나님께 달린 듯이 기도하면서 동시에 모든 것이 내게 달린 것처럼 일하는가? 무엇보다 우리의 진정한 지도자 되신 예수님의 음성에 귀를 기울이는가? 그분의 말씀을 묵상할 뿐 아니라 성령의 세미한 음성에 귀를 기울이는가? 그렇게 하자. 그렇게 할 때 이길 수 있다. 그렇게 할 때 본문에서 느헤미야가 말한 것처럼 하나님께서 우리 편이 되셔서 싸워주실 것이고 우리는 계속 하나님의 위대한 일을 이루어갈 수 있을 것이다.

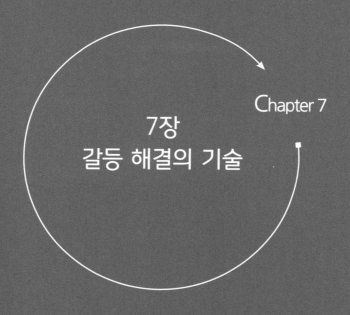

Chapter 7

7장
갈등 해결의 기술

느헤미야 5:1~13

백성 사이에서 유다인 동포를 원망하는 소리가 크게 일고 있다. 부인들이 더 아우성이다. 더러는 이렇게 울부짖는다. "우리 아들딸들, 거기에다 우리까지, 이렇게 식구가 많으니, 입에 풀칠이라도 하고 살아가려면, 곡식이라도 가져 오자!" 또 어떤 이들은 이렇게 울부짖는다. "배가 고파서 곡식을 얻느라고, 우리는 밭도 포도원도 집도 다 잡혔다!" 또 어떤 이들은 이렇게 외친다. "우리는 왕에게 세금을 낼 돈이 없어서, 밭과 포도원을 잡히고 돈을 꾸어야만 했다!" 또 더러는 이렇게 탄식한다. "우리의 몸이라고 해서, 유다인 동포들의 몸과 무엇이 다르냐? 우리의 자식이라고 해서 그들의 자식과 무엇이 다르단 말이냐? 그런데도 우리가 아들딸을 종으로 팔아야 하다니! 우리의 딸 가운데는 벌써 노예가 된 아이들도 있는데, 밭과 포도원이 다 남의 것이 되어서, 우리는 어떻게 손을 쓸 수도 없다." 그들의 울부짖음과 탄식을 듣고 보니, 나 또한 치밀어 오르는 분노를 참을 수가 없다. 나는 그들이 울부짖는 내용을 신중하게 살핀 다음에, 귀족들과 관리들에게, 어찌하여 같은 겨레끼리 돈놀이를 하느냐고 호되게 나무랐다. 이 문제를 다루어야 하겠기에, 나는 대회를 열고서, 귀족들과 관리들에게 말하였다. "우리는, 이방 사람들에게 팔려서 종이 된 유다인 동포를, 애써 몸값을 치르고 데려왔소. 그런데 지금 당신들은 동포를 또 팔고 있소. 이제 우리더러 그들을 다시 사오라는 말이오?" 이렇게 말하였으나, 그들 가운데 대답하는 사람이 아무도 없다. 그들에게도 할 말이 없을 것이다. 내가 말을 계속하였다. "당신들이 한 처사는 옳지 않습니다. 이방인 원수들에게 웃음거리가 되지 않으려거든, 하나님을 두려워하면서 살아야 합니다. 나도, 나의 친족도, 그리고 내 아랫사람들도, 백성에게 돈과 곡식을 꾸어 주고 있습니다. 제발, 이제부터는 백성에게서 이자 받는 것을 그만둡시다. 그러니 당신들도 밭과 포도원과 올리브 밭과 집을 오늘 당장 다 돌려주십시오. 돈과 곡식과 새 포도주와 올리브 기름을 꾸어 주고서 받는 비싼 이자도, 당장 돌려주십시오." 그들은 대답하였다. "모두 돌려주겠습니다. 그들에게서 아무것도 받지 않겠습니다. 말씀하신 대로 다 하겠습니다." 나는 곧 제사장들을 불러모으고, 그 자리에서 귀족들과 관리들에게 자기들이 약속한 것을 서약하게 하였다. 나는 또 나의 주머니를 털어 보이면서 말하였다. "이 서약을 지키지 않는 사람은, 하나님이 그 집과 재산을 이렇게 다 털어 버리실 것입니다. 그런 자는 털리고 털려서, 마침내 빈털터리가 되고 말 것입니다." 내가 이렇게 말하자, 거기에 모인 모든 사람이 "아멘!" 하며 주님을 찬양하였다. 백성은 약속을 지켰다.

리셋

• • •

느헤미야와 함께 다시 세우라

그리스도인에겐 싸워야 할 싸움이 있다. 바울은 그것을 선한 싸움이라고 불렀다. 그것은 또한 영적 싸움 또는 영적 전쟁이라고 불리기도 한다. 우리는 늘 그 싸움에 직면해 있으며 그 싸움을 싸워 이겨야 한다. 그리고 이기기 위해서는 싸움의 기술이 필요하다. 앞에서 우리는 산발랏을 포함한 원수들의 도발에 맞선 느헤미야의 이야기를 살펴보면서 바로 그 싸움의 기술에 대해 생각해보았다. 그러나 우리가 기억해야 할 것이 있는데 우리에겐 싸우지 말아야 할 싸움도 있다는 것이다. 분명 우리는 죄악과 싸우고 마귀와 싸워야 한다. 그러나 우리끼리 싸워서는 안 된다. 그것은 서로가 망하는 길이다. 지금 우리나라의 여당이 바로 그 상황에 처해있다. 자중지란에 빠진 것이다. 그것은 그들의 힘을 빼고 국민의 눈살을 찌푸리게 한다. 그런 싸움은 누구에게도 도움이 되지 않는다. 그것은 정말 좋지 않다.

그런데 그것만큼, 아니 그보다 더 안 좋은 게 있다. 그것은 교회가 싸우는 것이다. 교회의 싸움을 보거나 경험해본 적이 있는가? 안타깝게도 현대교회는 싸움으로 악명 높고 한국교회는 더욱 그러한 것 같다. 미국에 살 때 들었던 우스갯소리 중에 이런 게 있었다. 미국에서 중국 사람 셋이 모이면 음식점을 차린다. 일본 사람 셋이 모이면 땅을 산다. 한국 사람 셋이 모이면 교회를 시작한다. 그리고 얼마 안 되어 그 교회는 세 개가 된다. 하도 싸우고 갈라지니까 이런 농담이 나온 게 아닐까?

느헤미야서 5장에 보면 이런 좋지 않은 싸움의 이야기가 나온다. 바로 이스라엘 백성들 사이의 내분이었다. 원망과 아우성, 그리고 탄식이 난무했다. 앞에서 살펴본 것처럼 4장에는 외부의 적으로부터 공격이 있었다. 성벽 공사를 중단시키기 위한 공격이었다. 느헤미야는 그 공격에 놀라거나 낙심하지 않고 기도와 실질적인 대비로, 그리고 지혜로운 리더십으로 적들의 공격을 물리쳤고 성벽 공사는 계속되었다. 그런데 이제 내분이 일어난 것이다. 공동체의 회복과 부흥을 향한 느헤미야의 꿈은 또다시 위기에 처했다. 어쩌면 더 심각한 위기라고 말할 수 있다. 그는 어떻게 이 싸움을 해결했을까? 우리는 또 어떻게 내부적 갈등을 해결할 수 있을까? 먼저 본문의 이야기부터 한번 살펴보자.

사람들의 원망, 느헤미야의 분노

5장의 이야기는 원망과 아우성으로 시작된다. "백성 사이에서 유다인 동포를 원망하는 소리가 크게 일고 있다. 부인들이 더 아우성이다(느 5:1)." 같은 이스라엘 사람들 사이에 분란이 일어난 것을 알 수 있다. 부인들이 나선 것을 보니 집안 살림과 관련된 것임을 짐작할 수 있다. 구체적으로 어떤

리셋, 느헤미야와 함께 다시 세우라

문제인가? 2절에 의하면 땅이 없는 사람들이 곡식을 사기 위해 빚을 졌다. 당시 연이율이 보통 20%이었는데 최고 40-60%까지 치솟았다고 한다. 정말 강도짓이다. 그런데 이스라엘 부유층이 동족에게 이런 짓을 한 것이다. 3절에는 땅이 있는 사람들도 흉년으로 인해 밭을 담보로 곡식을 얻었고 어떤 이들은 페르시아의 과중한 세금 때문에 땅을 저당 잡히기도 했다고 한다. 고대 문서에 의하면 페르시아 제국은 부동산에도 세금을 부과했고 다리오왕 같은 경우는 올해의 소출뿐 아니라 지난해의 소출에도 세금을 물렸다. 5절을 보니 심지어는 빚을 갚기 위해 자식을 노예로 파는 일까지 생겨났다. 그들의 탄식을 들어보라.

> 우리의 몸이라고 해서, 유다인 동포들의 몸과 무엇이 다르냐? 우리의 자식이라고 해서 그들의 자식과 무엇이 다르단 말이냐? 그런데도 우리가 아들딸을 종으로 팔아야 하다니! 우리의 딸 가운데는 벌써 노예가 된 아이들도 있는데, 밭과 포도원이 다 남의 것이 되어서, 우리는 어떻게 손을 쓸수도 없다.

상황이 얼마나 심각한지 느낌이 오는가? 유력한 유대인들이 가난한 동족의 아이를 노예로 만들고 있는데 재산은 다 빼앗겨 손쓸 방법이 없다는 것이다. 우리가 이 지경에 몰렸다면 어떻게 할까? 민란이나 폭동이 날 상황 아닌가?

느헤미야는 이들의 아우성을 듣고 분노했다. "그들의 울부짖음과 탄식을 듣고 보니, 나 또한 치밀어 오르는 분노를 참을 수가 없다(느 1:6)." 소위 의로운 분노이다. 보통 우리가 내는 화와는 다른 성격이다. 일반적으로 우리는 이기적인 이유나 동기로 화를 낸다. 한 번은 주말 저녁에 시간이 부족해서 교회 옆의 햄버거 가게에서 햄버거를 사다 먹었다. 음료로 사이다를 주문하여 음식을 받아 들고 교회로 왔다. 교회 사무실에서 버거를 한입 가득 깨물고 달콤한 사이다 맛을 기대하며 음료수를 마시는데 웬일인가? 씁쓸한 맛이 입안을 가득 채웠다. 점원이 사이다를 소다로 잘못 알아듣고 소다를 준 것이다. 나는 분노했다. 가게로 뛰어가서 그 점원에게 주문도 하나 못 받느냐며 화를 내고 싶은 충동에 시달렸다. 그러나 느헤미야는 지금 자신이 아니라 하나님을 분노케 하는 일에 분노하고 있다. 성벽을 재건하며 꿈꾸던 하나님 백성의 아름다운 공동체와는 너무도 거리가 먼 이야기가 펼쳐지고 있었기 때문에 화를 낸 것이다. 하나님 말씀을 어기고 세상 사람들과 조금도 다를 바 없이 물질적 이익만 챙기는 모습에 화가 난 것이다. 마치 예수님이 성전에서 장사하던 사람들의 상을 뒤엎으며 분노하신 것처럼 느헤미야도 그렇게 분노한 것이다. 교회를 교회 되게 하려면 지도자는 마땅히 분노할 일에 분노할 줄 알아야 한다.

피스메이커 느헤미야

성경을 보니 이렇게 분노한 느헤미야는 컵을 벽에다 내던지며 '이런 나쁜 놈들, 내가 아주 부숴버리겠어!'라며 길길이 날뛰었다, 맞나? 아니다. 그는 우리가 흔히 그러는 것처럼 분노로 인해 이성을 잃거나 흥분에 휩싸여 감정적으로 행동하지 않았다. 그는 피해자들의 고소를 신중하게 살폈다. 그리고 이 모든 것의 원인이 부유층들의 지독한 고리대금에 있음을 알아냈

리셋, 느헤미야와 함께 다시 세우라

다. 그래서 그는 귀족들과 관리들을 불러 책망했다. "나는 그들이 울부짖는 내용을 신중하게 살핀 다음에, 귀족들과 관리들에게, 어찌하여 같은 겨레끼리 돈놀이를 하느냐고 호되게 나무랐다(느 1:7)." 이것은 상당한 용기가 요구되는 일이다. 왜냐하면 그들은 유력한 자들이고 느헤미야를 후원해줄 수 있는 사람들이기 때문이다. 그런데도 느헤미야는 해야 할 일을 했다. 그들을 화나게 할 수 있음을 알았지만 말이다. 정치인은 '무엇이 인기 있는 일이지?'를 묻고 외교관은 '무엇이 안전한 일이지?'를 묻지만 참 지도자는 '무엇이 옳은 일이지?'를 묻는다고 워렌 위어스비 목사가 말한 바 있다. 느헤미야는 용기를 갖고 옳은 일을 했다.

그렇게 개인적으로 잘못을 지적한 후 그는 전체 집회를 소집했다. 공동체의 문제를 해결하기 위해서이다. 8절에서 그는 귀족들에게 이렇게 말했다. "우리는, 이방 사람들에게 팔려서 종이 된 유다인 동포를, 애써 몸값을 치르고 데려왔소. 그런데 지금 당신들은 동포를 또 팔고 있소. 이제 우리더러 그들을 다시 사 오라는 말이오?" 여기서 동포로 번역된 말들은 다 형제(אח)라는 히브리 단어를 번역한 것이다. 느헤미야는 사람들을 돈벌이의 수단으로 보지 말고 형제로 볼 것을 강조한다. 이방인에게 팔려 종이 된 유대인을 몸값까지 치르고 데려왔는데 같은 민족이라는 자들이 돈에 눈이 멀어 형제를 다시 팔아넘긴다는 게 말이 되느냐는 것이다.

유구무언인 그들에게 느헤미야는 9절에서 하나님의 말씀과 사명을 상기시키며 이야기를 이어간다. "당신들이 한 처사는 옳지 않습니다. 이방인 원수들에게 웃음거리가 되지 않으려거든, 하나님을 두려워하면서 살아야 합니다." 느헤미야의 요지는 이렇다. 그들의 처사는 말씀의 기준에 맞지 않는 잘못된 일이다. 또한 더 나아가 하나님의 백성인 이스라엘을 이방인 원수들의 웃음거리로 만드는 일이다. 하나님을 두려워하고 그분의 영광을 생각한다면 있을 수 없는 일이다. 그렇게 그들의 양심을 일깨운 그는 이제 대안을 제시한다.

> 나도, 나의 친족도, 그리고 내 아랫사람들도, 백성에게 돈과 곡식을 꾸어 주고 있습니다. 제발, 이제부터는 백성에게서 이자 받는 것을 그만둡시다. 그러니 당신들도 밭과 포도원과 올리브 밭과 집을 오늘 당장 다 돌려주십시오. 돈과 곡식과 새 포도주와 올리브 기름을 꾸어 주고서 받는 비싼 이자도, 당장 돌려주십시오(느 5:10-11).

그는 이자를 받지 말고 저당 잡은 물건도 돌려주라고 호소했다. 새번역에서 잘 번역한 것처럼 그는 그냥 명령한 것이 아니라 "제발" 그렇게 해달라고 권면하며 호소했다. 거기다 자신의 사례까지 들었다. 자신도 이자를 받지 않는다는 것이다. 그의 진정성이 통했다. 그들은 느헤미야의 말대로 하겠다고 약속했다. 사실 이것은 엄청난 이권을 포기하는 결단이었다. 어느 대형교회에서 전세금 올리지 않기 캠페인을 그렇게 열심히 해도 잘 안되는 것이 현실 아닌가? 그런데 이들은 아예 이자를 받지 않고 담보도 돌려주겠다고 결단한 것이다.

그런데 느헤미야는 이 아름다운 결단을 듣고 그냥 감동만 하고 있지 않았다. 제사장을 불러 하나님 앞에서 서약하게 했고 더 나아가 주머니를 터는 퍼포먼스를 하면서 하나님의 심판까지 상기시켰다. 느헤미야는 인간의 본성을 잘 아는 현실적인 리더였다.

나는 또 나의 주머니를 털어 보이면서 말하였다. "이 서약을 지키지 않는 사람은, 하나님이 그 집과 재산을 이렇게 다 털어 버리실 것입니다. 그런 자는 털리고 털려서, 마침내 빈털터리가 되고 말 것입니다(느 5:13a)."

어떤 결과가 있었을까? "내가 이렇게 말하자, 거기에 모인 모든 사람이 '아멘!' 하며 주님을 찬양하였다. 백성은 약속을 지켰다(느 5:13b)." 갈등은 해결되고 싸움은 방지되었다. 모든 사람이 아멘 했고 백성은 약속을 지켰다. 처음에 아우성과 원망으로 시작한 이야기가 찬양으로 마무리되었다. 느헤미야와 이스라엘 백성은 다시 한번 하나님께서 심어주신 꿈을 향해 전진할 수 있게 되었다. 이 흐뭇한 이야기가 갈등의 해결에 대해 가르쳐주는 것은 무엇일까?

갈등해결 기술 #1: 갈등의 불가피함 인식하기

인간사회에서 갈등은 불가피하다. 우리는 모두 죄인이고 본성상 이기적이기 때문이다. 이는 믿는 사람들의 모임에서도 마찬가지이다. 본문에서 본 것처럼 하나님의 백성 공동체인 이스라엘 자손들 사이에서 갈등이 일어났던 것처럼 말이다. 비록 우리가 하나님의 한량없는 은혜로 예수 그리스도 안에서 용서받고 새로운 피조물이 되었지만 아직도 옛 자아와 죄의 잔재가 남아있기 때문에 여전히 다투고 갈등할 수 있음을 인정해야 한다. 우리가 이상적으로 여기는 초대교회에도 갈등과 싸움이 있었다. 심지어 위대한 사도인 바울과 바나바도 서로 다툰 적이 있다.

싸움을 막고 갈등을 해결하려면 그 불가피함을 인식해야 한다. 그래야 미리 대비할 수 있고 갈등의 상황이 와도 크게 낙심하거나 당황하지 않으며 그것을 해결할 수 있다. 아무리 괜찮은 교회라도 그 교회에서 갈등이 있을 수 있다. 크리스천 부부간이나 가정에도 갈등이 있을 수 있다. 어느 목사님 부부의 결혼 40주년 기념식에서 한 참석자가 물었다. "목사님 부부는 어떻게 큰소리 한번 안 내고 40년을 해로할 수 있었습니까?" 사모님이 대답했다. "우리는 결혼 초에 화가 나거나 불만이 있으면 서로 싸우는 대신 뒷마당을 거닐기로 약속했습니다." 그러자 목사님이 옆에서 "저는 저의 결혼생활 대부분을 뒷마당에서 보냈습니다"라고 덧붙였다 한다. 아무리 경건한 사람도 갈등할 수 있고 싸울 수 있다. 우리는 갈등의 불가피함을 인식함으로써 오히려 스스로를 돌아보고 더 조심할 수 있을 뿐 아니라 주님의 도우심을 구하며 주님께 더 의지할 수 있다. 그리고 더 지혜롭게 해결할 수 있다.

갈등해결 기술 #2: 관계의 갈등을 우선적으로 해결하기

느헤미야는 이 문제를 묻어두려거나 적당히 봉합하고 넘어가지 않았다. 그는 이 문제의 즉각적인 해결에 최선을 다했다. 관계의 갈등을 풀거나 싸움을 해결하는 문제는 쉬운 일이 아니다. 오히려 상당히 고통스럽다. 그래서 우리는 이 문제를 곪아 터질 때까지 회피하고 외면하기 쉽다. "방 안의 코끼리"라는 표현이 있다. 무슨 뜻일까? 방안에 코끼리가 있다고 해보자. 아니 우리가 예배하는 예배실에 코끼리가 있다고 가정해보자. 괜찮은가? 심각한 문제이다. 누구의 시선도 비껴갈 수 없는 문제이다. 그런데 아무도 그것에 대해 말하지 않고 마치 없는 것처럼 행동할 때 이런 표현을 쓴다. 예를 들어 아버지와 아들 사이에 갈등이 있다. 서로 대화를 하지 않는다. 원망과 적대감이 자라고 있다. 심각한 문제다. 모두가 이 문제를 안다. 그러나 마치 그런 문제가 없는 듯 외면하며 산다. 그것을 해결하는 것이 너무 힘들게 느껴지기 때문이다. 그러다가 코끼리가 한번 휘저으면 그 폐해는 이루 말할 수도 없게 된다.

우리는 관계의 갈등을 심각하게 여기고 이를 해결하는 데 우선순위를 두어야 한다. 예수님도 하나님께 예배드리러 온 사람에게 인간관계의 문제가 있으면 그걸 먼저 해결하라고 말씀하셨다. 인간은 하나님을 닮아 관계적 존재이다. 관계에서 불행하면 다른 것이 다 있어도 결코 행복할 수 없다. 따라서 가정도 교회도 관계 문제를 심각하게 받아들이고 이를 잘 가꾸어나가되 갈등이나 문제가 있으면 회피하지 말고 해결에 나서야 한다. 뒷마당만 거닌다고 해결될 문제가 아니다. 신학교에서 같이 공부한 친구 목회자는 자기 부인과의 사이에 불만이나 갈등이 있으면 적당히 묻어두지 말고 풀기로 약속을 했다. 그리고는 부엌에 종을 매달았다고 한다. 누구든 문제가 있으면 종을 울리는 것이다. 그러면 부엌으로 와 식탁에 앉아서 이야기를 시작한다고 했다. 한번 해보고 싶지 않은가?

다 짐작하다시피 해결을 시도하는 것이 쉽지는 않다. 그러나 갈등이 곪아 터지고 회복 불능의 상태로 악화되는 것보다는 낫다. 물론 갈등의 해결은 우리 힘만으로 불가능하다. 주님이 도와주셔야 한다. 나는 인간관계의 갈등이 생겼을 때 그 어느 때보다 더 간절히 기도하는 나 자신을 발견하게 된다. 부부싸움을 하면 처음에는 분을 못 이겨 씩씩대다가 결국 기도한다. 식사 때가 다가올수록 더 간절히 기도한다. 시간을 끌수록 내게 불리하기 때문이다. 하나님께 기도하고 성령의 인도를 구하며 관계의 갈등 해결에 우선적으로 나서는 우리가 되기를 바란다.

갈등해결 기술 #3: 공동체의 지체를 믿음의 눈으로 보기

본문 이야기에 나오는 귀족과 관리들은 같은 이스라엘 백성들을 돈벌이의 수단으로 보았다. 느헤미야는 이들의 시각을 교정시키기 위해 7절과 8절에서 형제라는 단어를 무려 네 번이나 사용했다. 그들을 돈벌이의 수단이 아니라 주님 안의 형제자매로 보라는 것이다. 세상의 눈이 아니라 믿음의 눈으로 보라는 뜻이다.

우리가 예수님을 믿어서 받는 선물 중에는 죄의 완전한 용서와 영생도 있지만 하나님의 자녀로 입양되고 교회라는 하나님의 가족에 소속되는 선물도 있다. 그래서 믿는 자의 모임인 교회는 하나님의 영적 가족이고 서로 간의 형제자매인 것이다. 때로 가족처럼 느껴지지 않을 수 있다. 그렇더라도 우리는 그 사실을 믿음으로 받아들여야 한다. 성경에서 성도를 '형제자매'로 부르는 것은 그것이 하나님 안에서 우리의 관계이기 때문이다. 한국에서는 위계질서가 너무 뚜렷해 형제자매라는 호칭을 불편해하기도 한다. 미국의 한인교회에서 한 대학생 자매가 쉰 정도 되는 여성도에게 "자매님"이라고 부르니까 그분이 발끈하시면서 "얘, 나를 어떻게 불러도 좋은데 제발 그 자매라는 말은 하지 마라. 아주 듣기 싫어 죽겠다"라고 말하는 것을 들은 적이 있다. 그러나 형제자매라는 이 말은 사실 그 어떤 것보다 귀한 호칭이다. 우리는 주 안의 가족이고 형제자매이다. 우리는 가정에서건 교회

에서건 믿음의 눈으로 공동체의 구성원들을 보아야 한다. 그들은 같은 아
버지를 둔 나의 형제요 자매들이다. 경제적 이익의 수단이나 경쟁의 대상
이 아니라 용납하고 용서하며 사랑해야 할 나의 가족들이다. 당장 느껴지
지 않더라도 우리는 믿음의 눈으로 그들을 보아야 한다.

갈등해결 기술 #4: 내분의 치명적 위험성을 깨닫기

느헤미야는 내부 분열 중인 이스라엘 사람들에게 그들의 행위가 이방인
원수들에게 웃음거리가 될 수 있음을 상기시켰다. 다시 말해 그들에게 공
격의 빌미를 주어 지금 진행하고 있는 성벽 재건의 대역사가 어려움에 처
할 수 있다는 뜻이었다. 그들은 자신들의 내분이 신적 사명에 어떤 영향을
주는지를 깨달아야 했다.

어떤 집단이든 하나 되지 못하고 내부 총질을 해댈 때 공동체의 힘은 빠
지고 사명에는 브레이크가 걸린다. 조선시대를 보라. 사색당파로 그렇게 싸
워대니 나라가 망하지 않고 배겨내겠는가? 지금 우리나라도 내부적으로
너무나 분열되어 우려를 금할 수가 없다. 나라가 세대별로, 성별로, 지역별
로, 이념별로 너무 많이 갈라져 있다. 교회도 마찬가지이다. 분열된 교회는
마귀의 손쉬운 먹잇감이 될 것이 뻔하고 따라서 하나님께 부여받은 사명
을 결코 이룰 수 없다. 무엇보다 교회는 교회를 주시하는 세상 가운데 있음
을 언제나 기억해야 한다. 나는 청년 때 예수님을 믿고 친구에게 복음을 전
한 적이 있는데 2-3년쯤 지나서 기회가 생겨 또 복음을 전했다. 그랬더니
그 친구가 내게 "네가 처음 예수님에 대해 말한 때부터 지금까지 나는 너

를 쭉 지켜보고 있었어"라고 말하는 것이 아닌가? 식은땀이 등 뒤로 흐르면서 그동안 잘못한 것은 없었는지 마음속으로 영상을 돌린 적이 있다. 세상은 보지 않는 것 같지만 우리를 지켜보고 있다. 만약 우리가 세상과 똑같이 자기 이익을 따지고 서로 갈등하며 작은 문제로 싸우면서 서로를 미워한다면 세상은 우리의 말에 귀를 기울이지 않을 것이다. 오히려 우리를 조롱하며 공격할 것이 뻔하다.

그러나 그 반대의 경우라면 그들은 우리를 다시 볼 수 있지 않겠는가? 예수님께서 서로 사랑하라는 계명을 주시며 하신 말씀은 이랬다. "너희가 서로 사랑하면 모든 사람이 그것으로써 너희가 내 제자인 줄을 알게 될 것이다(요 13:35)." 생각해보라. 이 분열되고 갈등이 많은 세상에서 일단의 사람들이 예수님 때문에 서로 조건 없이 받아주고 잘못을 용서하며 실제적인 필요를 채워준다면 사람들은 어떤 느낌을 받을까? 다른 사람을 자기보다 낮게 여기며, 특별히 연약한 지체를 성심껏 섬겨준다면, 서로를 위해 기도해줄 뿐 아니라 우는 자들과 함께 울고 즐거워하는 자들과 함께 즐거워한다면 어떨까? 마음이 열리지 않을까?

기억하라. 내부 분열과 싸움과 갈등은 우리의 원수에게 틈을 주고 우리의 힘을 뺄 것이다. 그것은 우리의 꿈을 죽이며 사명을 막을 것이다. 앤디 스탠리가 말한 것처럼 비전은 (그리고 꿈과 사명은) 일치의 환경에서는 성장하지만 분열의 환경에서는 죽는다. 그 사실을 기억하고 깨닫는 것이 갈등 해결과 싸움의 방지에 너무나 중요하다.

갈등해결 기술 #5: 성령의 이끄심에 따라 바로 회개하기

느헤미야는 시간을 끌지 않았다. 갈등의 참 이유와 해결책에 대해 주의 깊게 살펴보며 기도로 준비했지만 일단 실행에 옮긴 후에는 전광석화처럼 움직여 사람들의 즉각적인 결단을 촉구했다. 느헤미야는 지연(遲延)의 위험성을 잘 아는 리더였다. 그의 이런 리더십에 따라 유대의 귀족과 관리들도 동족에게 이자를 받고 동족을 종으로 팔아넘기는 등의 비성경적인 행위들을 말씀의 기준에 합당하도록 바로 돌려놓겠다는 결단을 했다.

우리의 갈등과 내분도 느헤미야 같은 리더의 중재로 해결에 이를 수 있다. 그러나 그런 인간 중재자가 없더라도 우리에겐 성령님이라는 중재자가 계신다. 사실, 느헤미야라는 이름은 이미 언급한 것처럼 "야웨, 즉 주님의 위로"라는 뜻인데 성령님이야말로 우리의 위로자가 아니신가. 성령께서 우리의 마음을 감동시키시고 우리의 잘못을 지적하시며 회개를 촉구할 때 우리는 즉각적으로 반응할 필요가 있다. 다음에 하겠다고 미루면 계속 미뤄지면서 그 "다음"은 결코 오지 않을 수 있다. 미루는 버릇을 가진 어떤 사람이 그 버릇을 고치는 법에 대한 최고의 책을 샀다. 그는 내일 읽겠다며 그것을 밀쳐놓았다. 그다음 날에도 또 내일로 미뤘다. 읽기만 하면 고칠 수 있을 텐데 그놈의 내일이 자꾸 방해를 했다. 그는 결국 죽을 때까지 그것을 읽지 못했다. 그의 묘비에는 "내일은 꼭 다 읽을 거야!"라는 말이 새겨졌다고 한다. 교회에 그런 사람들이 많다. 말씀 듣고 은혜는 받았는데 결단과 실행을 자꾸 미루는 것이다.

지금 관계의 문제에 대한 성령님의 어떤 도전이 있는가? 가족 간에, 성도들 사이에 해결해야 할 문제가 있는가? 공동체적 삶에서, 관계적 삶에서 말씀에 맞지 않는 행위를 성령께서 회개하라고 하시는가? 미루지 말고 바로 돌이키며 결단해야 한다. 그래야 갈등을 해결하고 관계를 회복하며 싸움을 멈출 수 있다.

평화의 도구가 되기 위해

아시시의 성 프란체스코는 《평화의 기도》라는 유명한 기도문을 남겼다.

주님, 저를 당신의 도구로 써 주소서,

미움이 있는 곳에 사랑을,
다툼이 있는 곳에 용서를,
분열이 있는 곳에 일치를,
의혹이 있는 곳에 신앙을,
그릇됨이 있는 곳에 진리를,
절망이 있는 곳에 희망을,

어두움에 빛을,
슬픔이 있는 곳에 기쁨을
가져오는 자 되게 하소서.

위로받기보다는 위로하고,

이해받기보다는 이해하며,

사랑받기보다는 사랑하게 하여주소서.

이런 평화의 도구가 되게 해 달라고 기도하지 않겠는가? 예수님은 팔복 강론에서 피스메이커에 대해 이런 말씀을 하셨다. "평화를 이루는 사람은 복이 있다. 하나님이 그들을 자기의 자녀라고 부르실 것이다(마 5:9)." 하나님께서 기쁘고 자랑스럽게 저 사람은 내 자녀라고 말씀하실 수 있는 평화의 도구가 되자. 그러기 위해 이 장에서 배운 갈등 해결의 기술을 마음에 새길 필요가 있다. 그리고 또 하나, 우리가 반드시 알아야 할 것은 우리의 궁극적 느헤미야이신 예수님께서 우리의 관계적 갈등에 대해 하신 일이다. 그래야 진정한 의미에서 평화의 도구가 될 수 있다.

알고 있는가? 그분은 죄와 반역으로 말미암아 하나님과 원수 되었던 우리를 하나님과 화해시키기 위해 우리 대신 십자가에 달려 우리의 죗값을 감당하셨다. 그 예수님으로 인해, 이제 우리는 누구나 그분을 믿음으로써 하나님과 화목할 수 있게 되었다. 우리의 모든 죄가 용서되었고 우리의 어떠함에 상관없이 있는 모습 그대로 하나님께 용납되었다. 뿐만 아니라, 그분은 십자가로 우리 사이에 있는 담들도 허무시고 서로 다른 우리를 하나로 만들어주셨다. 그분께서 우리에게 평화를 선포하시고 우리 가운데 평화를 만들어주셨다. 이제 그분이 용서받고 용납받은 우리에게 다른 사람을 용서하고 용납하라 하신다. 사랑하라 하신다. 묶인 관계의 매듭을 풀라 하시고 갈등을 해결하라 하신다. 그 음성에 반응하는 우리가 되기를 바란다. 믿음으로 한 걸음을 뗄 때 성령께서 우리를 도우실 것이다.

혹시 아직 하나님과 갈등 가운데 있지는 않은가? 하나님과 싸움 중에 있는가? 하나님은 당신과 화해하기 원하신다. 관계를 회복하기 원하신다. 비록 우리의 죄와 반역으로 빚어진 것이지만 하나님은 그 갈등을 해결하기 원하신다. 하나님은 당신에게 화가 나 있지 않으시다. 오히려 아들을 십자가에 희생시키면서까지 당신의 손을 잡기 원하신다. 그만큼 사랑하시고 그만큼 당신과의 관계 회복을 원하신다. 그러므로 그 하나님께 나아가라. 당신을 위해 당신을 대신하여 목숨을 버리신 예수 그리스도를 믿음으로 의지할 뿐 아니라 마음을 열어 당신의 주와 구주로 받아들이고 하나님의 완전한 용서를 받으며 하나님의 자녀가 되는 축복을 누리기 바란다. 그렇다. 그것이 모든 관계의 기본이다. 그 관계에 다른 모든 수평적 관계가 달려있다. 따라서 우리 존재의 근원이시며 모든 관계를 주관하시는 하나님과의 갈등을 서둘러 해결하기 바란다. 그것이 인간관계의 해결에 가장 지혜롭고 궁극적인 비결임을 인식하면서 말이다!

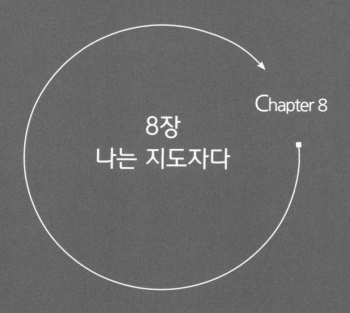

8장
나는 지도자다

Chapter 8

느헤미야 5:14~19

나는 아닥사스다 왕 이십년에 유다 땅 총독으로 임명을 받아서, 아닥

사스다 왕 삼십이년까지 십 년 동안 총독으로 있었지만, 나와 나의

친척들은 내가 총독으로서 받아야 할 녹의 혜택을 받지 않았다. 그런

데 나보다 먼저 총독을 지낸 이들은 백성에게 힘겨운 세금을 물리고,

양식과 포도주와 그 밖에 하루에 은 사십 세겔씩을 백성에게서 거두어

들였다. 총독들 밑에 있는 사람들도 백성을 착취하였다. 그러나 나는

하나님이 두려워서도 그렇게 하지 않았다. 나는 성벽 쌓는 일에만 힘을

기울였다. 내 아랫사람들도 뜻을 모아서, 성벽 쌓는 일에만 마음을 썼

다. 그렇다고 우리가 밭뙈기를 모은 것도 아니다. 나의 식탁에서는, 주

변 여러 나라에서 우리에게로 온 이들 밖에도, 유다 사람들과 관리들

백오십 명이 나와 함께 먹어야 했으므로, 하루에 황소 한 마리와 기름

진 양 여섯 마리, 날짐승도 여러 마리를 잡아야 하였다. 또 열흘에 한

차례씩은, 여러 가지 포도주도 모자라지 않게 마련해야만 하였다. 그

런데 내가 총독으로서 마땅히 받아야 할 녹까지 요구하였다면, 백성

에게 얼마나 큰 짐이 되었겠는가! "나의 하나님, 내가 이 백성을 위하

여 하는 모든 일을 기억하시고, 은혜를 베풀어 주십시오."

리셋

느헤미야와 함께 다시 세우라

예전에 《나는 가수다》라는 TV 프로그램이 있었다. 그 프로그램은 춤과 예능적인 끼와 기획력과 외모로 규정되었던 가수의 본질과 정체성을 바로 잡아준 역할을 했다고 나는 생각한다. 가수는 다른 어떤 것보다 노래하는 사람이다, 그 프로그램은 좋은 가수란 노래 잘하는 사람임을 우리 모두에게 상기시켜주었다.

본 장의 제목은 그 유명했던 프로그램의 이름을 패러디한 것이다. 그런데 "나는 지도자다"라는 이 제목을 보자마자 '아, 나와는 상관없네. 난 지도자가 아니니까!'라는 생각을 하는 사람이 있을지도 모른다. 그러나 그렇지 않다. 우리 모두는 지도자이다. OMF(Overseas Missionary Fellowhip)라는 선교단체를 이끌었던 오스왈드 샌더스(J. Oswald Sanders) 박사는 『영적 지도력』이라는 자신의 명저에서 "지도력은 영향력이다"라는 유명한 말을 남겼다. 이 정의에 따르면 누군가에게 영향을 주는 사람은 직함과 상관없이 지도자라고 말할 수 있다. 그런 면에서 일단 부모는 모두 지도자이다. 부모가 아닌 사람들도 친구나 배우자, 그리고 교회 식구들에게 영향을 줄 수 있다. 그리스도인들도 비그리스도인에게 영향을 줄 수 있고 또 주어야 하는 위치에 있기 때문에 지도자라고 할 수 있다. 따라서 이 책을 읽는 독자는 공식적인 지위와 상관없이 다 지도자일 가능성이 크다.

본 장에서는 느헤미야서 5장 14-19절의 말씀을 근거로 해서 사람들에게 선한 영향력을 미치고 하나님의 뜻과 비전을 이루는 지도자의 특징을 살펴보기 원한다. 본문의 말씀은 느헤미야서 5장의 앞부분에서 유대인 공동체 내부의 분열을 다룬 내용에 이어지는 것으로서 유다 총독인 느헤미야 개인의 이야기를 하고 있다. 이런 구성은 앞부분에 나온 이스라엘 공동체의 문제 해결이 가능했던 이유를 느헤미야의 됨됨이와 지도력에서 찾아보려는 의도에서 비롯된 것이라고 생각한다. 다시 말해 느헤미야가 본문에 묘사된 것과 같은 리더였기 때문에 여러 문제에도 불구하고 예루살렘 성벽의 재건, 더 나아가서는 이스라엘 공동체의 회복이 이루어질 수 있었다는 것이다. 그렇다면 느헤미야는 어떤 지도자였을까? 우리는 또 어떤 지도자가 되어야 할까?

대의(大義)를 위해 자신의 권리를 내려놓는 지도자

느헤미야는 페르시아 아닥사스다 왕의 통치 기간에 12년 동안 유다의 총독으로 이스라엘 백성을 섬겼다. 정확하게는 주전 444년에서 432년까지였다. 그런데 그 기간 동안 그는 마땅히 받을 수 있는 봉급을 받지 않았다. 자신의 권리를 내려놓은 것이다. 그 자신의 고백을 들어보라. "나는 아닥사스다 왕 이십년에 유다 땅 총독으로 임명을 받아서, 아닥사스다 왕 삼십이 년까지 십이 년 동안 총독으로 있었지만, 나와 나의 친척들은 내가 총독으로서 받아야 할 녹의 혜택을 받지 않았다(느 5:14)." 여기서 느헤미야가 총독으로 받아야 할 녹의 혜택이라는 것은 그가 페르시아 왕의 신하로서 받는 봉급이 아니라 백성들에게서 받는 것을 의미했다. 페르시아 정부에서 받는 돈은 당연히 받았다. 그러나 경제적인 어려움에 시달리고 있는 이스라엘 백성에게 받을 것은 받지 않았다. 15절에 보면 느헤미야의 전임자들은 백성에게서 세금과 양식과 포도주에 더해 하루에 은 사십세겔씩을 받았다고 했다. 그도 그렇게 할 수 있지만 하지 않았다. 자신의 정당한 권리를 내려놓은 것이다. 그는 어떻게 그럴 수 있었을까? 왜 그랬을까? 가장 궁극적인 이유는 유대 백성들을 하나님 앞에 다시 세우려는 큰 뜻, 그가 마음에 품었던 위대한 꿈 때문이었다.

느헤미야의 이런 태도는 사도 바울을 생각나게 한다. 바울도 예수 그리스도의 사도로서 물질적 지원을 요구할 수 있었지만 복음의 효과적인 전파를 위해 고린도 교회를 포함한 몇몇 교회에서는 그렇게 하지 않고 천막을 만들면서 자비량 사역을 했다. 사실은 예수님도 그러시지 않았나? 그분은 하나님과 동등하신 분으로서 하늘의 영광과 특권을 마땅히 누리실 수 있었지만 우리를 구원하시기 위해 그 모든 것을 내려놓으시고 낮고 천한 이 땅에 인간의 모습으로 오셨다. 그리고 이스라엘 변방 갈릴리에서 가난한 목수의 아들로 살아가신 것이다.

하나님의 나라와 그 뜻을 위해 자신의 권리를 기꺼이 내려놓는 사람들이 선한 영향력을 발휘할 수 있다. 내가 섬기는 교회의 소그룹 리더인 목자들 가운데는 목원들이 양육을 받거나 예배를 제대로 드릴 수 있도록 차량 운행을 해주고 어린 자녀들을 돌봐주는 분들이 있다. 내가 방문했던 한 교회에서는 지체 높고 나이 드신 장로님들이 화장실 청소나 주차 봉사로 섬기는 모습도 보았다. 목자나 장로는 교회의 리더들이다. 그런 류의 봉사를 반드시 해야 하는 것은 아니다. 그러나 그들의 그러한 내려놓음이 하나님의 일을 가능하게 하고 지도력을 더 강화시켜주는 것이다. 우리의 가정에서도 마찬가지다. 남편과 아내, 부모와 자식이 스스로 자신의 권리를 내려놓을 때, 특별히 가정의 리더들이 먼저 그렇게 할 때 가정이 세워지고 관계는 아름다워지며 하나님의 뜻이 이루어질 수 있는 것이다.

하나님을 경외하는 지도자

모든 지상의 리더 위에는 그보다 더 큰 궁극적 리더가 계신다. 그분은 바로 하나님이시다. 우리는 리더로서 내 위의 더 큰 리더이신 하나님을 경외해야 한다. 느헤미야처럼 하나님의 꿈을 이루기 원하는 사람은 더욱 그렇다. 사실 높은 위치에 있을수록 많은 유혹을 받는다. 우리나라 정부 요직에 등용된 사람들을 보라. 안타깝게도 위장 전입, 부동산 투기, 공금 유용, 탈세 등 한두 가지씩 걸리지 않는 사람들이 거의 없다. 청문회 나오고 신문에 오르내리는 사람들은 다 높은 사람들이다. 그만큼 많은 유혹이 있었다는 것이다. 느헤미야도 그랬을 것이다. 그는 백성들을 착취해서 착복할 수 있었다. 고급 정보를 이용해 땅을 모을 수도 있었다. 그러나 그는 그렇게 하지 않았다. 이유가 무엇이었을까? 15절에 그 답이 나와 있다.

리셋, 느헤미야와 함께 다시 세우라

그런데 나보다 먼저 총독을 지낸 이들은 백성에게 힘겨운 세금을 물리고, 양식과 포도주와 그 밖에 하루에 은 사십 세겔씩을 백성에게서 거두어들였다. 총독들 밑에 있는 사람들도 백성을 착취하였다. **그러나 나는 하나님이 두려워서도 그렇게 하지 않았다.**

느헤미야는 자신의 고백처럼 하나님을 두려워했다. 그래서 그는 착취나 착복의 유혹을 물리칠 수 있었던 것이다.

우리는 요즘 하나님을 너무 가볍게 여기는 경향이 있다. 은혜의 시대라면서 하나님을 너무나 함부로 대한다. 예배 시간에 너무 쉽게 지각하고 별것 아닌 일로 예배를 빠지기도 한다. 예배 중에도 떠들며 휴대폰을 하는 등 너무 자유롭다. 극장이나 음악회만 가도 휴대폰을 끄거나 진동으로 해놓는 것이 기본적인 예의이다. 그런데 예배를 드리고 있는 가운데 휴대폰 음이 울리고 심지어 전화를 받기까지 한다. 실수로 무음 처리를 하지 못한 것은 이해한다고 치자. 어떻게 하나님께 예배를 드리는 상황에서 전화를 받아 대화를 이어갈 수 있는가? 그렇다고 그것이 죽고 사는 정도의 중요한 문제도 아닌데 말이다. 그뿐이 아니다. 예배 중에 전화로 SNS를 하고 뉴스를 보며 게임을 하기까지 한다. 구약시대 같았으면 어땠을까? 다 그 자리에 쓰러지지 않았을까? 하나님은 우리가 함부로 대할 분이 아니다. C. S. 루이스가 쓴 『나니아 연대기』에는 아슬란이라는 이름의 사자가 나온다. 아슬란이 사자라는 말에 한 아이가 아슬란이 안전한 존재인지를 묻는다. 그 질문에 대한 대답은 이랬다. "물론 안전하지 않지. 그러나 그는 선해. 그는 왕이란다!" 하나님은 아슬란과 같다. 그는 선하신 분이지만 안전하지는 않다. 히브리서 기자는 히브리서 10장 31절에서 "살아계신 하나님의 징벌하시는 손에 떨어지는 것은 무서운 일입니다"라고 말씀한다. 우리는 하나님에 대한 건강한 두려움을 회복해야 한다. 하나님은 선하시지만 만만히 여길 분이 아니다. 우리는 하나님의 말씀과 예배와 하나님을 섬기는 일에서 그분을 함부로 대하지 않도록 주의해야 한다. 다른 누구보다 리더의 위치에 있는 사람은 진정으로 하나님을 경외하고 두려워해야 한다. 그럴 때 우리는 죄와 타락의 유혹을 물리칠 수 있다. 그럴 때 우리는 자신이 왕이 되어 마음대로 하고자 하는 욕심을 절제하고 계속 쓰임 받을 수 있다.

사명에 집중하는 지도자

느헤미야가 하나님의 꿈을 이루는 지도자가 될 수 있었던 또 다른 원인은 그가 철저히 하나님께서 주신 사명에 집중했기 때문이다. 16절에서 직접 증언한 것처럼 그는 "성벽 쌓는 일에만 힘을 기울였다." 그의 부하들도 자기들의 상전처럼 "뜻을 모아서, 성벽 쌓는 일에만 마음을 썼다." 느헤미야는 자신의 총독 재임 시에 "밭뙈기를 모으는 것"과 같은 일을 전혀 하지 않았다고 고백한다. 그의 마음과 열정은 오직 예루살렘 성벽을 재건하는 데에만 있었다. 그리고 그것은 그의 부하들에게도 전염이 되었다. 그들은 전답을 사 모으고 재산을 축적하는 그런 일에는 관심이 없었다.

지도자에게 가장 큰 유혹은 본연의 사명이 아닌 그림자 사명을 쫓게 되는 것이다. 존 오트버그는 『그림자 사명을 극복하라』라는 자신의 책에서 그림자 사명을 "우리의 진정한 사명과 심오한 가치를 배신하도록 우리를 이끄는 유혹"이라고 설명한다. 그것은 하나님께서 우리에게 주시는 고결한 꿈과 목적에 대한 대용품이다. 그것은 또한 세상이 지옥으로 떨어지는 와중에서도 우리로 하여금 사무실을 넓히고 더 큰 차를 사며 더 힘 있는 지위를 차지하는 데 몰두하게 한다. 세상에서 무슨 일이 벌어지든 상관하지 않고 내 재산을 늘리며 더 안락한 삶을 사는 데 집중하게 한다. 이 그림자 사명은 무가치할 뿐 아니라 위험하다. 그것은 우리를 이기적이고 어두운 삶으로 이끈다. 오트버그의 경고를 들어보라.

> 고귀한 사명은 고귀한 생각을 낳고 그림자 사명은 은밀한 암흑과 파괴적인 불만이 우리 내면에 숨어들게 한다. 그림자 사명은 적어도 한 사람, 곧 그림자 사명을 품고 살아가는 자신을 파괴하고야 만다. (존 오트버그, 『그림자 사명을 극복하라』, 39.)

구약성경에 게하시라는 엘리사 선지자의 시종이 나온다. 그는 자기 스승 엘리사가 시리아 장군 나아만의 나병을 기적적으로 고친 후 나아만을 좇아가 그에게서 은 두 달란트와 옷 두 벌을 받는다. 엘리사가 하나님의 영광을 위해 거절한 선물을 탐욕에 빠진 그 시종이 스승의 이름을 팔아 챙긴 것이다. 그는 영향력 있는 이방인의 장군이 여호와 하나님을 자기의 신으로 모시게 된 이 역사적 사건 속에서 이 일에 대한 하나님의 계획과 뜻을 생각하기보다 그것을 개인적 착복의 기회로 삼았다. 나아만 장군으로부터 한몫을 챙겨 포도원과 가축을 사며 남녀 종을 부리면서 떵떵거리고 살 생각을 했던 것이다. 엘리사는 그런 그에게 "지금이 은을 받고 옷을 받고 올리브기름과 포도나무와 양과 소와 남녀 종을 취할 때냐?"(왕하 5:26)라고 질책하면서 나아만의 나병이 그에게 옮아갈 것이라고 말했고 그 말은 그대로 실현

되었다. 게하시는 그림자 사명에 빠진 것이 틀림없다.

누구든 그림자 사명에 빠질 수 있다. 목사인 나도 예외가 아니다. 하나님의 말씀과 기도에 집중하면서 교회를 세우고 복음을 전하기보다 내가 얼마나 유능한 목사인가를 드러내고 싶은 욕구에 휘둘릴 수 있다. 목회자들이 본연의 사명을 망각하고 부와 지위와 권세를 탐할 때, 부서 교역자들, 목자들, 교사들이 서로 간의 경쟁에서 이기려고 할 때, 부모들이 자녀를 이용해 자기 존재감을 드러내거나 대리만족을 추구할 때, 성도들이 하나님의 뜻과 상관없이 세상적 안락과 성공과 행복만을 좇을 때, 그들은 그림자 사명의 길로 접어들고 있는 것이다. 사실 모든 그리스도인에게는 온 세상에 복음을 전하며 모든 민족을 제자로 삼아야 하는 지상 사명이 있다. 우리는 어떤 방식으로든 그 사명에 참여해야 하며 지도자는 더 말할 것도 없다. 참된 지도력을 발휘하고 하나님께서 주시는 꿈 너머의 꿈을 이루려면 우리는 그림자 사명의 유혹에 주의하면서 신적 사명에만 오롯이 집중해야 한다.

긍휼의 마음을 가진 지도자

느헤미야는 긍휼의 마음을 가진 지도자였다. 그래서 그는 세상적 명성과 성공에도 불구하고 교만해지거나 자기중심적인 사람이 되지 않고 하나님의 꿈을 이루는 참 지도자로 남을 수 있었다. 느헤미야는 높은 신분의 사람이었고 당시 상당히 유명했던 것으로 보인다. 주변 나라에서 여러 사람이 그를 찾아올 정도로 영향력 있는 사람이었다. 그는 또한 총독으로서 유다 사람들과 관리들 150명에게 매일 식사를 대접했다. 이게 보통 일인가?

만약 누가 내게 10명도 안 되는 우리 교회 교역자들에게 매일 식사를 대접하라고 한다면 나는 무슨 농담을 그렇게 하느냐고 말할 것이다. 그러나 느헤미야는 정성을 다해 진수성찬을 차렸다. 학자들은 18절에 나온 식재료를 보면서 그 당시 300-500명 정도가 먹을 양이라고 한다. 관대한 대접을 한 것이다. 많은 돈과 수고가 들었겠지만 그는 백성에게서 그 식비를 거두지 않았다. 그 이유는 단 하나, 백성들에 대한 긍휼의 마음 때문이었다.

> 게다가 나는 우리 주변의 여러 나라에서 온 사람 말고도 유다 사람과 관리 백오십 명을 먹여 살렸습니다. 그들을 먹여 살리기 위해 날마다 황소 한 마리와 기름진 양 여섯 마리와 닭들을 준비했습니다. 그리고 열흘에 한 번씩 각종 포도주도 준비했습니다. 그러나 나는 총독이 되면 당연히 받아야 할 음식을 한 번도 달라고 하지 않았습니다. 그렇게 한 까닭은 백성들의 짐이 너무 크다는 것을 알고 있었기 때문입니다(느 5:17-18, 쉬운성경).

그는 당연히 음식을 제공받을 수 있었지만 백성의 부담을 생각해서 그렇게 하지 않았다. 그들의 필요에 민감했던 것이다.

사명에 집중하며 무언가를 이루려는 지도자는 자칫 일 중심적이 되고 성취 지향적이 되어 사람들의 필요에 둔감할 수 있다. 그러나 하나님의 뜻과 목적을 이루는 지도자의 경우, 그래서는 안 된다. 예수님을 보라. 그분은 사람들의 진정한 필요에 민감했고 긍휼의 마음을 가지고 계셨다. 그분은 나병환자를 불쌍히 여기셨고 목자 없이 유리하는 양과 같은 이스라엘 백성들을 위해 눈물을 흘리셨다. 그리고 죄의 종 된 우리를 불쌍히 여기셔서 우리 대신 십자가에 달리셨다. 예수님은 상한 갈대를 꺾지 않고 꺼져가는 심지를 끄지 않는 긍휼의 지도자이셨다.

혹자는 긍휼의 감정을 자꾸 내비치면 지도자의 권위가 서지 않는 건 않을까 걱정하기도 한다. 그러나 과연 그럴까? 예일대학과 하버드에서 교수 생활을 했던 네덜란드 출신의 영성 작가 헨리 나우엔(Henri Nouwen)은 이런 말을 한 적이 있다. "영적 권위는 긍휼에서 온다." 진정한 권위는 다른 사람을 불쌍히 여기는 마음을 가진 사람에게서 찾아볼 수 있다는 말이다. 권위를 원하는가? 긍휼의 마음을 갖고 긍휼을 베풀어라. 교회 학교 사역자와 교사들은 학생들을 긍휼히 여겨야 한다. 학생들이 이해하기 힘들고 예의가 없더라도 싸우려 하지 말고 긍휼의 마음을 달라고 기도해야 한다. 그들의 참 필요를 볼 수 있게 해 달라고 간구할 필요가 있다. 목회자는 성도를 긍휼히 여기며 성도는 목회자를 긍휼히 여겨야 한다. 서로의 필요에 민감해야 한다. 가정에서도 마찬가지이다. 배우자를 판단하려 하지 말고 불쌍히 여기며 상대의 필요에 민감해지려고 노력하자. 부모 자식 간에도 마찬가지이다. 서로를 긍휼히 여기고 긍휼을 베풀어야 한다. 하나님께서 우리에게 그러하신 것처럼 말이다. 이처럼 사람에 대한 긍휼의 마음을 가질 때 우리는 영적 권위를 얻게 될 것이며 덕을 세우는 가운데 하나님의 큰 역사를 이룰 수 있을 것이다.

은혜를 구하는 지도자

하나님의 뜻과 사명을 이루는 지도자는 하나님의 도우심과 은혜가 절실히 필요하다는 사실을 안다. 이미 본 것처럼 느헤미야는 하나님을 경외하는 지도자였다. 그는 하나님을 의식했고 의지했으며 늘 하나님께 기도했다. 그런 그였기에 다른 것보다 하나님의 은혜를 구했다. "나의 하나님, 내가 이 백성을 위하여 하는 모든 일을 기억하시고, 은혜를 베풀어 주십시오(느 5:19)." 그는 하나님께 나아갔고 하나님의 평가 아래 자신을 두었으며 다른 누구보다 하나님께 인정받기를 원했다. 그는 또한 다른 복을 구하지 않고 하나님의 은혜만을 사모했고 간구했다. 하나님의 은혜만이 신적 사명을 이루는 리더로서 자신의 효율성을 계속 유지하는 결정적인 비결임을 알았기 때문이다.

사람들에게 선한 영향을 미치고 하나님의 뜻을 이루려면 우리는 반드시 하나님의 은혜를 구해야 한다. 하나님의 은혜가 없이 영적 지도자가 할 수 있는 일은 거의 없다. 나는 내가 신학대학원의 교수와 사랑빛는 교회라는 한 교회의 담임목사로 여기까지 올 수 있었던 것이 전적으로 하나님의 은혜라고 믿는다. 은혜가 없이 어떻게 한갓 죄인의 주제에 감히 하나님과 그분의 교회를 섬길 수 있는가? 은혜가 없이 어떻게 이 부정한 입술로 하나님의 말씀을 전할 수 있는가? 은혜가 없이 어떻게 자기 마음도 못 다스리는 사람이 다른 사람들의 마음을 만질 수 있는가? 가톨릭 사제 출신으로 알코올 중독의 문제를 가졌던 영성 작가 브레넌 매닝(Brennen Manning)은 자신의 굴곡진 인생에 대한 자서전을 쓰면서 제목을 "모든 것이 은혜다"라고 붙였다. 나의 경우도 마찬가지다. 모든 것이 은혜다.

하나님의 은혜를 구하자. 바울은 나의 나 된 것이 하나님의 은혜라고 고백했다. 우리도 마찬가지다. 우리의 삶과 사역에 하나님의 은혜가 필요하다. 교사든 소그룹 리더이든 전도 사역자든 기도 사역자든 모든 사역에는 은혜가 필요하다. 우리의 개인적인 꿈과 비전을 이루는데도 은혜가 필요하다. 우리의 가정에도 하나님의 은혜가 필요하다. 은혜 없이 어떻게 이 타락하고 유혹 많은 세상에서 좋은 아내, 남편, 부모와 자식이 될 수 있겠는가? 은혜 없이 어떻게 이 험한 세상에서 자녀를 믿음으로 양육할 수 있겠는가? 은혜 없이 어떻게 자기를 부인하고 예수님을 따르는 제자로 살 수 있겠는가? 그렇다. 하나님의 은혜는 공기처럼 밥처럼 우리에게 필수적이다. 《은혜 아니면》이라는 찬송은 은혜의 필요성을 이렇게 노래한다.

> 어둠 속 헤매이던 내 영혼 갈길 몰라 방황할 때에
> 주의 십자가 영광의 그 빛이 나를 향해 비추어주셨네
> 주홍빛보다 더 붉은 내 죄 그리스도의 피로 씻기어
> 완전한 사랑 주님의 은혜로 새 생명 주께 얻었네
> 은혜 아니면 나 서지 못하네
> 십자가의 그 사랑 능력 아니면 나 서지 못하네
> 은혜 아니면 나 서지 못하네
> 놀라운 사랑 그 은혜 아니면 나 서지 못하네.

그렇다. 은혜가 아니면 우리는 설 수 없다. 하나님의 은혜가 아니면 리더로서 하나님의 일을 감당할 수 없다. 하나님의 사랑과 은혜가 아니면 하나님께서 주신 고결한 꿈을 이룰 수 없다. 그러므로 느헤미야처럼 다른 어떤 것보다 하나님의 은혜를 사모하고 구하자. 날마다 그것을 위해 기도하자. 더 나아가 일상 가운데서 하나님의 은혜를 인지하는 훈련을 하자. 그럴 때 우리는 가정과 일터와 교회에서 선한 영향을 미치며 하나님의 뜻과 사명과 꿈을 이룰 수 있을 것이다.

내가 그리스도를 본받는 사람인 것과 같이...

리더십의 전문가인 존 맥스웰(John Maxwell)은 성경이 이 세상에 존재하는 가장 위대한 리더십의 책이라고 했다. 그만큼 근본적이고 중요한 리더십의 원리들이 성경에 담겨 있고 또 그만큼 많은 리더가 그 책에 등장하기 때문이다. 그 많은 지도자 가운데 신약성경에서 예수님을 제외하고 한 사람을 꼽는다면 단연 사도바울이 그 사람일 것이다. 나는 바울의 리더십에 대한 연구로 박사논문을 쓰면서 그가 얼마나 대단한 리더인가를 절실히 느꼈고 그로부터 헤아릴 수 없을 만큼 소중한 교훈을 많이 받았다. 느헤미야는 지도력의 측면에서 구약에 있는 바울이라고 할만하다. 참으로 그는 바울처럼 탁월한 지도자임에 틀림이 없다. 그의 리더십을 살펴보는 것은 효과적인 리더가 되기를 원하는 모든 이에게 큰 도움이 될 것이라고 믿는다. 당신은 이 장에서 살펴본 느헤미야의 리더십 특징 가운데 무엇을 가장 필요로 하는가? 다시 한번 그 내용을 돌아보며 구체적으로 자신에게 적용해보기 바란다. 자신의 리더십 향상에 분명 도움이 될 것이라고 믿는다.

그것과 함께 우리가 바라봐야 할 또 다른 지도자가 있다. 그분은 사도바울이 고린도 교회 성도들에게 자신을 본받으라고 담대히 권면하면서 자신의 모델로 제시했던 분이다. 역사상 가장 위대한 지도자이신 그분은 팀 켈러가 "궁극적 느헤미야"라고 불렀던 바로 예수 그리스도이시다. 그분이야말로 우리가 이 장에서 살펴보았던 5가지 리더십의 특징을 최고로 구현한 분이시다. 우리는 우리 자신의 리더십을 행사하면서 리더의 궁극적 모델이신 그분을 바라보고 본받아야 한다. 우리는 또한 더 큰 리더이신 그분의 말씀을 듣고 그분을 따라가기를 주저하지 말아야 한다. 그래서 바울이 말한 것처럼 "내가 그리스도를 본받는 사람인 것과 같이 여러분은 나를 본받는 사람이 되십시오(고전 11:1)"라고 말할 수 있어야 한다. 그러면 그분이 우리에게 은혜를 주시고 우리의 마음을 감동시키시며 우리를 의의 길로 인도하실 것이다. 우리를 진정한 영적 리더로 세워주시며 우리를 통해 하나님의 뜻과 꿈을 이루시고 그 나라를 세워주실 것이다.

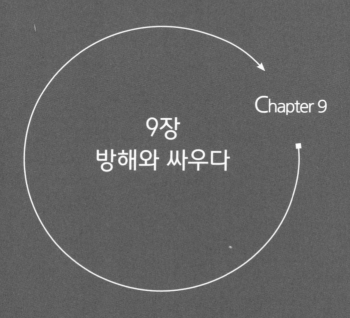

9장
방해와 싸우다

Chapter 9

느헤미야 6:1~14

내가 성벽을 쌓아 올려 무너진 곳을 다 이었다는 말이 산발랏과 도비야와 아랍 사람 게셈과 그 밖의 우리 원수의 귀에까지 들어갔다. 그러나 그 때까지도 성문들의 문짝은 만들어 달지 못하고 있었는데, 산발랏과 게셈이 나에게 전갈을 보내 왔다. "오노 들판의 한 마을로 오시오. 거기서 좀 만납시다." 나는 그 말 속에 그들이 나를 해치려는 흉계가 있는 줄 알았으므로, 그들에게 사람을 보내어, 다음과 같이 대답하였다. "나는 지금 큰 공사를 하고 있으므로, 내려갈 수 없소. 어찌 이 일을 중단하고, 여기를 떠나서, 당신들에게로 내려가라는 말이오?" 그런데도 그들은 똑같은 것을 네 번씩이나 요구해 오고, 그 때마다 나도 똑같은 말로 대답하였다. 다섯 번째도, 산발랏이 심부름꾼을 시켜서 같은 내용을 보내 왔다. 심부름꾼이 가지고 온 편지는 봉하지 않았는데, 그 내용은 다음과 같다. 당신과 유다 사람들이 반역을 모의하고 있고, 당신이 성벽을 쌓는 것도 그 때문이라는 소문이 여러 민족 사이에 퍼져 있소. 가스무도 이 사실을 확인하였소. 더구나 이 보고에 따르면, 당신은 그들의 왕이 되려고 하고 있으며, 예루살렘에서 당신을 왕으로 떠받들고서 '유다에 왕이 있다'고 선포하게 할 예언자들까지 이미 임명하였다는 말을 들었소. 이러한 일은 이제 곧 왕에게까지 보고될 것이오. 그러니 만나서 함께 이야기합시다. 나는 그에게 회답을 보냈다. "당신이 말한 것은 사실이 아니오. 당신이 마음대로 생각하여 꾸며낸 것일 뿐이오." 그들은 우리에게 으름장을 놓았다. 그렇게 하면 우리가 겁을 먹고 공사를 중단하여, 끝내 완성을 못할 것이라고 생각한 것이다. "하나님, 나에게 힘을 주십시오!" 하루는 스마야를 만나려고 그의 집으로 찾아갔다. 그는 들라야의 아들이며, 므헤다벨의 손자인데, 문밖 출입을 하지 않고 있었다. 그가 나에게 말하였다. "하나님의 성전으로 갑시다. 성소 안으로 들어가서, 성소 출입문들을 닫읍시다. 자객들이 그대를 죽이러 올 것입니다. 그들이 밤에 와서, 반드시 그대를 죽일 것입니다." 나는 대답하였다. "나 같은 사람더러 도망이나 다니란 말입니까? 나 같은 사람이 성소에 들어갔다가는 절대로 살아 나올 수 없습니다. 나는 그렇게는 못합니다." 나는 그 때에 그가 하나님이 보내신 예언자가 아니라는 것을 알았다. 그는 도비야와 산발랏에게 매수되어서, 나를 해치는 예언을 하였다. 그들이 스마야를 매수한 것은, 나에게 겁을 주어 성소를 범하는 죄를 짓게 하여서, 나의 명예를 떨어뜨리고 나를 헐뜯으려는 속셈이었다. "나의 하나님, 도비야와 산발랏이 한 일을 잊지 마십시오. 예언자 노아댜와 그 밖에 나에게 겁을 주려고 한 예언자들이 나에게 한 일을 잊지 마십시오."

리셋

· · ·

느헤미야와 함께 다시 세우라

방해를 받아본 적이 있는가? 내 경우, 생각나는 것이 하나 있다. 결혼한 직후의 일이다. 그때는 얼마나 부부가 단둘이 있고 싶을 때인가? 그런데 친구 녀석들이 저녁에 무슨 룸살롱 느낌 나는 조명 스탠드를 하나 사가지고 와서는 밤 11시가 넘도록 도무지 갈 생각을 하지 않는 것이다. 너무너무 얄미웠다. 방해꾼도 그런 방해꾼이 없었다.

목회 사역을 하는 데도 방해가 없지 않다. 내가 아는 한 목사님은 설교 중에 정신적으로 문제가 있는 사람이 강단으로 올라와 소리를 지르는 황당한 일이 있었다고 했다. 신천지 같은 이단은 교회 안에 소위 "추수꾼"이라고 하는 자기네 요원을 심어 교회의 사역을 방해하고 사람을 빼내 가려고 한다. 선교사들 이야기를 들어보면 거기서도 다양한 형태의 방해가 있다. 기독교에 적대적인 그곳의 주민이나 정부 요원뿐 아니라 심지어는 같은 선교사가 방해꾼 역할을 하는 경우도 있다고 한다.

이처럼 우리 모두는 이런저런 방해를 받아본 적이 있을 것이며 때로는 방해를 하는 위치에 서기도 한다. 그런데 일상적 삶뿐 아니라 우리의 영적인 삶에도 방해가 있다. 하나님의 뜻대로 살고 싶은데, 하나님의 사명을 이루고 싶은데, 하나님께서 주신 꿈을 쫓고 싶은데 태클이 들어오고 주의를 분산시키며 겁박을 주는 일들로 인해 우리는 방해를 받는다. 물론 그 방해의 궁극적 배후는 우리의 원수 사탄이다. 그는 우리를 미워하고 하나님께 우리를 중상한다. 그는 실로 우리를 무너뜨리는 일에 헌신되어 있다. 그는 또한 우리를 방해하기 위해 자신을 의의 천사로 가장하기도 한다. 이런 상황에서 우리는 어떻게 방해와 싸워 이길 수 있을까?

느헤미야서 6장에는 원수들의 방해 공작이 전개되는 이야기가 나온다. 산발랏을 포함한 원수들은 성벽 재건의 마지막 순간까지 공격의 고삐를 놓지 않고 계속해서 태클을 건다. 4장에서 이들은 이스라엘 공동체를 위협했지만 지금은 그 표적을 느헤미야 한 사람에게 한정하여 그에게만 집중한다. 거의 다 완성되어가는 성벽 재건을 방해하기 위해서이다. 느헤미야는 어떻게 이 방해를 이겨내었을까? 우리는 또 어떻게 이런저런 방해에도 불구하고 하나님이 주신 꿈을 이룰 수 있을까?

우선순위 지키기

본문 이야기는 성벽 공사가 거의 완공되었다는 소식으로 시작된다. 전체 공동체의 노력으로 대역사가 거의 끝나간다. 이제 문짝만 달면 된다. 그런데 그 소식이 원수들의 귀에 들어갔다. 그들은 그냥 있을 수 없었다. 시간이 별로 없었지만 아직은 방해의 기회가 있었기 때문이다. 생각해보라. 아무리 성벽이 세워져도 문이 없다면 무슨 소용인가? 여전히 그 성은 원수의 공격과 여러 위험에 노출될 수밖에 없다. 실질적으로 성벽이 없는 것과 별 차이가 없다. 그래서 원수들은 성벽의 문들을 다 달기 전에 이 공사를 극적으로 중단시키기 위해 머리를 맞대었다. 그들의 결론은 지도자인 느헤미야를 해치는 것이었다. 그들은 계략을 짜서 느헤미야를 예루살렘 바깥으로 불러내려 했다. 이 이야기를 느헤미야로부터 직접 한번 들어보자.

> 내가 성벽을 쌓아 올려 무너진 곳을 다 이었다는 말이 산발랏과 도비야와 아랍 사람 게셈과 그 밖의 우리 원수의 귀에까지 들어갔다. 그러나 그 때까지도 성문들의 문짝은 만들어 달지 못하고 있었는데, 산발랏과 게셈이 나에게 전갈을 보내 왔다. "오노 들판의 한 마을로 오시오. 거기서 좀 만납시다"(느 6:1-2a).

오노 들판은 예루살렘과 사마리아의 중간지대에 위치한 것으로 여겨진다. 예루살렘에서 북쪽으로 약 35킬로미터 정도 떨어져 있었다. 우리나라 남북회담의 상황으로 보면 판문점 같은 장소다. 사마리아의 총독 산발랏과 원수들은 그곳에서 만나자고 느헤미야에게 제안했다. 이것은 일종의 평화 회담처럼 생각될 수 있었다. 적들은 그동안 무시하고 적대시하던 느헤미야를 예루살렘의 총독으로 인정한다는 제스처를 보인 것이다. 느헤미야는 자신의 위치를 기존의 권력자들로부터 인정받는다는 느낌에 기분이 좋을 수도 있었다. 그리고 그동안 그렇게 괴롭히던 사람들과의 회담을 통해 화해를 하고 좀 더 편안하게 공사를 진행하고 싶다는 생각을 했을 수도 있었다. 그러나 느헤미야는 그들의 제안을 일언지하에 거절했다. 누구 말마

따나 오노 회담 제의에 "오, 노!"라고 말한 것이다.

그는 왜 그랬을까? 이유는 두 가지였다. 하나는 그들의 제안이 순수한 게 아니라 자기를 해치려는 의도에서 나왔으리라는 의혹 때문이었고 다른 하나는 그것이 지금 박차를 가하고 있는 성벽 건설에 방해가 된다는 이유 때문이었다. 생각해보라. 이 회담에 응하려면 사전 준비도 해야 했고 최소 하룻길을 가야 했다. 오가는 시간만 이틀이다. 회담 준비와 실제 회담까지 하면 며칠이 걸릴 수 있다. 성벽 재건을 자신의 주된 사명으로 알고 거기에 올인하는 느헤미야로서는 받아들일 수 없는 일이었다. 그래서 그는 그들에게 사람을 보내어 이렇게 대답했다. "나는 지금 큰 공사를 하고 있으므로, 내려갈 수 없소. 어찌 이 일을 중단하고, 여기를 떠나서, 당신들에게로 내려가라는 말이오?"(느 6:3) 킹 제임스 역본의 영어 성경을 보면 "I am doing a great work, so that I cannot come down!"이라고 되어 있다. "나는 위대한 일을 하고 있으니 내려갈 수 없소"라는 말이다. 멋있지 않은가? 느헤미야는 자기가 주력해야 할 일과 그렇지 않은 일이 무엇인지를 알았고, 해야 할 일에 집중했다. "주된 일은 주된 일을 주된 일로 지키는 것이다"라는 리 아이오코카(Lee Iococca)의 말처럼 그는 주된 일을 주된 일로 지키고 있다. 4절에 보면 원수들은 똑같은 요구를 네 번씩 했지만 그때마다 그는 똑같은 말로 대답하면서 그들의 제안을 물리쳤다. 여기서 우리는 방해를 이겨내는 첫 번째 원리를 배운다. 그것은 바로 삶의 우선순위를 분명히 해서 그것을 결연히 지켜내는 것이다.

당신은 우선순위를 바로 세웠는가? 그리스도인으로서 당신의 우선순위는 무엇인가? 사실, 우선순위를 지키는 것은 신앙인이 아니더라도 성공적인 삶에 꼭 필요한 덕목이다. 스티븐 코비(Stephen Covey)가 쓴 세계적 베스트

리셋, 느헤미야와 함께 다시 세우라

셀러인 『성공하는 사람들의 일곱 가지 습관』에도 보면 성공적 인생을 위한 세 번째 습관이 바로 "소중한 것을 먼저 하라(Put first things first)"는 것이다. 코비는 이게 너무 중요하다고 여겼는지 후일 이 주제에 대해 아예 책을 따로 쓰기도 했다. 안타깝게도 오늘날 많은 사람이 우선순위가 뒤죽박죽이 된 삶을 산다. 미국의 《퀘이 카운티 선》지라는 신문에 나온 개인 광고이다. "20만 평의 전답을 가진 농부입니다. 트랙터를 가진 여인과 결혼하기 원합니다. 관심이 있는 분은 회신하실 때 트랙터의 사진을 보내주세요." 여자와 결혼하겠다는 것인가? 아니면 트랙터와 결혼하겠다는 것인가? 무엇이 중요한가? 평생을 함께할 여인인가? 아니면 트랙터인가? 이런 것을 구분하지 못하는 인생을 어떻게 생각하는가?

그런데 사실은 우리도 그럴 때가 적지 않다. 그렇지 않은가? 특별히 그리스도인으로서 나를 향한 하나님의 뜻과 목적을 제대로 이루지 못하고 믿음의 진보도 경험하지 못하는 이유 중 하나는 바로 이 우선순위 확립이 제대로 되어있지 않기 때문이 아닐까? 주된 일이 무엇인지를 모르거나 주된 일을 주된 일로 지키지 못하기 때문에 그다지 중요하지 않은 일들에 자꾸 방해를 받는 것이다. 생각해보라.

- 생명의 말씀인 성경과 그에 관련된 책을 읽는 것이 중요한가? 아니면 늘 그렇고 그런 드라마를 보는 것이 중요한가?
- 자녀들로 하여금 우리 인생을 주관하시며 영감의 원천이신 하나님을 예배하게 하는 것이 중요한가? 수학 공식을 몇 개 더 외워 중간고사 점수를 몇 점 올리게 하는 것이 중요한가?
- 영원의 지도를 바꿀 수 있는 하나님 나라의 사역과 사명이 중요한가? 아니면 잠시 후면 없어지고 말 내 개인의 성공과 즐거움이 더 중요한

가?

대부분 전자라고 말은 할 것이다. 그런데 실제로는 전자가 후자들에 의해 계속 방해를 받고 그래서 후자가 주된 일처럼 되고 있는 것이 현실이다. 그래서 드라마는 반드시 챙겨 보지만 성경 읽을 시간은 없는 것이다. 학원은 보내면서 예배는 빠지게 두는 것이다. 내 일과 즐거움에는 열정과 시간과 돈을 기꺼이 투자하지만 하나님 나라의 사명과 꿈에는 그렇게 하지 못하는 것이다.

1981년 5월 미국 달라스에서 열린 바이론 넬슨 골프대회에서 큰 나무가 부러져 관중 위에 떨어졌고 불행히도 그 관중이 즉사한 일이 있었다. 당시 그 옆에서 골프를 치던 찰스 쿠디(Charles Coody)라는 골프선수는 사고 후 인터뷰에서 이렇게 말했다. "나는 달려가서 사고 현장을 보았습니다. 수습이 되고 골프를 치려했지만 골프에 대한 아무런 욕구도 일어나지 않았어요. 갑자기 골프가 전혀 중요하게 여겨지지 않았습니다." 언제가 우리 모두에게는 무엇이 정말로 중요한가를 깨닫는 순간이 오겠지만 그때가 되면 너무 늦을 것이다. 우리는 인생을 이미 낭비했고 하나님이 주신 사명과 비전을 이루지 못했다는 사실에 안타까워할 것이다. 그러므로 아직 시간이 남아 있을 때 우선순위를 바로 세우고 그것을 지키라. 그것이 세상의 방해를 이기고 거룩한 꿈을 이루도록 도울 것이다.

겁먹지 말기

다시 느헤미야의 이야기로 돌아가자. 느헤미야는 적들의 회담 제의를 받자 자신은 위대한 일을 하고 있기 때문에 내려갈 수 없다는 말로 거절을 표시했다. 그러자 그들은 이번에 다른 전략으로 성벽 건축을 방해하려 했다. 그것은 바로 겁주기 전략이었다. 사마리아의 총독 산발랏은 봉하지 않은 편지를 느헤미야에게 보냈다. 편지는 봉해서 보내는 것이 상식이다. 특별히 당시의 공적인 편지는 더 말할 것도 없다. 단단히 봉인하여 인장을 찍어서 보내곤 했다. 그런데 산발랏은 그러지 않았다. 이것은 근거 없는 루머를 퍼뜨려 지도자를 곤경에 빠트릴 때 쓰는 악한 방법이었다. 편지를 봉하지 않았다는 자체가 느헤미야를 향한 일종의 위협이었다. 그리고 그 내용은 중상모략을 퍼뜨리고 페르시아의 왕에게까지 보고하겠다는 노골적인 위협이었다. 직접 그 내용을 확인해보라.

> 당신과 유다 사람들이 반역을 모의하고 있고, 당신이 성벽을 쌓는 것도 그 때문이라는 소문이 여러 민족 사이에 퍼져 있소. 가스무도 이 사실을 확인하였소. 더구나 이 보고에 따르면, 당신은 그들의 왕이 되려고 하고 있으며, 예루살렘에서 당신을 왕으로 떠받들고서 '유다에 왕이 있다'고 선포하게 할 예언자들까지 이미 임명하였다는 말을 들었소. 이러한 일은 이제 곧 왕에게까지 보고될 것이오. 그러니 만나서 함께 이야기합시다(느 6:6-7).

그들은 반역 모의의 소문이 이미 퍼져있고 가스무, 즉 게셈도 확인했으며 느헤미야가 왕이 되려 한다는 소식이 곧 페르시아의 왕에게까지 보고될 상황이라고 적었다. 무슨 뜻인가? '너 내 말을 안 들으면 어떻게 될지 알지? 너의 반역 음모를 왕에게 보고할 거야. 고집 피우지 말고 내 말대로 해!'라는 협박이었다.

느헤미야는 어떻게 반응했을까? 그는 그 위협에 물러서지 않았다. 그는 산발랏에게 '당신이 말한 것은 사실이 아니오. 당신이 마음대로 생각하여 꾸며낸 것일 뿐이오.'라는 회신을 보내며 협박에 굴복하지 않았다. 느헤미야가 그렇게 한 것은 그들의 의도를 파악하고 있었기 때문이다. "그들은 우리에게 으름장을 놓았다. 그렇게 하면 우리가 겁을 먹고 공사를 중단하여, 끝내 완성을 못할 것이라고 생각한 것이다"(느 6:9a). 느헤미야는 참으로 용기 있는 지도자임에 틀림없다. 단순히 겁이 없어서가 아니다. 두려움이라는 감정은 사실 모든 사람에게 있다. 미국의 인종차별에 용기 있게 맞섰던 마틴 루터 킹 목사 같은 사람도 예외가 아니었다. 그는 자신의 일기에서 자기에게 닥칠 위험을 생각하며 인간적인 두려움을 진솔하게 고백하기도 했다. 용기는 두려움이나 겁이 없어서가 아니라 비록 겁이 나더라도 하나님을 의지하고 옳은 일을 하는 것이다. 느헤미야는 그렇게 용기 있는 일을 했다. 그렇다면 그에게 있는 용기의 비결은 무엇이었을까? 바로 하나님을 의지하는 것이었다. 그는 이렇게 기도했다. "하나님, 나에게 힘을 주십시오"(느 6:9b). 그는 이 문제를 전능하신 하나님의 손길에 맡겼다. 그것이 그가 적들의 위협에 겁먹지 않고 옳은 일을 할 수 있었던 비결이었다. 여기서 우리는 방해를 이기는 또 다른 원리를 배우게 된다. 그것은 하나님을 의지하고 세상의 위협에 겁먹지 않는 것이다.

세상은 우리의 사명을 중단시키고 믿음의 삶을 방해하며 하나님 나라의 꿈을 좇지 못하게 하려고 다양한 방식으로 우리에게 겁을 주고 위협을 가한다.

- "그렇게 하면 넌 왕따 당할 수 있어."
- "십일조를 낸다고? 아이 학원 어떻게 보내려고 그래? 노후도 어려워

질 수 있어."

- "믿는 사람과 결혼하겠다고? 영원히 결혼 못할 수도 있다는 걸 모르겠니?"
- "선교사? 너 아주 죽으려고 작정을 했구나."
- "하나님 일은 적당히 해라. 제발 적당히 믿어. 그런 식으로 하다가 사업 완전 망한다."

위협의 종류는 끝도 없다. 나는 예전에 우리 교회 집사님 한 분으로부터 회사에서 고사를 지낼 때 고사상에 절을 해야 하는 문제로 고민하던 이야기를 들었다. 집단의 압박과 위협을 느꼈을 것이다. '여기에 참여하지 않으면 불이익을 당할지도 모를 텐데'라는 두려움이 있지 않았을까? 그러나 그 집사님은 하나님을 의지하는 가운데 겁과 두려움에 휘둘리지 않았다. 그분은 자기 상관에게 자신이 그리스도인이라는 사실을 밝히고 절을 하지 않았다고 했다.

종교개혁자 마틴 루터는 당시 부패하고 타락한 가톨릭 교회를 개혁하고자 하는 거룩한 꿈에 자신을 드렸다. 그 과정 가운데 그는 수많은 비난과 방해와 위협에 직면했다. 그러나 그는 겁에 질려 물러서지 않았다. 한번은 황제인 찰스 5세의 호출을 받고 브롬스라는 곳으로 갔다. 황제는 루터에게 그가 쓴 책들을 보여주며 지금까지의 주장을 철회하겠냐고 물었다. 그것은 그렇게 하지 않으면 죽이겠다는 위협이었다. 루터도 사람인데 왜 겁이 나지 않았겠는가? 그는 하루의 말미를 달라고 요청했다. 그 하루 동안 그는 무슨 일을 했을까? 느헤미야가 했던 것처럼 그 또한 하나님께 나아가 기도했다. 그는 힘을 얻었고 그의 꿈은 꺾이지 않았다. 우리의 원수 마귀가 겁주기 전략으로 우리의 꿈과 사명을 방해하거든 하나님께 나아가라. 그분을 의지하여 겁먹지 말고 계속 하던 일을 해나가기 바란다.

사람의 올무에서 벗어나기

이제 이야기의 마지막 부분을 보자. 10절에 보면 느헤미야는 스마야라는 사람을 찾아갔다. 12절에 의하면 스마야는 예언자, 즉 선지자였다. 그리고 성소에 들어갈 수 있는 것으로 보아 제사장이기도 한 것으로 보인다. 에스겔처럼 그는 선지자이면서 동시에 제사장이었던 것 같다. 느헤미야가 왜 그를 찾아갔는지는 정확하게 나와 있지 않다. 아마 며칠 동안 그가 보이지 않자 걱정이 되어서 찾아간 것 같다. 그것은 그가 느헤미야와 개인적으로 가까운 사이임을 의미한다. 자기를 찾아온 느헤미야에게 그는 자객들을 피해 성소 안으로 가자고 제안한다. "하나님의 성전으로 갑시다. 성소 안으로 들어가서, 성소 출입문들을 닫읍시다. 자객들이 그대를 죽이러 올 것입니다. 그들이 밤에 와서, 반드시 그대를 죽일 것입니다"(느 6:10). 12절에 보면 알겠지만 이 사람은 산발랏과 도비야에게 매수되어 이런 말을 했다. 그러나 그 사실을 잘 몰랐던 느헤미야에게 이 제안은 상당히 매력적으로 들렸을 수 있다. 느헤미야는 실제로 살해 위협에 시달리고 있었다. 거기다 이 사람 스마야는 제사장이자 선지자였고 느헤미야와는 개인적으로 잘 아는 사이였다. 그런 사람과 함께 성소에 들어가 피하는 것이 얼마나 괜찮은 선택처럼 들렸겠는가?

느헤미야는 어떻게 반응했을까? 그의 대답은 이랬다. "나 같은 사람더러 도망이나 다니란 말입니까? 나 같은 사람이 성소에 들어갔다가는 절대로 살아 나올 수 없습니다. 나는 그렇게는 못합니다"(느 6:11). 느헤미야는 2가지 이유로 그의 제안을 거절했다. 첫 번째는 '나 같은 사람더러 도망이나 다니란 말입니까?'라는 말에 함의된 것처럼 하나님이 주신 비전의 총책임자인 자신이 어떻게 일신상의 안전을 위해 도망이나 다닐 수 있느냐는 것이다. 두 번째는 더 중요한 이유로서 자기 같은 사람은 성소에 들어갔다가 살아 나올 수 없다는 것이었다. 이것은 무슨 말인가? 구약의 율법에 의하면 제사장이 아닌 사람은 성소에 들어갈 수 없게 되어있었다. 만약 일반인이 성소를 범하면 바로 죽임을 당할 수도 있다. 느헤미야는 누가 어떤 말을 하더라도 하나님의 말씀이 아니라고 말하면 아니라는 분명한 소신을 가지고 있었다. 우리도 그래야 한다. 아무리 담임목사의 말이라도, 아무리 존경하는 사람의 말이라도 성경이 아니라고 하면 아닌 것이다.

미국 리버티 신학대학원에서 오랫동안 후학을 가르치신 김창엽 박사님이 달라스 신학대학원에 다닐 때의 일이다. 그분은 장로교 출신인지라 다른 장로교인들처럼 그에게도 그 창시자인 칼뱅이 최고의 권위자였다. 한번은 미국 학생들이 어떤 문제로 신학적 토의를 하고 있는 것을 보았다. 옆에서 듣고 있다가 '칼뱅은 이렇게 말했다'라고 하면서 끼어들었다. 그러자 미국 학생이 자기를 보면서 "So what?(그래서 뭐?)"이라고 하더라는 것이다. 김 목사님은 충격을 받았다고 했다. 그때까지 칼뱅의 말이라고 하면 모든 논쟁이 끝났었는데, 그 학생들에겐 어떤 대단한 인간보다 하나님의 말씀이 중요했던 것이다. 느헤미야도 그랬다. 그래서 그는 스마야의 제안을 거절한 것이다. 그리고 그는 스마야가 원수들에게 매수되어 거짓말을 하고 있다는 것도 얼마 지나지 않아 알아차렸다. 왜냐하면 하나님은 모세를 통해 이미 주신 당신의 말씀과 모순되는 말씀을 주실 리가 없기 때문이다. 스마야는

13절에 기록된 것처럼 느헤미야에게 겁을 주어 성소를 범하는 죄를 짓게 함으로, 그의 명예를 떨어뜨리고 그를 헐뜯으려는 도비야와 산발랏의 음모에 이용당했던 것이었다.

그런데 6장을 보면 이렇게 매수된 사람이 스마야뿐만은 아니었다. 14절에 보면 여자 예언자 노아댜와 또 다른 예언자들이 있었다. 17-18절에 보면 유다의 귀족들과 다른 많은 사람이 도비야와 동맹을 맺고 내통을 하고 있었다. 이 사람들이 끊임없이 느헤미야의 사명과 사역에 방해 요인으로 작용하였을 것이다. 여기서 우리는 방해와 싸워 이기는 문제에 대해 본문의 이야기가 주는 마지막 원리를 배우게 된다. 그것은 사람의 올무에 매이지 말라는 것이다.

혹시 자신의 믿음 생활에 올무가 되는 사람이 있는가? 생각해보라. 우리가 믿음의 삶을 살고 하나님의 사명을 이루며 더 높은 꿈에 헌신하려고 할 때, 많은 경우 어떤 사람이 그 방해 요인으로 작용할 수 있다. 청년 시절, 내가 우연히 한 작은 교회당을 쳐다보면서 마치 계시처럼 처음으로 목회에 대한 생각을 하게 되고 목사님의 권유를 받았을 뿐 아니라 몇몇 청년부 사람들로부터도 목회자가 되면 좋겠다는 말을 들었을 때, 그 생각을 떨쳐버리게 한 가장 큰 요인은 지금의 내 아내였다. 당시 나는 목회가 설사 하나님께서 내게 원하시는 것이라 하더라도 그녀와 결혼해야 하기 때문에 그것을 할 수 없다고 생각했다. 적어도 당장은 안 된다고 생각했다.

한 선교사는 결혼을 하고 안정된 직장 생활을 하던 시절에 선교사로 부르시는 하나님의 음성을 들었다. 개인적인 갈등이 없진 않았지만 하나님의 부르심에 따라 선교사의 꿈을 키우던 차에 그의 아버지께서 죽기 살기로 반대하고 나섰다. 그는 아버지가 너무 무서워서 결단을 내릴 수가 없었다고 고백했다. 하나님의 은혜로 후일 그 아버지는 예수님을 믿게 되었고 아들의 가장 강력한 후원자가 되었지만 당시 그 선교사 후보자에게는 아버지가 올무가 된 것이다.

오늘날 많은 부모에게는 자식들이 그런 역할을 할 수 있다. 부모들이 하나님의 말씀보다 자녀의 말에, 또는 자녀에 대한 세상의 말에 더 귀를 기울인다. 하나님을 예배하기보다 자녀를 더 예배한다. 그래서 서로가 서로에게 올무가 되는 것이다. 데이트를 하는 젊은 남녀들은 하나님의 말씀과 모순되는 상대의 말을 듣고 올무에 빠지기도 한다. "사랑한다면 같이 자야 해"와 같은 말이다. 이단에 빠지는 사람들도 종종 인간관계 때문에 그렇게 된다. 자기들에게 잘해주는 어떤 사람의 말을 그냥 받아들이는 것이다. 진리든 비진리든 상관없이 말이다.

내 말을 오해하지 말기 바란다. 우리는 사람을 사랑해야 하고 그 필요를 돌아봐야 한다. 그러나 사람은 믿을 수 있는 존재가 아니다. 오직 하나님만이 온전히 신뢰할 수 있는 분이다. 그 누군가의 말이나 안건이 하나님의 말씀보다 앞서서는 안 된다. 어떤 사람과의 관계도 하나님과의 관계보다 우선해서는 안 된다. 예수님도 말씀하지 않으셨나? "누구든지 내게 오는 자가 자기 부모와 아내와 자녀와 형제자매, 심지어 자기 생명보다 나를 더 사랑하지 않으면 내 제자가 될 수 없다"(눅 14:26, 현대인의 성경). 사람보다 하나님을 더 귀하게 여기라. 사람의 달콤한 속삭임보다 하나님의 말씀에 귀를 기울이라. 하나님의 말씀으로 다른 모든 말들을 평가하라. 그리고 사람이 뭐라고 하든 하나님의 부르심과 사명과 말씀에 온전히 순종하며 나아가라. 그러면 당신은 원수의 방해를 이기고 하나님께서 주신 꿈을 이룰 수 있을 것이다.

"나는 지금 위대한 일을 하고 있으니..."

느헤미야는 삶의 우선순위를 분명히 해서 그것을 결연히 지키는 것과 하나님을 의지함으로 세상의 위협에 겁먹지 않는 것, 그리고 사람의 올무에 매이기보다 하나님의 말씀에 온전히 순종함으로써 수많은 방해 요인에도 불구하고 52일 만에 성벽 공사를 끝낼 수 있었다. 하나님께서 그의 마음에 심어주셨던 대역사, 거룩한 도시 예루살렘의 리셋을 가능하게 하는 꿈 너머의 꿈을 이룰 수 있었던 것이다. 우리도 그렇게 할 수 있다. 그러기 위해 당신에게 찾아온 방해 요인에 대해 '아니요'라고 말하라.

앤디 스탠리의 『비저니어링』이라는 책에 보면 그가 목회하는 교회에 속한 한 여성도의 이야기가 나온다. 그녀는 뛰어난 재능을 가진 여인이었지만 자녀를 믿음으로 양육하기 위해 당분간 전업주부의 길을 걷기로 했다. 그것이 그 시기에 하나님께서 자신에게 주신 사명이라고 느꼈다. 그런데 그런 그녀에게 아주 좋은 조건의 취업 기회가 우연히 찾아왔다. 소득의 차이가 확연하게 날 수 있는 기회였다. 그러나 그녀는 아이가 좀 더 자라기까지는 고려할 수 없다며 정중히 거절했다. 전화를 끊으며 그녀는 느헤미야가 했던 "나는 지금 위대한 일을 하고 있으니 내려갈 수 없노라"라는 말을 큰 소리로 외쳤다. 그리고 그 이야기를 자기 딸에게 해주었다. 딸아이는 엄마의 손을 오랫동안 꼭 잡고 놓지 않았다.

그리고 얼마 지나지 않아 어머니날이 왔다. 딸아이는 직접 카드를 만들어 그녀에게 주었다. 카드의 앞표지에는 무언가를 향해 내밀고 있는 두 손이 스케치 되어 있었다. 그 그림 옆으로 "나는 지금 위대한 일을 하고 있으니"라는 말이 적혀 있었다. 그리고 뒤표지에는 앞의 두 손과 닿아있는 또 다른 두 손이 그려져 있었다. 그 그림 옆에는 "나는 내려갈 수 없노라"라는 말이 적혀있었다. 감동적인 이야기이다. 그 여성도는 마음이 흔들릴 때마다 그 카드를 보며 힘을 얻는다고 했다. 거룩한 사명과 꿈을 이루는 일에 방해 요인이 있을 때마다, 유혹이 찾아올 때마다 당신도 그렇게 외쳐라. "나는 지금 위대한 일을 하고 있으니 내려갈 수 없노라!"

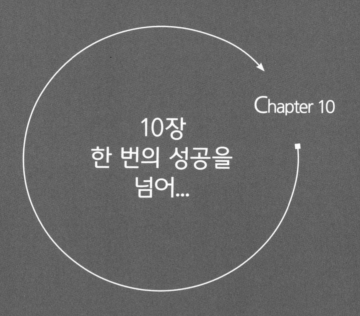

Chapter 10

10장
한 번의 성공을
넘어...

느헤미야 6:15~7:5

성벽 공사는 오십이 일 만인 엘룰월 이십오일에 끝났다. 우리의 모든 원수와 주변의 여러 민족이 이 소식을 듣고, 완공된 성벽도 보았다. 그제서야 우리의 원수는, 이 공사가 우리 하나님의 도움으로 이루어진 것임을 깨달았다. 그래서 그들은 기가 꺾였다. 그 무렵에 유다의 귀족들이 도비야에게 편지를 자주 보내고, 도비야도 그들에게 편지를 보내곤 하였다. 도비야는 아라의 아들인 스가냐의 사위인데다가, 도비야의 아들 여호하난도 베레갸의 아들인 므술람의 딸과 결혼하였으므로, 유다에는 그와 동맹을 맺은 사람들이 많았다. 그들은, 내 앞에서도 서슴없이 도비야를 칭찬하고, 내가 하는 말은 무엇이든지 다 그에게 일러바쳤다. 그래서 도비야는 나에게 협박 편지를 여러 통 보내서 위협하였다.성벽을 다시 쌓고, 문들을 제자리에 단 다음에, 나는 성전 문지기와 노래하는 사람과 레위 사람을 세우고 나의 아우 하나니와 성채 지휘관 하나냐에게 예루살렘 경비를 맡겼다. 하나냐는 진실한 사람이고, 남다르게 하나님을 두려워하는 사람이었다. 나는 그들에게 일렀다. "해가 떠서 환해지기 전에는 예루살렘 성문들을 열지 말고, 해가 아직 높이 있을 때에, 성문들을 닫고 빗장을 지르도록 하시오. 예루살렘 성 사람들로 경비를 세우시오. 일부는 지정된 초소에서, 일부는 자기들의 집 가까이에서 경비를 서게 하십시오." 성읍은 크고 넓으나, 인구가 얼마 안 되고, 제대로 지은 집도 얼마 없었다. 귀족들과 관리들과 일반 백성을 모아서 가족별로 등록시키도록, 나의 하나님이 나의 마음을 감동시키셨다. 마침, 나는 일차로 돌아온 사람들의 가족별 등록부를 찾았는데, 거기에는 다음과 같이 적혀 있다.

리셋

· · ·

느헤미야와 함께 다시 세우라

톰 헐스(Tom Hulce)라는 배우를 아는가? 아마 잘 모를 것이다. 모차르트의 생애를 다룬 《아마데우스》라는 영화에서 주인공인 모차르트 역으로 나온 배우이다. 대부분의 사람이 그 이름을 모르는 이유는 그가 이 한 편의 성공작 외에 히트한 다른 영화가 없기 때문이다. 그런데 이런 사람이 톰 헐스 한 사람만은 아니다. 반짝 성공하고 사라진 사람은 이외에도 많다. 연예계뿐 아니라 정치계, 문화계, 스포츠계 등 각 영역에 있다.

우리는 한번 어떤 일에서 성공할 수 있다. 작은 꿈 하나를 이룰 수 있다. 어쩌다 한번 무언가를 성취할 수 있다. 그러나 그것을 넘어 또 성공하기는 쉽지 않다. 사역자들도 마찬가지다. 한두 번 좋은 결과를 얻을 수 있다. 그러나 계속 그렇게 하기는 쉽지 않다. 어쩌다 어떤 일에 하나님께 쓰임 받을 수 있다. 그러나 지속적으로 쓰임 받는 것은 다른 문제이다. 그리스도인으로서 한번 가족을 사랑하거나 원수를 용서하거나 성질을 다스리거나 전도하는 일에 성공할 수 있다. 그러나 그 성공을 반복하는 것은 어려운 문제다.

얼마 동안 교회의 건강지수를 높이는 데 성공할 수 있다. 그러나 계속 그 일에 성공하여 건강한 교회로 남는 일은 매우 어려운 일이다.

느헤미야서 6장에 의하면 느헤미야는 자신이 꿈꾸었던 예루살렘 성벽 재건에 마침내 성공한다. 하나님께서 그의 마음에 두셨던 그 고귀한 꿈을 이룬 것이다. 그러나 그 한 번의 성공으로 그의 이야기는 끝나지 않았다. 그는 그것을 넘어 계속 나아갔다. 그의 꿈은 계속되었고 그는 계속 성공한다. 어떻게 그럴 수 있었을까? 우리는 또 어떻게 한 번의 성공을 넘어 계속 앞으로 나아갈 수 있을까? 이 질문에 대한 답을 느헤미야서 6장 15절에서 7장 5절까지의 이야기가 제공하고 있다.

하나님께 공로를

본문의 이야기는 성벽 공사가 불과 52일 만에 끝났다는 보고로 시작한다. 놀라운 성과이다. 물론 완전히 새로운 공사가 아니었고 재건축이었지만 그렇다 하더라도 한 도시의 성벽 공사를 52일 만에 끝냈다는 것은 대단한 성과가 아닐 수 없다. 그것도 원수들의 끊임없는 위협과 음모와 방해 공작 가운데서 이루어낸 일이므로 더욱 괄목할 만하다. 느헤미야는 원수들이 이 소식을 접한 후 기가 꺾였다고 말한다. 느헤미야의 보고를 들어보자.

성벽 공사는 오십이 일 만인 엘룰월(8월) 이십오일에 끝났다. 우리의 모든 원수와 주변의 여러 민족이 이 소식을 듣고, 완공된 성벽도 보았다. 그제서야 우리의 원수는, 이 공사가 우리 하나님의 도움으로 이루어진 것임을 깨달았다. 그래서 그들은 기가 꺾였다(느 6:15-16).

처참하게 무너진 성벽이 다시 세워지고 거룩한 도성이 리셋되는 대역사가 이루어졌다. 느헤미야는 단연코 이 대단한 역사의 주인공이다. 인간적으로 볼 때 그가 없었다면 이 일은 이루어지지 않았을 것이다. 페르시아의 화려한 왕궁을 떠나 이스라엘 백성에게서 총독의 녹도 받지 않고 오로지 이 일에 헌신한 그의 희생과, 위협에도 굴하지 않은 용기와, 뜨거운 열정이 이 대단한 성취를 가능하게 했다. 그럼에도 불구하고 그는 위의 구절에서 "나"라는 말을 한 번도 쓰지 않았다. 오히려 그는 이 공사가 하나님의 도우심으로 이루어졌음을 분명히 했다. 개역개정은 "우리 하나님께서 이 역사를 이루셨다"라고 번역했다. 느헤미야는 의도적으로 이렇게 표현함으로써 하나님께 공로를 돌렸다. 이것이 바로 한 번의 성공을 넘어 계속 성공을 경험하는 것에 대해 본문이 가르쳐주는 첫 번째 교훈이다. 계속 성공하기를 원하는가? 하나님께 공로를 돌려라. 그분의 도우심이 없이는 어떤 좋은 것도 가능하지 않다. 그분이 공로를 받아야 한다.

물론 이것은 쉽지 않다. 우리는 기본적으로 자기를 드러내고 싶어 하기 때문이다. 자신의 노력으로 무언가를 이루었다면 많은 사람에게 그것을 알리려고 애를 쓰는 게 우리의 일반적인 모습이다. 몇 년 전, 건강 문제로 불과 6개월 동안에 12킬로를 감량하는 "놀라운 업적"을 이루었을 때 나는 내가 얼마나 대단한 일을 했는지 온 동네에 나팔을 불고 다녔다. 어떻게 끊임없는 배고픔을 참고 식사량을 조절하였으며 치킨의 유혹 앞에서 어떤 단호함으로 그것들을 물리쳤는지, 그리고 어떻게 매일같이 팔 굽혀 펴기와 계단 오르기를 했는지에 대해 기회가 있을 때마다 이야기했다. 그리고 그렇게 하지 못하는 사람들을 속으로 얕보기도 했다. 누군가가 내게 '한번 결심하면 해내는 결기가 있다'라며 칭찬할 때 주위에 있는 모든 사람이 들을 수 있게 더 큰 소리로 말해주기를 속으로 간절히 원하기도 했다. 나만 그런가? 그런 것 같지는 않다.

예전에 한 성장하는 청년부 교역자와 이야기를 한 적이 있다. 그는 자신이 어떻게 그 부서를 성장시켰는지에 대해 장황한 설명을 했다. 그런데 나중에 우연히 같은 교회 학생부 교역자를 만나게 되었는데 그의 이야기는 완전히 달랐다. 그는 청년부의 성장이 학생부에서 좋은 아이들을 많이 올려준 자신의 사역에 대한 열매일 따름이라면서 자기가 어떻게 그 아이들을 잘 훈련해 올려 보냈는지를 자랑스럽게 이야기했다.

이러한 성향이 있기에 성공과 성취는 우리를 교만하게 만든다. 자기를 자랑하고 자기를 높이게 만든다. 담임목사들도 이런 짓을 잘한다. 오죽했으면 부교역자들이 "존귀 영광 모든 권세 담임목사 홀로 받으소서, 멸시 천대 십자가는 제가 지고 가오리다"를 자기네 주제곡으로 부르겠는가? 그런데 우리가 주의해야 할 것은 성공으로 인한 교만이 우리를 실패로, 패배로, 몰락으로 이끄는 요인이 된다는 것이다. 게다가 하나님은 교만한 자를 대적하신다고 하지 않았는가? 베드로는 자신의 첫 번째 편지 5장 5절에서 젊은이들에게 겸손의 옷을 입고 교회 지도자들에게 복종하라고 하면서 이런 권면을 한다. "하나님께서는 교만한 자를 물리치시고 겸손한 사람에게 은혜를 베푸십니다." 그러므로 계속 성공하고 싶다면 우리는 우리에게 성공을 주신 하나님을 높여야 한다. 우리 안에 고결한 꿈을 넣어주시고 그것을 이룰 수 있도록 인도하신 하나님께 공로를 돌려야 한다. 그것은 하나님을 높일 뿐 아니라 그렇게 하는 자신도 빛나게 한다.

미국의 우드로 윌슨(Woodrow Wilson) 대통령이 프린스턴 대학을 수석으로 졸업하였을 때의 일이다. 그는 수석 졸업생에게 주는 금메달을 받기 위해 연단에 올라가서 은혜의 하나님과 가르쳐주신 스승님들과 자신이 갓난아기였을 때부터 싱글맘으로 갖은 고생을 하며 키워주신 어머니에게 공로를 돌리며 감사를 표했다. 그리고는 금메달을 받아 걸지 않고 손에 든 채 연단을 내려가 자리에 앉아 있는 한 중년 부인에게로 갔다. 그는 그 메달을 그녀의 목에 걸어주면서 크게 외쳤다. "지금 나의 모든 것은 어머니가 이루어주신 겁니다. 이 메달은 당연히 어머니가 받으셔야 합니다." 아들이 어머니에게 메달을 걸어드리는 순간 모든 사람이 감동하였고 졸업식장에서는 우레와 같은 박수와 함성이 터져 나왔다. 이후, 그는 모교의 총장이 되었고, 노벨평화상을 받은 미국의 28대 대통령이 되었다.

마땅히 공로를 받아야 할 사람에게 공로를 돌리는 것은 이처럼 아름답고 감동적이다. 하나님은 우리에게 일어난 모든 좋은 일의 진정한 근원이 되는 분이시다. 겸손히 그분을 인정하고 '하나님이 하셨다'라면서 그분께 공로를 돌릴 때 우리는 성공 가운데서도 교만해지거나 넘어지지 않고 계속적인 성공을 경험할 수 있을 것이다.

방심은 금물

본문의 15-16절에서 성벽 재건의 기적적인 완공에 대해 썼던 느헤미야는 그다음 절에서 갑자기 도비야와 유대인들의 내통에 대해 이야기한다.

그 무렵에 유다의 귀족들이 도비야에게 편지를 자주 보내고, 도비야도 그들에게 편지를 보내곤 하였다. 도비야는 아라의 아들인 스가냐의 사위인 데다가, 도비야의 아들 여호하난도 베레갸의 아들인 므술람의 딸과 결혼하였으므로, 유다에는 그와 동맹을 맺은 사람들이 많았다. 그들은, 내 앞에서도 서슴없이 도비야를 칭찬하고, 내가 하는 말은 무엇이든지 다 그에게 일러바쳤다. 그래서 도비야는 나에게 협박 편지를 여러 통 보내서 위협하였다(느 6:17-19).

도비야는 앞에서 암몬 사람이라고 소개된 이방인이며 산발랏, 게셈과 함께 계속해서 이 공사를 방해한 주범이다. 그런데 그와 유다의 귀족들이 서로 편지를 주고받는 사이라는 것이다. 게다가 도비야는 유대인과 결혼하였고 그의 아들도 베레갸의 아들인 므술람이라는 유대인의 딸과 결혼하였는데 이 므술람이라는 사람은 3장의 성벽 건축 참여자에 이름을 올린 사람이기도 하다. 이런 혈연관계 때문에 많은 유력한 유대인들이 그와 동맹을 맺고 마치 그의 스파이처럼 활동했다는 것이다. 그들은 성벽 건축에는 어느 정도 동의하고 참여했지만 느헤미야의 개혁으로 인해 기존의 체제가 흔들리거나 자신들의 이익이 훼손되는 것은 원치 않았던 것으로 보인다. 그래서 도비야를 끌어들여 느헤미야의 영향력을 막고 기득권을 지키려 한 것이다. 이런 유대인들의 도움으로 영향력을 확보한 도비야는 느헤미야에게 여러 통의 협박 편지를 보내 그를 위협하였다는 이야기이다.

느헤미야는 왜 이 이야기를 여기에 썼을까? 뜬금없다는 생각이 들지 않은가? 성벽 공사 완성에 대해 썼으면 그다음에는 대대적인 준공식에 대해 쓰거나 아니면 이 공사에 특별히 헌신한 사람들에게 감사하는 등의 내용을 써야 하지 않는가? 그런데 그는 갑자기 이 공사를 계속해서 방해한 도비야와 유대인들의 내통에 대해 썼다. 왜 그랬을까? 그것도 16절에 공사 완공으로 인해 적들의 기가 꺾였다고 해놓고 말이다. 여기서 느헤미야가 도비야와 유대인들과의 커넥션에 대한 이야기를 굳이 쓴 것은 성공에 취해 방심하지 말라는 교훈을 주기 위해서가 아닐까?

그렇다. 여전히 대적들은 기회를 엿보고 있다. 그들은 결코 포기하지 않는다. 앞으로도 마찬가지일 것이다. 승리와 성공의 기쁨에 취해있을 때, 뭔가 대단한 것을 이루었다는 성취감과 자만심에 차 있을 때 적들은 그 틈을 놓치지 않고 공격을 감행할 것이다. 느헤미야는 자신의 독자들이 그런 어려움에 빠지지 않도록 도우려고 의도적으로 성벽 건축 완성의 소식 후에 이 이야기를 쓴 것으로 보인다. 그러므로 우리는 성공 후에도, 성취와 승리 후에도 방심하거나 자만심에 빠지지 말고 계속해서 하나님을 의지해야 할 필요가 있다. 바로 그것이 하나의 성공을 넘어 계속하여 성공할 수 있는 두 번째 비결이다. 방심하지 말고 계속 하나님을 의지하라.

전쟁에서 유능한 지휘관들은 승리 직후가 가장 취약한 순간임을 병사들에게 주지시킨다. 우리의 인생에서도 마찬가지이다. 성공과 성취, 승리를 경험했을 때 그때가 가장 취약한 순간임을 우리는 알아야 한다. 그것은 우리를 방심과 자만심에 빠트리기 때문이다. 몇 년 전에 한참 잘 나가던 한 야구선수가 떠오른다. 그는 한국에서 야구의 본고장인 미국 메이저리그로 건너가 최고의 해를 보내고 있었다. 그러나 그 성공의 정점에서 그는 일련의 스캔들에 휘말려 지금까지도 회복하지 못하고 있다.

혹시 "밧세바 신드롬"이라는 용어를 들어보았는가? 이 용어는 미국 톨레도 대학의 경영학과 교수인 딘 러드윅(Dean Ludwig)과 클린턴 롱거네커(Clinton Longenecker)가 『비즈니스 윤리저널』이라는 잡지에 기고한 논문에서 처음 등장한다. 이 논문에서 이 두 교수는 성공한 리더들의 윤리적 실패에 대해 논의하는데 그것을 "밧세바 신드롬"이라는 용어로 표현하였다. 우리가 잘 알다시피 밧세바는 자기 집에서 목욕을 하다가 우연히 그 장면을 목격한 다윗 왕에게 불려가서 일종의 권력형 성폭행을 당한 여인이다. 여인은 임신을 했고 다윗은 자신의 죄를 은폐하기 위해 전쟁에 나갔던 밧세바의 남편을 불러들여 부인에게 보내려 한다. 일이 자기 뜻대로 안 되자 다윗은 결국 그 남편을 죽음으로 내모는 끔찍한 짓을 저지른다. 물론 다윗은 지금도 유대인들에게 존경받는 훌륭한 왕이고 하나님의 마음에 합한 사람이다. 한 번의 죄로 그 사람의 인생 전체를 평가할 수는 없다. 그러나 다윗이 한 이 일은 정말 악하고 비난받을 일이다.

그런데 이 두 교수는 자신들의 논문에서 다윗이 언제 이런 일을 저질렀는지에 주목한다. 그것은 다윗이 왕으로서 전성기를 누리던 시점이었다. 그 성공의 정점에서 다윗은 방심했고 자만심에 빠졌다. 그래서 그는 자기 인생의 가장 큰 오점이 되는 이 악하고 바보 같은 죄를 저지른 것이다. 이처럼 성공의 정점에 있는 리더들이 자신들의 성공에 취해 어떤 짓을 해도 결과를 통제할 수 있다는 과도한 자신감을 갖게 되면서 저지르는 윤리적 잘못을 "밧세바 신드롬"이라고 일컫는다. 다시 말해, 그동안 성공의 가도를 달려왔기 때문에 '나는 괜찮겠지'라고 생각하면서 중대한 윤리적 실패에 빠지는 현상이다. 우리는 이런 일을 너무나 자주 본다. 몇 년 전에도 우리는 그때까지 승승장구하며 강력한 차기 대권후보로 거론되던 한 젊은 정치인이 성추문으로 인해 비참하게 넘어지는 것을 보지 않았나?

한 번의 성공을 넘어 계속 성공을 유지하기 위해 우리는 방심하거나 자만하지 말고 계속해서 하나님을 의지해야 한다. 하나님께서 성공을 주시고 승리를 주실수록 더욱 경계하고 깨어 기도하면서 하나님을 바라보아야 한다. 성경도 말하지 않는가? "선 줄로 생각하는 자는 넘어질까 조심하라"라고 말이다. 나는 괜찮다고 생각하는가? 괜찮은 사람은 없다. 잘났건 못났건 우리는 모두 조심해야 한다. 평소에 훈련이 잘되어 자기 절제력을 갖춘 사람이라도 긴장을 늦추어서는 안 된다. 사실 괜찮다고 여겨질수록 더욱 경계해야 한다. 방심하지 말고 자만하지 말아야 한다. 성공을 경험할수록, 서 있다고 생각될수록 넘어질까 조심하면서 하나님을 의지해야 한다.

다음단계의 사명을 위해

본문의 마지막 단락인 7장 1-5절에는 성벽완공 후 느헤미야가 했던 일들이 기록되어 있다. 사실은 이 부분이 '성벽 공사가 52일 만에 끝났고 그로 인해 원수들의 기가 꺾였다'라고 말한 6장 15-16절 바로 뒤에 붙어야 하는 이야기이다. 성벽 완공 후 느헤미야는 무엇을 했는가? "다 이루었다"라면서 페르시아의 궁전으로 돌아갔을까? 총독 관저에 들어가 자기 초상화를 걸고 "꿈 너머의 꿈"이라는 제목으로 자서전 집필을 시작했을까? 가족들과 함께 사해 리조트로 휴가를 떠났을까? 그 어느 것도 아니었다. 그는 이제 하나님 백성으로서 이스라엘 공동체의 회복이라는 더 큰 꿈을 위해 새로운 사역에 착수했다. 성벽 재건이 완성되었다고 모든 것이 끝난 게 아니었기 때문이다.

그러면 그는 어떤 일들을 했는가? 그는 "성벽을 다시 쌓고, 문들을 제자리에 단 다음에... 성전 문지기와 노래하는 사람과 레위 사람을" 세웠다(느 7:1). 느헤미야가 성벽 완공 후 제일 먼저 한 일은 성전 문지기를 배치하고 찬양대와 성전에서 봉사하는 레위인들을 세운 일이었다. 이것은 그의 우선순위가 어디에 있는지를 잘 보여준다. 그것은 바로 예배였는데 느헤미야는 예배의 회복이야말로 예루살렘 회복의 가장 중요한 요소라고 확신했다. 사실 성벽을 재건한 것도 성전의 안전을 보존하여 하나님께 온전히 예배드리기 위해서가 아니었던가.

그다음 그는 성의 경비를 담당할 신실한 리더들을 세웠다. 그들에 대한 그의 소개를 직접 들어보라. "나의 아우 하나니와 성채 지휘관 하나냐에게 예루살렘 경비를 맡겼다. 하나냐는 진실한 사람이고, 남다르게 하나님을 두려워하는 사람이었다"(느 7:2). 비록 하나냐에 대해서만 진실하며 남달리 하나님을 경외하는 사람이라고 소개했지만 그 앞에 소개된 하나니도 마찬가지일 것이다. 하나니라는 사람은 1장에서 느헤미야에게 예루살렘의 비참한 상태를 전해준 사람이다. 어떻게 보면 느헤미야서에 기록된 이 위대한 일의 단초를 제공한 사람이라고 할 수도 있겠다. 느헤미야는 지도자가 영적으로 바로 서야 공동체가 바로 설 수 있음을 잘 알았기 때문에 비록 경비의 일이라 하더라도 신실하고 영적인 사람들을 리더로 세운 것이다.

좋은 지도자를 세우는 것은 공동체의 성공에 너무도 중요하다. 내 모교인 달라스 신학대학원의 하워드 헨드릭스(Howard Hendricks) 교수님은 "fat"한 리더를 세우라고 조언한 적이 있다. 뚱뚱한 리더를 세우라는 뜻일까? fat은 신실함을 뜻하는 faithful, 사용 가능함을 뜻하는 available, 그리고 가르침을 잘 받는다는 의미의 teachable, 이 세 단어의 머리글자를 딴 말이었다. 신실하고 언제든지 쓸 수 있고 배울 자세가 된 리더를 세우면 공동체가 제대로 성공할 수 있음을 지적한 것이다. 느헤미야는 이 경건한 리더들에게 해가 떠서 환해진 후에야 성문을 열고 해가 넘어가기 전에 성문을 닫으라고 지시했다. 적들에게 어떤 빈틈도 주지 않기 위해서이다. 그는 예루살렘 주민이 지정된 처소나 자기 집 가까이에서 보초도 직접 서게 했다. 본문의 마지막 두 구절에 보면 그는 또한 상대적으로 비어있는 예루살렘에 인구를 유입시키기 위한 조치를 취했다.

이 모든 일은 느헤미야가 성벽이 완공되었다고 그 성취감에 젖어 안주하지 않았음을 잘 보여준다. 사실 성벽은 완공되어도 또 무너질 수 있다. 예전에 예루살렘은 더 강하고 멋진 성벽을 갖고 있지 않았나? 그러나 그것은 한순간에 뚫리고 무너져 내렸다. 느헤미야는 같은 실패를 반복하지 않기 위해 성벽이 완공되자 그것이 계속 유지될 수 있는 방안을 강구하고 미래를 준비하기 시작했다. 그는 이스라엘 신앙 공동체의 회복과 영적 부흥이라는 더 큰 꿈과 목적을 위해, 하나님 나라의 궁극적 완성에 기여하기 위해 다음 단계의 사역에 헌신했던 것이다. 여기서 우리는 하나의 성공을 넘어 계속 성공하는 마지막 비결을 배운다. 그것은 하나의 성공이나 성취에 안주하지 말고 다음 단계의 사명을 위해 준비하라는 것이다.

우리에게는 무언가에 안주하고자 하는 본능이 있다. 현상에 만족하며 늘 하던 대로만 하려고 하는 것이다. 그래서 주일날 성도들을 보면 예배당 안에서도 늘 자기가 앉던 자리에 앉는다. 소위 '내 자리'가 생기는 것이다. 교회를 처음으로 방문한 손님이나 새 가족이 모르고 먼저 그 자리에 앉으면 자기 자리에 앉았다며 화를 내는 사람도 있다고 들었다. 분명 우리에겐 안주의 본능이 있다. 힘들게 무언가를 이룬 사람들은 더욱 그 성취와 성공 안에서 그것의 단물을 빨아먹으며 안주하고 싶어 한다. 외국에서 박사학

위를 딴 사람이 그것으로 좋은 직장을 얻으면 더 이상 공부하지 않으려 하는 것이 그 예이다.

목회자도 그럴 수 있다. 신학교에서 배운 것들을 계속 우려먹으면서 새로운 책들과 연구 결과들을 무시하고 보지 않는 것이다. 세상은 자꾸 변하는데 과거의 성공에 취해 자신에게 성공을 가져다준 과거의 그 방법론이나 프로그램을 무한 반복하는 것이다. 앤디 스탠리가 말한 것처럼 우리는 방법론과 사랑에 빠지면 안 되는데 우리 안에 있는 안주의 본능은 우리로 하여금 과거의 방법론, 과거의 성공에 안주하도록 우리를 이끈다.

한 번의 성공을 넘어 계속 성공하려면 우리는 다음 단계의 사명과 꿈을 위해 준비해야 한다. 믿음의 지속적인 성장도 안주하지 않고 새로운 믿음의 도전을 받아들이는 데서 온다. 그렇지 않은가? 사실, 예수님은 우리가 좀 안주할라치면 새로운 도전으로 우리를 자극하고 부르신다. 이제 배 밖으로 나오라고, 갈대아 우르를 벗어나라고, 바다를 건너 마케도니아로 가라고, 선을 한번 넘어보라고, 이제는 양육을 받으라고, 전도를 한번 해보라고, 지금까지 한 번도 안 했던 헌신을, 믿음의 행위를 해보라고 도전하신다. 비록 불편하고 두렵지만 현상에 안주하기를 거부하고 과감하게 새로운 도전을 받아들일 때 우리의 믿음이 성장할 수 있다. 교회도 마찬가지다. 어떤 교회는 과거의 성공에 도취하거나 현재에 안주해 다음 단계를 준비하지 않는다. 늘 안전지대에서만 머무르려고 하고 했던 대로만 하는 것이다. 그래서는 계속 성공할 수 없다. 나는 내가 섬기는 교회가 도전하는 교회가 되기를 바란다. 안주하지 않고 비록 실패하더라도 무언가 계속 시도해 나갔으면 한다. 그것은 시도 그 자체만으로도 의미가 있고 좋은, 즉 "나이스 트라이(nice try)"가 될 수 있다.

당신의 믿음에서, 사역에서, 하나님 나라의 사명과 꿈에서 안주하지 마라. 안주하는 것이 편해 보이지만 "고인 물은 반드시 썩는다"라는 사실을 기억하기 바란다. 《갈보리 산 위에》라는 찬송가에 보면 '최후 승리를 얻기까지 주의 십자가 사랑하리. 빛난 면류관 얻기까지 험한 십자가 붙들겠네'라는 가사가 있다. 나는 그 가사가 너무 좋다. 최후 승리를 얻기까지 개인이든 공동체든 과거나 현재의 승리에 안주하지 않고 계속해서 앞으로 나아가며 믿음을 행사하고 다음 단계의 사명에 헌신하는 우리가 되기를 바란다. 그때 우리는 하나의 승리나 성공을 넘어 계속 성공을 경험하는 복을 누릴 수 있을 것이다.

성공에도 불구하고

많은 사람이 성공하길 원하지만 성공이 마냥 좋기만 한 것은 아니다. 성공은 복과 함께 저주를 포함하고 있기 때문이다. 나는 처음에 이 장의 제목을 "성공에도 불구하고"로 붙이려 했는데 왜 그런 제목을 붙이려 했겠는지 생각해보라. 성공은 위험한 것이다. 성공은 우리를 취약하게 만든다. 특별히 영적으로, 도덕적으로 더욱 그렇다. 수많은 사람이 성공에 걸려 넘어진다. 오죽했으면 고난을 견디는 사람은 많지만, 성공을 견디는 사람은 적다는 말이 있겠는가?

그런 면에서 느헤미야는 참 훌륭한 리더이다. 그는 '성공에도 불구하고' 성공한 리더이다. 하나님께서 당신의 삶과 사역에 어떤 성공과 성취와 승리를 주고 계시는가? 매사가 뜻대로 잘 되어가고 있는가? 괄목할만한 어떤 열매가 있는가? 교만하지 말고 방심하지 말고 안주하지 마라. 주님께 그 공로를 돌리며 주님만을 의지하며 그분께서 주시는 다음 단계의 꿈을 향해 나아가라. 최후 승리를 얻기까지 십자가 은혜를 붙들고 계속 믿음으로 전진하라. 그러면 당신은 한 번의 성공을 넘어 계속되는 성공을 경험할 수 있을 것이다. 성공에도 불구하고 성공할 수 있을 것이다.

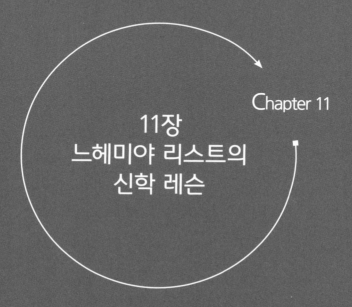

Chapter 11

11장
느헤미야 리스트의
신학 레슨

느헤미야 7:4~72

성읍은 크고 넓으나, 인구가 얼마 안 되고, 제대로 지은 집도 얼마 없었다. 귀족들과 관리들과 일반 백성을 모아서 가족별로 등록시키도록, 나의 하나님이 나의 마음을 감동시키셨다. 마침, 나는 일차로 돌아온 사람들의 가족별 등록부를 찾았는데, 거기에는 다음과 같이 적혀 있다. 바빌론 왕 느부갓네살에게 사로잡혀 바빌로니아로 끌려간 사람들 가운데서, 많은 사람들이 바빌로니아 각 지방을 떠나 제 고향 땅 예루살렘과 유다로 돌아왔다. 그들은 스룹바벨과 예수아와 느헤미야와 아사랴와 라아먀와 나하마니와 모르드개와 빌산과 미스베렛과 비그왜와 느훔과 바아나가 돌아올 때에 함께 돌아왔다. 이스라엘 백성의 명단과 수는 다음과 같다... 돌아온 회중의 수는 모두 사만 이천삼백육십 명이다. 그들이 부리던 남녀 종이 칠천삼백삼십칠 명이요, 그 밖에 노래하는 남녀가 이백사십오 명이다. 또 말이 칠백삼십육 마리요, 노새가 이백사십오 마리요, 낙타가 사백삼십오 마리요, 나귀가 육천칠백이십 마리이다. 가문의 우두머리 가운데는 건축 기금을 내놓는 사람들이 있었다. 충독도 금 천 다릭과 쟁반 오십 개와 제사장 예복 오백삼십 벌을 창고에 들여놓았다. 각 가문의 우두머리들이 공사를 위하여 창고에 바친 것은, 금이 이만 다릭이요, 은이 이천이백 마네였다. 나머지 백성이 바친 것은, 금이 이만 다릭이요, 은이 이천 마네요, 제사장의 예복이 육십칠 벌이다.

리셋

· · ·

느헤미야와 함께 다시 세우라

《쉰들러 리스트》라는 영화가 있었다. 거장 스티븐 스필버그(Steven Spiel-berg) 감독이 실화를 바탕으로 만들었다는 그 영화는 보는 사람의 마음을 따뜻하게 하는 휴먼 드라마이다. 영화의 이야기는 2차 대전이 한창이던 1939년, 나치 독일의 점령지였던 폴란드로 이주한 오스카 쉰들러라는 독일 사업가를 중심으로 전개된다. 그는 나치와 결탁해 임금을 줄 필요가 없는 유대인들을 자기 공장의 인력으로 이용하지만, 유대인 회계사 잇자크 스턴의 영향으로 양심의 소리를 듣게 된다. 그 후, 쉰들러는 자신의 공장에 취직시키는 방법을 통해 유대인들을 구하기 시작한다. 제목인 "쉰들러 리스트"는 주인공 쉰들러가 유대인들을 안전한 곳으로 피신시키기 위해서 작성했다는 9개의 명단이다. 거기에는 1,100명의 유대인 이름이 적혀있었다고 한다.

쉰들러만이 사람의 이름을 적은 리스트를 가진 것은 아니다. 국세청에서는 이따금 고액 상습 체납자들의 이름이 적힌 리스트를 공개한다. 정부나

수사 기관에서는 감시가 필요한 위험인물들의 이름이 열거된 블랙리스트를 갖고 있기도 하다. 스포츠팀의 감독들은 그날그날 선수들의 이름이 적힌 리스트를 가지고 선수기용에 활용한다. 내 아내에게도 리스트가 있다. 거기에는 우리 교회 청장년 성도들의 이름이 빼곡히 적혀있다. 아내는 이 리스트를 3개월마다 업데이트하면서 소중히 여긴다.

느헤미야서 7장에는 수많은 유대인의 이름이 적혀있다. 나는 이것을 "느헤미야 리스트"라 명명하고 싶다. 이 리스트는 본래 느헤미야가 만든 것이 아니다. 왜냐하면 느헤미야 자신이 가족별 등록부를 찾았다고 5절에서 말하고 있기 때문이다. 거의 같은 리스트가 에스라서 2장에도 나온다. 이것을 느헤미야 리스트라고 내가 이름 지은 것은 느헤미야서에 포함되어 있다는 이유 때문이다. 이 리스트는 느헤미야가 예루살렘 성벽을 완공한 후 그 거룩한 도시로 유대 백성들을 유입하기 위해 인구조사를 하려 할 때 발견한 일차 포로 귀환자의 명부이다. 느헤미야의 설명은 이렇다.

성읍은 크고 넓으나, 인구가 얼마 안 되고, 제대로 지은 집도 얼마 없었다. 귀족들과 관리들과 일반 백성을 모아서 가족별로 등록시키도록, 나의 하나님이 나의 마음을 감동시키셨다. 마침, 나는 일차로 돌아온 사람들의 가족별 등록부를 찾았는데, 거기에는 다음과 같이 적혀 있다(느 7:4-5).

알다시피 유대인들은 주전 586년, 바빌론 제국과의 전쟁으로 인한 나라의 멸망 이후, 바빌론에 포로로 잡혀가서 타국 생활을 했다. 그런데 사실은 그보다 19년 전인 주전 605년부터 이미 포로 생활이 시작되었었다. 그러나 하나님께서 이사야와 예레미야 선지자를 통해 예언하신 것처럼 첫 포로 잡힘이 있고 대략 70년 후, 고레스라는 페르시아의 왕이 나타나 바빌론 제국을 멸망시키고 포로들을 그들의 나라로 돌려보내는 정책을 폈다. 그래서 주전 537년, 스룹바벨을 필두로 5만여 명의 귀환이 이루어지게 된다. 그 후에 2차와 3차 귀환이 이루어졌는데 이 리스트는 제일 먼저 돌아온 사람들의 명부이다. 6절은 "바빌론 왕 느부갓네살에게 사로잡혀 바빌로니아로 끌려간 사람들 가운데서, 많은 사람들이 바빌로니아 각 지방을 떠나 제 고향 땅 예루살렘과 유다로 돌아왔다"라고 말하는 가운데 그다음 절에서 1차 귀환자들을 이끌고 온 12명의 대표 명단을 소개한다. 그 가운데는 총독 스룹바벨과 여호수아로도 불린 대제사장 예수아도 있었다. 그리고 8절부터 명단들이 죽 열거되고 있다.

본문의 개요는 다음과 같다.

- 7절: 이 귀환자들의 지도자 명단
- 8-25절: 가족별로 정리된 명단
- 26-38절: 출신 지역별로 정리된 명단
- 39-42절: 종교 지도자들의 명단
- 43-45절: 레위인들과 찬양대와 성전 문지기들의 명단
- 46-56절: 성전에서 일하는 일꾼들의 명단
- 57-60절: 솔로몬 신하들에게서 난 자손들의 명단 (새번역은 솔로몬을 섬기던 종들의 자손이라고 표현했다.)
- 61-65절은 이스라엘 자손인지 아닌지가 의심되는 귀환자들의 명단 (그중에는 제사장 가문이라고 주장하는 사람들도 있었는데 그들은 족보상 확인이 되지 않아 제사장직에서 제외되었다.)
- 66-67절: 전체 귀환자들의 합계

- 68-69절: 짐승들의 합계
- 70-72절: 성전 건축을 위해 사람들이 바친 헌금과 헌물의 목록

그렇다면 이 리스트가 하나님에 대해 우리에게 가르치는 교훈은 무엇일까? 느헤미야 리스트의 신학 레슨을 정리해보자.

하나님은 신실하신 분이시다

위에서 잠깐 언급한 것처럼 이 리스트는 1차 귀환자들의 계보와 인구수를 가계별, 지역별로 잘 정리하고 있다. 이것은 성경이 마치 신화와 같은 허구적 세계를 다루고 있는 것이 아니며 뜬구름 잡는 것 같은 추상적 이야기를 하는 게 아님을 보여주는 좋은 예라고 생각한다. 이는 또한 하나님께서 인간 역사 가운데 개입하셔서 일하시고 그 역사를 주관하시며 약속을 이루시는 신실한 분임을 보여주는 강력한 증거이기도 하다. 하나님께서는 일차 귀환이 이루어지기 150년도 더 전에 이사야 선지자를 통해 고레스라는 이름의 왕이 유대인들을 돌려보내며 예루살렘을 재건하는 일에 쓰임 받을 것을 예언하셨다. 놀랍지 않은가? 우리는 150년이 아니라 150분 후에 일어날 일도 알지 못한다. 하나님은 아직 태어나지도 않았던 페르시아의 왕 고레스의 이름까지 대시며 이스라엘의 회복을 약속하신다. 먼저 이사야서의 구절들을 살펴보자.

- 하나님께서는 당신의 종이 한 말을 이루어지게 하시며, 당신의 사자들이 계획한 것을 이루어지게 하시며, 예루살렘을 보시고는 "여기에 사

람이 살 것이다" 하시며, 유다의 성읍들을 보시고는 "이 성읍들이 재
건될 것이다. 내가 그 허물어진 곳들을 다시 세우겠다" 하신다(사 44:26).

- 고레스를 보시고는 "너는 내가 세운 목자다. 나의 뜻을 모두 네가 이룰
  것이다" 하시며, 예루살렘을 보시고는 "네가 재건될 것이다" 하시며,
  성전을 보시고는 "너의 기초가 놓일 것이다" 하신다(사 44:28).

근데 이것만이 아니다. 그분은 예레미야를 통해서도 포로 귀환을 약속하
셨는데 이번에는 언제 그런 일이 있을지 기간을 정해 말씀하신다.

> 나 주가 분명히 말한다. 너희가 바빌로니아에서 칠십 년을 다 채우고 나면,
> 내가 너희를 돌아보아, 너희를 이곳으로 다시 데리고 오기로 한 나의 은혜
> 로운 약속을 너희에게 그대로 이루어 주겠다. 너희를 두고 계획하고 있는
> 일들은 오직 나만이 알고 있다. 내가 너희를 두고 계획하고 있는 일들은
> 재앙이 아니라 번영이다. 너희에게 미래에 대한 희망을 주려는 것이다. 나
> 주의 말이다(렘 29:10-11).

본문의 리스트는 이와 같은 약속을 하나님께서 얼마나 신실하게 지키시
는 분인지를 너무도 잘 보여준다. 그분은 오래전에 당신의 선지자들을 통
해 약속하신 것처럼 고레스를 통해 당신의 백성들을 포로 잡혀간 땅에서
돌아오게 하셨다.

우리가 섬기는 하나님은 이처럼 신실하신 분이다. 그분은 약속을 지키시
며 그 누구보다 믿을만한 분이시다. 그분은 우리가 사는 세상과는 너무나
다르시다. 생각해보라. 정치인은 헛공약을 남발하고 기업들은 허위에 가까

운 과대광고를 한다. 공짜폰이라고 해서 가게에 갔는데 실제로 가보면 그게 그냥 낚시용 문구임을 금방 알게 된다. 군대 갈 때 눈물을 흘리면서 끝까지 기다리겠다던 여자 친구는 1년도 안 되어 다른 사람과 결혼하게 되었다며 청첩장을 보내온다. 가족도 때로는 배신을 하고 부부들은 다양한 이유로 결혼 서약을 어긴다. 대한민국 부부의 경우, 세 쌍 가운데 한 쌍이 불륜을 저지른다는 기사도 보았다. 심지어 교회와 목회자마저 때로 우리를 실망시킨다.

그러나 하나님은 그렇지 않으시다. 그분은 실수하지 않으시고 약속을 어기지 않으신다. 본문의 이야기에서 보듯 어떤 악조건에도, 아무리 시간이 가도 그분은 약속을 반드시 지키신다. 이런 하나님을 신뢰하지 않겠는가? 비록 상황이 어렵더라도, 때로 하나님의 임재가 잘 느껴지지 않더라도 그분은 약속하신 대로 우리와 함께하시며 우리를 위해 일하고 계신다. 나치 강제노동 수용소의 벽에 이런 글이 씌어있다고 한다.

나는 햇빛이 비취지 않을 때에도 태양이 있다는 것을 믿는다. 나는 사랑을 느낄 수 없을 때에도 사랑이 있다는 것을 믿는다. 나는 하나님이 침묵하실 때에도 그분이 계시다는 것을 믿는다.

그렇다. 그분은 언제나 계시며 언제나 믿을만한 분이시다. 나는 40년이 넘는 믿음 생활을 통해 하나님이 얼마나 신실하신가를 배웠고 경험해왔다. 어찌 나만이 그랬겠는가? 시대와 인종과 문화를 넘어선 수많은 사람이 자신들의 삶에서 하나님의 신실하심을 체험했을 것이다. 그러므로 보는 것으로가 아니라 믿음으로 살자. 우직한 믿음으로, 거침없는 신뢰로 약속의 땅을 향해, 하나님 나라의 거룩한 목표를 향해, 주님이 주신 꿈과 비전을 향해 나아가자.

하나님은 은혜로운 분이시다

이 느헤미야 리스트에는 성전 막일꾼들의 계보가 포함되어 있다. 46-56 절에 그들의 목록이 있다. 일부 영어 성경에는 이들을 "성전 봉사자"라고 의역하기도 했는데 레위인들도 성전 봉사자들이므로 헷갈릴까 봐 새번역은 성전 막일꾼으로, 개역개정은 그들을 히브리어 표기대로 그냥 "느디님 사람"이라고 표현했다. 느디님은 어원적으로 '주다'라는 뜻의 히브리어 동사 '나탄(נָתַן)'에서 유래한 남성 복수명사로서 '주어진 사람들'이라는 뜻이다. 그들은 성전 봉사를 위해 제사장들과 레위인들의 조력자로 주어졌다는 뜻에서 느디님이라는 이름을 얻은 것 같다. 이 사람들은 원래 혈통적으로 유대 족속이 아니다. 이들의 기원은 여호수아에게 스스로 항복한 기브온 사람들이라고 할 수 있다. 여호수아서 9장에 보면 여호수아는 이 이방 사람들을 성전에서 종으로 섬기게 한다. "여호수아는 그들을, 회중을 섬기고 주님의 제단을 돌보는 종으로 삼아, 나무를 패고 물을 긷는 일을 맡게 하였다. 그들은 오늘까지 주님께서 택하신 곳에서 그 일을 하고 있다"(수 9:27).

이처럼 느디님은 이방인들이었고 대부분 전쟁포로 출신으로 성전에서 종 노릇 하던 자들이었다. 그런데 귀환 후, 이들은 당당히 유대인들의 귀환 명부에 이름을 올렸고, 그것도 제사장들과 레위인들과 나란히 소개되었으며 이스라엘의 재건에 중요한 역할을 담당했음을 볼 수 있다. 하나님 백성이 아니었던 자들이 하나님의 백성으로 인정된 것이다. 자격 없는 자들이 놀랍고 영광스러운 직분을 얻었다. 이것이야말로 하나님의 은혜가 아니고 무엇인가? 이렇게 이 귀환 리스트는 우리가 믿는 하나님이 은혜의 하나님이심을 증언해준다.

하나님은 은혜로우신 분이다. 느디님 사람처럼 자격 없는 우리를 사랑하시고 예수 그리스도 안에서 십자가의 은혜를 베풀어 당신의 자녀로 삼아주신 분이시다. 아무 조건 없이 우리를 용납하시고 영원히 천국 시민 되게 하셨다. 이게 당연하다고 생각하는가? 하나님이 마땅히 그래야 한다고 생각하는가? 우리에게 가장 높으신 하나님의 호의를 받을 충분한 자격이 있다고 생각하는가? 내가 섬기는 신학교에 한때 강아지들이 많았던 적이 있었다. 어느 날 까만색 푸들 하나가 새로운 식구로 들어왔다. 누군가가 버리고 간 유기견이었다. 나는 이 개가 싫었다. 똥도 너무 자주 싸고 눈빛도 사납고 성질도 더러웠다. 거기다 불쌍한 마음에 좀 예뻐해 주려 했더니 내게 이빨을 드러내고 으르렁거렸다. 그로 인해 내 마음은 싸늘하게 식었다. '저러니 버림을 받았지!'라는 생각이 들기까지 했다. 직원이 유기견 센터에 신고한다고 해서 그러라고 했다. 그 센터에서는 좀 기다려보다가 안락사를 시킬 것이다. 그런데 우리 직원 가운데 한 자매가 그럴 수는 없다며 자기가 거두어 돌봐주겠다고 나섰다. 그녀는 그 개의 집을 마련해주고 옷도 입혀주었으며 수시로 그 강아지를 찾아 먹여주고 산책을 시켰다.

문득 나는 하나님께 이 성질 안 좋고 사나운, 예쁜 구석이라고는 찾아볼 수 없는 그 유기견보다 훨씬 더 못하고 가련한 존재라는 생각이 들었다. 자신의 처지도 알지 못하고 오히려 나를 만들어주신 하나님께 이빨을 드러내고 으르렁거렸던 악한 존재이기도 했다. 하나님은 그런 내게 호의를 베풀어주실 아무 이유가 없지만 마치 우리 학교의 직원 자매가 그 유기견에게 그러했던 것처럼 순전한 은혜로 나를 받아주시고 사랑해주시며 아침마다 새로운 은혜로 만나주신다. 나는 이 은혜가 너무 감사하다. 날이 갈수록 하나님의 은혜는 내게 더욱 소중하고 더 영광스럽다. 찬송가 가사처럼 은혜 없이는 살아갈 수가 없다. 살다 보면 가끔씩 특별한 이유 없이 호의를 베풀어주는 사람을 만나게 된다. 그런 호의를 받으면 기쁨이 생긴다. 특별히, 어려운 환경이나 상황에 있을 때 누가 호의를 베풀어주면 살아갈 힘과 용기를 얻게 된다. 내게도 그런 경우가 있었다. 사람의 호의가 그렇다면 하나님의 은혜는 얼마나 더 그러할까? 당신은 어떤가? 십자가 사랑으로 나를 받아주신 하나님의 은혜에 감사하지 않겠는가? 이 은혜를 언제나 기억하자. 그리고 아침마다 새로운 은혜를 사모하자. 날마다 은혜의 보좌로 나아가는 우리가 되자.

하나님은 사람을 중요하게 여기는 분이시다

오늘 이 리스트는 하나님의 인류 구원 프로그램에서 그 전환기에 작성된 것이다. 죄악에 빠진 이스라엘을 심판하기 위해 하나님께서 당신의 도구로 쓰셨던 바빌론은 멸망했고 이제 페르시아라는 새로운 제국이 무대에 등장했다. 인류 구원 프로그램의 새로운 장이 시작된 것이다. 이제 하나님께서는 인류 구원의 위대한 계획에 있어서 다음 단계를 밟기 원하셨다. 그러기 위해 그분이 하신 일은 무엇인가? 하나님은 일단의 유대인들을 불러 바빌론을 떠나 자기들의 고토로 돌아가라고 하셨다. 그리고 그 부르심에 믿음으로 응답한 사람들이 바로 이 리스트에 나오는 사람들이다. 무슨 대단한 사람들이 아니라 타국에서 하루하루 힘겹게 살아가던 평범한 일반 사람들이었다. 하나님은 이런 사람들을 불러 이스라엘을 재건하는 위대한 하나님의 역사에 참여하게 하셨다.

이는 하나님께서 사람들을 얼마나 중요하게 여기시는가를 잘 보여준다. 그분은 굳이 이렇게 하시지 않아도 된다. 천사들을 보내서 성전을 재건하라고 지시하시면 된다. 천사들은 우리보다 더 능력도 있고 말도 잘 듣는다. 바로 하나님의 뜻대로 했을 것이다. 거기 비해 사람들은 능력도 별로 없으면서 고집 세고 자존심을 내세우며 말은 또 죽으라고 안 듣는다. 아이들을 키워보면 알지 않는가? 아이들만 그럴까? 아니다. 나를 포함하여 사람이란 존재는 참 쉽지 않다. 내가 개들과 좀 지내다 보니 요즘 사람들이 왜 같은 사람보다 개를 더 좋아하는지 조금은 알 것 같았다. 개 목회를 하면 더 잘할 수 있겠다는 생각도 들었다. 그렇다. 사람은 어려운 존재다. 그런데도 하나님은 끊임없이 인내하시고 선지자들과 지도자들을 통해 사람들에게 격려를 아끼지 않으시면서 그들과 함께 그 일을 이루길 원하셨다. 왜냐하면 그분은 사람들을 중요하게 여기시는 분이기 때문이다.

하나님께서 우리 같은 평범한 사람들을 부르셔서 당신의 위대한 일에 쓰기 원하신다는 사실이 감격스럽지 않은가? 오래전 나는 내가 속한 교단의 숙원 사업이었던 신학교 인가 취득의 일에 인가 추진 위원으로 위촉을 받아 활동한 적이 있다. 다른 위원들이 중요한 일을 했고 나는 그냥 은혜로 포함되었는데 마침내 교육부로부터 인가를 받았을 때 얼마나 감사하고 감격스러웠는지 모른다. 인가 자체도 기쁘고 감사했지만, 우리 교단과 신학교의 이런 중요한 일에 나 같은 사람이 쓰임 받았다는 사실도 참 감사했다.

리셋, 느헤미야와 함께 다시 세우라

한 교단의 일, 그리고 한 학교의 일에 쓰임 받는 것이 이렇게 감격스럽다면 우리 같은 평범한 사람들이 영원히 남을 하나님 나라의 귀한 일에 쓰임 받는 것은 얼마나 더 가슴 벅차고 감격스러운 일이겠는가? 찬송가에 보면 "주 내게 부탁하신 일, 천사도 흠모하겠네"라는 가사가 있다. 천사가 부러워하고 사모하는 일, 복음을 전하고 교회를 세우며 예수님의 이름으로 사람들을 섬기고 하나님 나라를 확장하는 이 크고 중요한 일을 주님이 우리 같은 부족한 사람에게 부탁하셨으니 얼마나 감사해야 하며 얼마나 이 일에 헌신해야 할 것인가?

　지금 이 순간도 우리를 중요하게 여기시는 하나님은 우리를 쓰시기 위해 믿음으로 바빌론을 떠나서 당신을 따르라고 부르신다. 당신의 바빌론은 어디인지 또는 무엇인지 생각해보라. 하나님께서 불러 맡기신 사명을 위해 우리는 그 바빌론을 떠나야 한다. 그 무엇보다 가치 있는 그 하나님의 일에 대가를 지불하고 헌신하라는 것이다. 이 리스트에 나온 사람들이 바빌론을 떠나 하나님께서 가라고 하신 곳으로 갈 때의 모습을 생각해보라. 그것이 쉬웠겠는가? 그들이 치렀어야 할 대가를 생각해보라. 바빌론은 당시 고도로 발전된 도시였고 이미 그들에게 제2의 고향이 되었을 것이다. 온 가족을 데리고 그곳을 떠난다는 것이 얼마나 힘들었을까? 4개월이나 가야 하는 여행은 위험하기 짝이 없었고 목적지인 예루살렘은 폐허가 된 도시이다. 거주지도 편의시설도 없으며 사방에 대적들이 우글거린다. 당신 같으면 그곳에 가서 모든 것을 다시 시작하겠는가? 결코 쉬운 일이 아니다. 아마도 그들은 목숨을 걸고 이 대열에 합류했을 것이다. 자기들을 부르시는 하나님만을 신뢰하면서 믿음으로 나아가지 않았겠는가? 하나님의 위대한 일에 쓰임 받는 것은 감격적인 일임에 틀림없지만 아무런 대가 없이 되는 일은 아니다. 사실 어떤 중요한 일도 대가를 지불함이 없이 이루어지지는 않는다.

이제 하나님께서 우리를 귀하게 보시고 우리를 당신의 위대한 일에 부르신다. 그냥 놔두면 하찮게 있다가 사라지고 말 우리의 이야기를 그분의 영원한 이야기 속으로 포함시키기 위해 천사도 흠모할 하나님 나라의 일로 우리를 부르신다. 우리는 감사함으로 그 부르심에 응답해야 한다. 다윗이 시편 8편에서 고백했던 것처럼 "사람이 무엇이기에 주님께서 이렇게까지 생각하여 주시며, 사람의 아들이 무엇이기에 주님께서 이렇게까지 돌보아 주십니까?"라고 감격하며 자신을 드려야 한다. 우리를 무엇보다 소중히 여기시는 이 하나님을 신뢰하며 바빌론을 떠나도록 하자. 우리의 안전지대를 떠나서 주님이 부르셔서 맡기시는 일을 하자. 무너진 것들을 다시 세우고 망가진 삶과 영성과 공동체를 리셋하며 하나님 나라의 건설에 헌신하자. 당신이 아무리 평범하건, 아니 평범 이하라 해도 상관없다. 지극히 특별하신 하나님이 당신을 중요하게 여기시며 당신을 통해 위대한 일을 하기 원하신다. 여기 이 리스트의 귀환자들처럼 믿음으로 주님의 부르심에 응답한다면 당신은 현재로서는 그 의미를 잘 헤아리기도 힘든 하나님의 큰 역사에 참여하게 되며 영원한 하나님의 리스트에 그 이름을 올리게 될 것이다.

예배로 이어지는 신학

마지막으로 오래전에 내가 들었던 경구 하나를 나누려 한다. 그것은 바로 "신학은 예배로 이어져야 한다"라는 것이다. 이 장에서 다루었던 신학

레슨도 마찬가지이다. 우리는 우리가 배웠던 그 하나님을 예배하며 섬겨야 한다.

어떤 이는 신학교에 갔다가 지식은 늘었을지 모르지만 하나님을 향한 마음이 차가워진 상태로 졸업하기도 한다. 사람을 그렇게 만드는 신학은 결코 좋은 신학이 아니다. 오히려 로마서를 써 내려가며 신학적 논증을 하던 사도바울처럼 우리는 하나님에 대해 감탄하고 경배해야 한다. 바울은 하나님의 구원과 성화, 이스라엘과 교회에 대한 그분의 경륜에 대해 신학적 논의를 해나가다가 이렇게 부르짖었다.

하나님의 부유하심은 어찌 그리 크십니까? 하나님의 지혜와 지식은 어찌 그리 깊고 깊으십니까? 그 어느 누가 하나님의 판단을 헤아려 알 수 있으며, 그 어느 누가 하나님의 길을 더듬어 찾아낼 수 있겠습니까? "누가 주님의 마음을 알았으며, 누가 주님의 조언자가 되었습니까?" "누가 먼저 무엇을 드렸기에 주님의 답례를 바라겠습니까?" 만물이 그에게서 나고, 그로 말미암아 있고, 그를 위하여 있습니다. 그에게 영광이 세세에 있기를 빕니다. 아멘(롬 11:33-36).

바울에게 하나님은 그저 지식의 대상이 아니었다. 그는 크고 놀라우신 하나님을 예배하지 않을 수 없었다. 이처럼 신학은 예배로 이어져야 한다.

오래전에 옥스퍼드 출신의 신학자인 J. I. 패커(J. I. Packer)가 쓴 『하나님을 아는 지식』이라는 명저를 읽었을 때가 생각난다. 나는 그 책을 읽고 마음이 뜨거워졌고 하나님을 경배하며 그분을 더 따르고 싶었다. 하나님에 대한 올바른 지식은 그냥 지식만으로 남지 않으며 그래서도 안 된다. 우리는 그 무엇보다, 그 누구보다 신실하시고 은혜로우시며 우리 같은 평범한 사람들을 위대한 일로 불러 쓰기 원하시는 그 하나님을 더 의지하고 더 예배하며 더 섬기고 따르기로 결단해야 한다. 그렇게 믿음으로 반응할 때 하나님께서 우리의 인생을 가치 있게 하시고 무너진 것을 다시 일으켜 세우시며 하나님 나라를 건설하는 위대한 일에 계속적으로 사용하실 것이다.

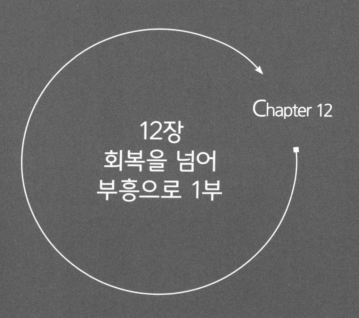

12장
회복을 넘어
부흥으로 1부

Chapter 12

느헤미야 8:1~9

모든 백성이 한꺼번에 수문 앞 광장에 모였다. 그들은 학자 에스라에게, 주님께서 이스라엘에게 명하신 모세의 율법책을 가지고 오라고 청하였다. 일곱째 달 초하루에 에스라 제사장은 율법책을 가지고 회중 앞에 나왔다. 거기에는, 남자든 여자든, 알아들을 만한 사람은 모두 나와 있었다. 그는 수문 앞 광장에서, 남자든 여자든, 알아들을 만한 모든 사람에게 새벽부터 정오까지, 큰소리로 율법책을 읽어 주었다. 백성은 모두 율법책 읽는 소리에 귀를 기울였다. 학자 에스라는 임시로 만든 높은 나무 단 위에 섰다. 그 오른쪽으로는 맛디댜와 스마와 아나야와 우리야와 힐기야와 마아세야가 서고, 왼쪽으로는 브다야와 미사엘과 말기야와 하숨과 하스밧다나와 스가랴와 므술람이 섰다. 학자 에스라는 높은 단 위에 서 있었으므로, 백성들은 모두, 그가 책 펴는 것을 볼 수 있었다. 에스라가 책을 펴면, 백성들은 모두 일어섰다. 에스라가 위대하신 주 하나님을 찬양하면, 백성들은 모두 손을 들고 "아멘! 아멘!" 하고 응답하고, 엎드려 얼굴을 땅에 대고 주님께 경배하였다. 레위 사람인 예수아와 바니와 세레뱌와 야민과 악굽과 사브대와 호디야와 마아세야와 그리다와 아사랴와 요사밧과 하난과 블라야는, 백성들이 제자리에 서 있는 동안에, 그들에게 율법을 설명하여 주었다. 하나님의 율법책이 낭독될 때에, 그들이 통역을 하고 뜻을 밝혀 설명하여 주었으므로, 백성은 내용을 잘 알아들을 수 있었다. 백성은 율법의 말씀을 들으면서, 모두 울었다. 그래서 총독 느헤미야와, 학자 에스라 제사장과, 백성을 가르치는 레위 사람들이, 이 날은 주 하나님의 거룩한 날이니, 슬퍼하지도 말고 울지도 말라고 모든 백성을 타일렀다.

리셋

• • •

느헤미야와 함께 다시 세우라

노벨 문학상을 받은 미국의 극작가 유진 오닐(Eugene G. O'Neil)은 "인간은 부러진 채 태어나 고침을 받으며 살아간다"라는 말을 한 적이 있다. 그에 의하면 모든 사람은 기본적으로 회복이 필요한 존재이다. 날 때부터 온전하지 못한 상태에서 태어나기 때문이다. 그래서 잘난 사람이건 못난 사람이건 상관없이 우리는 수시로 회복을 갈망하곤 한다. 특별히 험난한 세파가 우리를 덮칠 때 우리는 더욱 회복에 대한 필요성을 느끼게 된다.

알다시피 지난 3년 동안 이 세상에 사는 거의 모든 사람은 코로나 사태라는 큰 풍파를 만났다. 전 세계를 강타한 이 초유의 사태는 우리 삶을 부러뜨렸고 우리에게서 많은 것을 앗아갔다. 우리는 코로나 이전에 누리던 일상을 빼앗겼고 건강과 관계적 친밀함과 재정적 안전을 빼앗기기도 했다. 그리고 그리스도인의 경우엔 그것에 더해 신앙의 여러 부분을 빼앗겼다. 그래서 우리는 그 어느 때보다 회복의 필요성을 느끼며 회복을 갈망하고 있다.

그렇다. 우리에겐 지금 회복이 필요하다. 일상의 회복뿐 아니라 신앙의 회복도 필요하다. 우리는 거리두기 정책과 종교단체 모임의 인원 제한 등으로 우리가 잃어버렸던 대면 교제와 공동 예배를 회복해야 한다. 코로나를 핑계 삼아 느슨해진 우리의 신앙과 영성과 봉사도 회복해야 한다. 전도의 열정과 교회의 사명도 회복해야 한다. 우리의 공동체성도 회복해야 한다. 반드시 그래야 한다. 그런데 그걸로 그쳐서는 안 된다. 한 걸음 더 나가야 한다. 우리는 회복을 넘어 부흥으로 가야 한다.

부흥이라는 단어를 입에 올리면 많은 사람이 교회에 사람들이 더 많이 모이고 헌금이 더 늘어나는 것과 같은 물리적인 성장을 연상한다. 그러나 부흥의 참된 의미는 그런 것이 아니다. 국어사전에서 부흥은 "쇠퇴하였던 것이 다시 일어나는 것. 또는 다시 일어나게 하는 것"으로 정의되어있다. 영어로 부흥을 revival이라고 하는데 그 말은 "회복, 소생"이라는 뜻이다. 부흥의 라틴어인 revivisco'는 '생명을 되찾다', '부활하다'라는 뜻이다. 구약에서 부흥을 뜻하는 히브리어 하야(חיה)에는 '살다', '생명을 갖다', '살아 있다', '소생되다', '생기 있다', '생명이나 건강을 되찾다'라는 의미가 있다. 따라서 지금 우리가 말하는 부흥은 죽었던 심령이 다시 살고 거룩이 회복되며 교회 가운데 생명력과 사랑과 열정이 넘치는 것을 의미한다. 생각해보라. 메마른 심령이 기경되고 생명력으로 충만하며 깊은 기쁨과 뜨거움이 있고 믿음과 소망과 사랑이 용솟음치며 죄와 유혹을 이기는 능력을 갖추고 정말 살아있는 것처럼 사는 그것보다 더 바라야 할 것이 무엇인가? 그런 공동체가 되는 것보다 더 위대한 꿈이 어디 있는가? 그렇다. 우리는 단순한 회복을 넘어 부흥으로 가야 한다.

이 장에서 살펴볼 본문은 느헤미야서 8장의 앞부분이다. 이미 본 것처럼 성벽 공사는 완공되었다. 무너졌던 예루살렘 성벽의 재건, 그것이 느헤

리셋, 느헤미야와 함께 다시 세우라

미야가 수산의 아름다운 궁전을 떠나 황폐한 예루살렘으로 온 주목적이었다. 그런데 그 과업이 하나님의 은혜 가운데 52일 만에 이루어졌다. 150년 동안이나 허물어져 있던 거룩한 성의 성벽이 온갖 방해와 위협과 악조건 가운데서 회복된 것이다. 놀라운 성취였다. 이제 미션은 이루어졌고 느헤미야는 페르시아의 궁전으로 돌아가야 하며 그의 이름으로 된 책은 끝났어야 한다.

그러나 우리가 보는 것처럼 느헤미야서는 거기서 끝나지 않았다. 왜일까? 더 중요한 일이 남았기 때문이다. 느헤미야가 꿈꾸고 기도하던 성벽 재건이라는 꿈을 넘어선 또 다른 꿈이 이루어져야 했기 때문이다. 사실, 외적으로 보면 예루살렘은 이제 회복되었다. 성전이 재건되었고 성벽까지도 제 모습을 갖추었다. 그들은 보다 안전하게 살면서 성전에서 제사도 드릴 수 있게 되었다. 그러나 그 회복을 넘어선 무언가가 또 일어나야 했다. 그것은 그들의 심령이 되살아나고 변화되는 일이다. 그들의 겉모습뿐 아니라 속까지 명실상부하게 하나님의 백성으로 다시 서는 일이다. 그들에게는 부흥이 필요했다. 그것이 느헤미야서 8장에서 이루어진 것이다. 그럼 그 부흥의 비결은 무엇이었을까? 어떻게 해서 그들은 회복을 넘어 진정한 부흥을 경험할 수 있었을까? 우리는 또 어떻게 그럴 수 있을까? 이번 장과 다음 장에서 우리는 이 문제에 대한 답을 찾아보려 한다.

말씀에 대한 사모함

본문의 이야기는 사실상 7장 73절 하반부부터 시작된다. 느헤미야가 성벽 재건을 완성하고 예루살렘으로 사람들을 유입시키기 위해 인구조사를 하던 그때, 사람들은 여러 마을에 흩어져 살고 있었다. 그리고 일곱째 달이 되었다. 티스리월이라고 이름 붙여진 이달은 오늘날로 치면 9/10월에 해당한다. 이달은 이스라엘 종교에서 매우 중요한 달이었다. 첫날에는 나팔절이라는 절기가 있었고 10일에는 '욤 키푸어(יום כיפור)'라고 불리는 대 속죄일이 있었다. 그리고 15일에서 21일 사이에 초막절이 열렸다. 그리고 이달은 종교력으로 7월이지만 민간력으로는 1월이었다. 다시 말해 새해가 시작되는 달인 것이다. 우리도 새해가 되면 뭔가 새로운 결심을 하지 않는가? 다이어트로 가볍게 살겠다거나 성경을 읽어야 하겠다거나 새벽기도를 나가야 하겠다거나 등등. 이 이스라엘 백성들도 새해의 첫날이자 종교적으로 성스러운 달을 맞아 뭔가 거룩한 열망을 품기 시작했다. 그것은 바로 하나님의 말씀에 대한 것이었다. "모든 백성이 한꺼번에 수문 앞 광장에 모였다. 그들은 학자 에스라에게, 주님께서 이스라엘에게 명하신 모세의 율법책을 가지고 오라고 청하였다"(느 8:1). 여기서 흥미로운 것은 백성들이 먼저 율법학자인 에스라에게 성경책을 가지고 올 것을 요청하였다는 사실이다. 에스라나 느헤미야, 또는 제사장이 백성들에게 와서 말씀을 들으라고 한 것이 아니라 백성들 스스로가 원했던 것이다. 그들은 하나님과의 관계를 바르게 하기 위해, 그리고 하나님 백성으로서의 정체성을 회복하기 위해, 영적인 각성과 변화를 위해 자기들에게 말씀이 필요함을 알았다. 그래서 그들은 사람들을 성별과 나이와 신분에 따라 나누는 성전이 아니라 모든 사람이 함께 말씀을 들을 수 있는 수문(watergate) 앞 광장에 모였던 것이다. 그래서 그들은 총독 느헤미야나 제사를 돕는 레위인이 아니라 성경학자 에스라에게 갔으며, 그에게 율법책을 가져와 달라고 요청했던 것이다. 그만큼

리셋, 느헤미야와 함께 다시 세우라

그들은 말씀에 갈급했었다.

그들의 요청에 따라 에스라는 일곱째 달 초하루, 민간력으로 1월 1일에 율법책을 가지고 회중 앞에 나왔다. 2절에 보니 거기에는 남자와 여자, 그리고 알아들을 만한 사람, 다시 말해 그들의 자녀들까지도 모두 나와 있었다. 우리는 아이들이 말씀을 이해하지 못할 것이라고 지레짐작하지만 절대 그렇지 않다. 아이들도 성령의 도우심 가운데 말씀을 이해할 수 있고 회심할 수 있다. 『아이들의 회심 이야기』라는 책을 보면 만 5살, 8살 때 회심하고 놀라운 믿음의 고백을 한 사례들이 계속 나온다. 우리는 아이들이 영혼을 가진 존재이며 복음에 반응할 뿐 아니라 말씀을 이해할 수 있다는 사실을 인식하고 사역할 필요가 있다.

아무튼, 이 무리는 말씀을 듣기 위해 새벽부터 수문 앞 광장에 나와 있었다. 이들의 말씀에 대한 사모함이 어땠는지를 3절은 이렇게 설명한다. "그는 수문 앞 광장에서, 남자든 여자든, 알아들을 만한 모든 사람에게 새벽부터 정오까지, 큰소리로 율법책을 읽어 주었다. 백성은 모두 율법책 읽는 소리에 귀를 기울였다." 에스라는 새벽부터 정오까지, 시간으로 환산하면 새벽을 6시로 잡더라도 무려 6시간 동안 말씀을 전했다. 더욱 놀라운 것은 5절에 쓴 것처럼 이들이 말씀에 대한 존경의 의미로 계속해서 서 있었고 그럼에도 불구하고 모두가 말씀을 경청했다는 것이다. 요즘엔 설교자가 말씀을 좀 길게 전하면 사람들은 신호를 보낸다. 볼펜을 떨어뜨리거나 성경책 페이지를 막 넘기거나 시계를 보거나 두리번거리거나 졸거나 심지어 초점 없는 눈으로 바라보기도 한다. 그러나 여기에는 그런 사람이 한 사람도 없었다. 그만큼 그들은 말씀에 갈급했고 말씀을 사모했던 것이다.

영적 갱신과 부흥과 참된 변화를 원한다면 말씀에 대한 갈급함부터 회복해야 한다. 왜냐하면 히브리서 말씀처럼 성경 말씀은 살아있고 힘이 있어서 마치 수술칼처럼 우리의 속을 꿰뚫고 우리의 마음에 품은 생각과 의도까지 밝혀내기 때문이다. 그뿐 아니라, 성경 말씀은 우리의 영혼을 살리는 양식이기 때문이다. 나는 사모함과 관련하여 내가 섬기는 신학교에서 찍은 아주 흥미로운 사진을 하나 보았다. 신학교 식당 앞의 나무에 새가 집을 지어 알을 낳았고 거기서 부화가 되어 새끼 다섯 마리가 나왔던 일이 있었다. 내가 본 그 사진은 학교의 총장님이 찍은 것인데 부화한 새끼들이 잘 있는지 보려고 나뭇잎을 헤치니까 앞을 못 보는 새끼들이 엄마가 먹이를 물어왔나 해서 전부 하늘을 향해 노란 입을 한껏 벌리는 모습을 포착한 것이었다. 그와 같은 갈급함이, 그런 사모함이 우리에게 있는가? 풍요 속의 빈곤이라고 우리는 지금 어떤 면에서 말씀의 홍수 속에 있다. 성경책도 번역 별로 여러 권이 있고 스마트폰에 각종 성경 앱도 있고 설교도 입맛대로 골라 들을 수 있다. 그래서인지 우리는 말씀이 얼마나 귀한 줄 모르고 그 입맛을 잃어가고 있다. 말씀에 대한 사모함이 없다. 사방에 널린 게 말씀이니까.

몇 년 전 중국의 지하 신학교에 가서 말씀을 가르치던 때를 잊을 수가 없다. 이른 아침부터 저녁까지 수십 명이 모인 비좁은 아파트에서 일주일을 가르쳤는데 마치 스펀지처럼 말씀을 빨아들였다. 예정된 강의 외에 일종의 보너스처럼 아침마다 내가 묵상한 말씀을 나눠주었는데 너무 좋아하면서 더 듣고 싶어 하는 그 표정들이 지금도 눈에 선하다. 스스로에게 질문해보라. 말씀에 대한 갈급함이 있는가? 나는 무엇에 목말라하며 무엇을 그토록 사모하는가? 우리의 영혼이 소생하려면, 우리의 교회가 진정 교회다운 교회로 새로워지려면 우리는 말씀에 대한 갈급함을 회복해야 한다. 상기하자. 말씀에 귀 기울임이 없이 우리 인생에 참된 부흥과 갱신과 변화는 없다. 우리는 이 사실을 깊이 인식해야 한다. 그리고 더 나아가 너무 바쁜 삶의 스케줄을 조정하고 쓸데없는 일로 복잡해진 삶을 단순화해야 한다. 너무 가득 차 있고 너무 많은 것을 가진 사람이 영적인 갈급함을 느끼기는 힘들다. 무엇보다도 우리는 이런 갈급함을 달라고, 말씀에 대한 식욕을 회복시켜달라고 하나님께 기도할 필요가 있다. 왜냐하면 이런 갈급함도 어떤 면에서 하나님의 선물이기 때문이다.

말씀의 빛 가운데서 자신을 바라봄

4절을 보면 에스라는 모든 사람이 그를 볼 수 있게 임시로 만든 높은 나무 단 위에 섰다. 오늘날 목사들이 설교하는 강단의 시작이라고 볼 수 있겠다. 그 강단 중앙에 에스라가 서고 그 옆으로 오른쪽에 여섯 명, 왼쪽에 일곱 명이 섰는데 그들을 제사장이나 레위인이라고 칭하지 않은 것으로 보아 평신도 대표로 여겨진다. 이들은 에스라의 말씀 사역을 지지하고 그에게 힘을 주기 위해 그와 함께 강단에 섰다. 에스라가 높은 단에 있었기 때문에 사람들은 그의 일거수일투족을 볼 수 있었다. 백성들은 그가 모세오경의 두루마리를 펴면 자리에서 모두 일어섰다. 말씀에 대한 존경심을 표하기 위해서였다. 지금도 성경을 읽는 시간에 회중들이 자리에서 일어서는 교회들이 있다. 물론 일어서는 행위 자체보다 마음의 태도가 더 중요하다. 그러나 그들은 자리에서 일어섬으로 자기들의 마음을 표현했다. 6절에 나온 것처럼 에스라는 말씀의 두루마리를 편 후, 그 말씀의 하나님을 찬양했다. 거기에 대해 백성들은 "모두 손을 들고 '아멘! 아멘!' 하고 응답하고, 엎

드려 얼굴을 땅에 대고 주님께 경배하였다." 이 광경을 상상해보라. 대규모
의 회중이 일제히 손을 들고 '아멘' 하며 엎드려 얼굴을 땅에 대고 주를 경
배하는 모습은 얼마나 감동적이었을까? 이것은 그들의 마음이 하나님을
향하여 얼마나 열려있는가를 잘 보여준다.

7-8절에는 이 역사적 모임에서 어쩌면 가장 중요한 사역이 묘사되어 있
는데 그것은 말씀의 의미를 이해시키는 것이었다. "레위 사람인 예수아와
바니와 세레뱌와 야민과 악굽과 사브대와 호디야와 마아세야와 그리다와
아사랴와 요사밧과 하난과 블라야는, 백성들이 제자리에 서 있는 동안에,
그들에게 율법을 설명하여 주었다. 하나님의 율법책이 낭독될 때에, 그들
이 통역을 하고 뜻을 밝혀 설명하여 주었으므로, 백성은 내용을 잘 알아들
을 수 있었다." 무슨 일이 있었는지 짐작하겠는가? 에스라가 말씀을 읽는
가운데 이 13명의 레위인들이 각각 백성들 속으로 들어가 그룹별로 통역을
해주고 말씀의 의미를 설명해 주었던 것이다. 통역을 해야 했던 것은 아람
어를 사용했던 귀향민들이 히브리어로 된 율법책을 잘 알아들을 수 없었기
때문이다. 다음에 쓰인 글을 이해하겠는가? 아니 읽을 수라도 있겠는가?

나랏말싸미 듕귁에 달아 문자와로 서르 사맛디 아니할쎄 이런 전차로 어
린 백성이 니르고져 홀베이셔도 마참네 제 뜨들 시러펴디 몯할 노미하니
아 내 이랄 윙하야 어엿비너겨 새로 스믈 여듧 짜랄 맹가노니 사람마다 해
여 수비니겨 날로 쑤메 뻔한킈 하고져 할따라미니라. (『훈민정음 언해본』 서
문, 1446년 9월.)

같은 한글이라도 세월이 지나면 이해하기 힘든데 이들은 오죽했을까? 모

세의 오경은 느헤미야의 시대로부터 천 년 전에 기록된 말씀이었고 오랜 포로 생활로 인해 많은 사람이 히브리어를 잊어버렸으니 당연히 통역하고 설명해야 했다. 이 사역으로 백성은 말씀의 의미를 이해하게 되었는데 이해는 변화를 위해 반드시 필요하다. 그래서 나도 말씀을 이해시키기 위해 설교나 강의 가운데 TV 프로그램이나 영화 이야기도 하고 유머와 다양한 예화를 사용하곤 한다. 그런데 지금 이 사람들의 이해는 단순히 지적인 이해에 그치지 않고 마음의 이해, 즉 깨달음으로 이어졌다. 이렇게 말하는 이유는 9절에 백성들이 보인 반응 때문이다. 어떤 반응이었을까? "백성은 율법의 말씀을 들으면서, 모두 울었다." 하나님의 말씀이 그들의 마음을 터치한 것이다. 그들은 말씀을 듣고 그 의미를 이해하면서 자신의 삶을 돌아보았다. 그리고 지금 들려지고 이해되는 말씀처럼 살지 못하는 것에 대해 통회의 눈물을 흘렸다. 이것이 말씀을 마음으로 이해했을 때 일어나는 일이다.

당신은 어떤가? 말씀을 마음으로 이해하며 개인적으로 그 의미를 깨닫는가? 단지 지식적으로 아는 것이 아니라 마음에 그 말씀의 빛이 비치었는가? 말씀의 지식으로 남을 판단하는 것이 아니라 자신을 성찰하며 애통해하는가? 내가 신학교에서 맡은 과목 가운데는 "영성 소그룹"이라는 과목이 있다. 말 그대로 소그룹으로 모여 영성 함양을 하는 그런 과목이다. 언젠가 나눔 시간에 한 학생이 '결혼 전에는 말씀을 잘 받고 자신에게 적용해 참 유익이 되었는데 결혼 후에는 자꾸 아내나 자녀들에게 적용하게 된다'라는 말을 했다. 결혼한 학생들이 그 말에 공감하면서 은혜받는 모습을 보았다. 신혼인 학생도 예외는 아니었다. 배우자가 문제라는 뜻이었다. 나는 그들의 배우자들과도 같은 나눔을 한번 진행해보고 싶었다. 누구에게 적용하는

지를 보고 싶었던 것이다. 그런데 신학생들만 그렇겠는가? 우리는 종종 말씀으로 자신을 성찰하기보다 다른 사람에게 적용하고 판단하기 좋아한다.

우리는 내가 말씀을 읽는 것이 아니라 말씀이 나를 읽을 수 있게 해야 한다. 말씀에 비추어 나의 비참한 상태를 볼 수 있어야 한다. 내가 거룩하신 하나님께 잘못을 저질렀고 하나님의 기준대로 살지 못했음을 인식해야 한다. 통찰력 있는 기독교 작가인 필립 얀시(Philip Yancey)는 "진짜 성도는 자신의 죄 있음을 결코 놓치지 않는다"라고 했다. 당신은 어떤가? 나는 믿음의 삶을 살아나가면서 가끔씩 나 자신에게 깊이 실망할 때가 있다. '내가 이렇게 죄인인가? 그리스도인이고 목사인데 이렇게밖에 반응하지 못하는가? 아직도 이런 생각을 하는가? 어떻게 그런 짓을 했을 수가 있지? 아직도 이런 일로 씨름을 하다니, 내가 이러고도 그리스도인인가?' 그러면서 의기소침해지고 낙심이 된다. 그러나 이런 반응조차도 말씀에 자신을 비추어보지 않으면 불가능하다. 내가 말씀에 의해 읽혔기에 이런 인식이라도 할 수 있다는 말이다. 우리는 마음을 열고 말씀을 들으면서 성령의 조명하심 가운데 거룩하신 하나님 앞에서 자신의 참모습을 보아야 한다. 그럴 때 진정한 갱신과 부흥이 가능해진다.

1907년 1월, 우리 민족이 외세의 위협과 가난과 고난 가운데 있었을 때 평양 장대현 교회라는 곳에서 일주일간의 부흥 성회가 열렸다. 당시 평양시 전체의 기독교 인구가 8천 명밖에 되지 않을 때였는데 집회 첫날에 천오백 명이나 되는 사람들이 교회 본당을 가득 메웠다. 매튜스 선교사는 아무도 시간의 구애를 받지 않았으며 자신이 저녁 8시부터 다음 날 새벽 6시까지 10시간을 교회에 있었는데 그 10시간이 10분처럼 지나갔다고 고백했다. 강력한 성령의 역사가 있었고 사람들은 공개적으로 자신의 죄를 털어

놓으며 회개했다. 어떤 사람은 마음이 너무 괴로워 예배당 밖으로 뛰쳐나 갔다가 다시 돌아와, "오 하나님 나는 어떻게 했으면 좋겠습니까?"라고 울 부짖었다고 했다. 한국인 교인만이 아니었다. 집회 기간 동안 외국인 선교 사들은 한국인을 무시하고 그들과 반목한 것을 공개적으로 회개했다. 방 위량 선교사는 마지막 집회 상황에 대해 이렇게 증언했다.

> 1907년 1월 겨울 사경회의 마지막 기간 중에 성령의 임재를 보여주는 공 개적인 현상이 나타났다. 이 집회에서 사람들은 죄의 무서운 결과, 죄 없 으신 그리스도께서 받으신 고난, 자신들을 위해 죽으신 그리스도의 사랑 을 절절히 깨닫게 되었다. 그들은 몸부림치며 번민하였다. 그 가운데 일부 는 거의 죽음에까지 이를 정도였다. 그들은 완전한 용서를 깨닫고 마침내 마음의 평안을 얻었다. (박용규, 『평양대부흥운동』, 222.)

같은 집회에서 그래함 리 선교사는 한 젊은이의 공개적 회개를 듣는 가운 데 "하나님 앞에 완전히 발가벗겨져 있는 한 인간 모습을" 보았으며 그가 간음, 증오 등등 적나라한 죄의 고백과 함께 기도하며 흐느껴 울자 청중 들도 함께 흐느꼈다고 보고했다. 그러면서 리 선교사는 자신을 포함한 모 두가 "마치 우리 자신들이 살아계신 하나님의 면전에 있는 것처럼 느껴졌 다"라고 증언했다.

  이 부흥회는 평양 시내 교회들과 주위 신학교, 미션스쿨, 대학들로 들불 처럼 번졌고 대규모 전도 운동인 "백만 명 구령 운동"으로 이어졌다. 이는 또한 사회 윤리적인 실천적 회개 운동의 결과도 낳았다. 그리하여 술과 노 름, 음란에 찌들어 있었던 한국인의 삶에 도덕적으로 엄청난 영향을 끼쳤다. 암담한 현실 가운데 절망하던 사람들 마음에 복음이, 진리의 말씀이 새로운 희망을 심어준 것이다.

우리는 매주 말씀을 듣는다. 매일 말씀을 접하는 성도도 적지 않다. 통독을 하는 사람들은 체크하는 재미로 성경을 읽을지도 모른다. 어떤가? 읽고 있는 말씀의 의미를 진정으로 이해하지 못하고, 마음의 깨달음과 삶에 대한 개인적인 적용을 거른 채 그냥 흘려보내고 있지는 않은가? 성경을 읽는다고 하지만 그 성경이 나를 읽지 않고 나와 아무 상관없이 지나가지는 않는가? 말씀 앞에 통회하고 애통함이 없이 그저 재미 삼아 말씀을 듣지는 않는가? 말씀에 대한 우리의 자세를 되돌아보자. 그리고 마음을 열자. 말씀의 의미를 이해하려 하면서 그것으로 남을 판단하는 것이 아니라 자신을 살펴보고 회개하자. 무엇보다 성령의 도우심을 구하자. 깨닫게 해 달라고, 회개하고 돌이키게 해 달라고 말씀 앞에서 울게 해 달라고 기도하자. 그렇게 울어야 진짜 웃을 수 있다. 그래야 부흥과 갱신과 변화를 경험할 수 있다.

주여, 이놈이 죄인입니다!

옥한흠 목사님이 강사로 나섰던 평양대부흥 백주년 기념예배의 말씀을 처음으로 들었던 때가 기억난다. 옥 목사님은 요한계시록 3장에서 살아있다는 이름은 있지만 사실은 죽은 교회라는 평가를 주님으로부터 받은 사데 교회에 대한 말씀을 전하면서 오늘날 한국교회가 그 사데 교회와 같다고 했다. 그러면서 그는 "주여, 이놈이 죄인입니다."라는 말로 시작되는 유명한 회개의 기도를 하나님 앞에 올렸다. 다음이 그 기도의 내용이다.

> 이놈이 죄인입니다. 이놈이 한국교회, 입만 살았다고 떠들고 행위가 죽어
> 버린 한국교회를 만든 장본인입니다. 주여, 이것이 감히 설교할 자격이 없
> 는데도 주님이 말씀을 전하라고 비천한 것을 몰아붙였습니다. 아버지, 아
> 버지, 겉모양은 요란하지만 내면은 죄악이 쌓여있는 이 한국교회를 주여
> 불쌍히 여기시고, 성령을 부어주시되, 통회하고 자복하는 영을 부어주셔
> 서 한국교회를 깨끗하게 해 주옵소서! 깨끗하게 하옵소서! 깨끗하게 하
> 옵소서!

나는 그 말씀을 영상으로 들었는데 성령님의 강한 역사 가운데 말씀 초반
부터 마음이 아파지기 시작했다. 가슴을 치며 눈물을 흘리며 그 말씀을 듣
다가 그분이 '주여 이놈이 죄인입니다'라고 고백할 때 내 가슴을 쥐어뜯으
며 회개했다. 회개하지 않을 수가 없었다. 내가 바로 입만 살아있는 그 그리
스도인이었다. 겉만 멀쩡한 신자였다.

 당신은 어떤가? 괜찮은가? 말씀에 비추어 당신의 모습은 어떤가? 우리 모
두에게는 부흥이 필요하다. 그렇지 않은가? 우리는 많은 경우, 주일에 교회
오는 것 외에 믿지 않는 사람과 별다를 바 없이 살아간다. 세상의 빛과 소
금이 되어야 할 교회는 오히려 세상의 질책과 손가락질을 받고 있다. 예수
님께서 말씀하신 것처럼 맛을 잃은 소금이 되어 밖에 버려져 사람들에게
밟히는 비참한 상태에 처한 것과 같다. 하나님이 우리를 불쌍히 여기시고
다시 살려주셔야 한다. 그러기 위해서 우리는 교만과 안일함에서 벗어나 갈
급한 심령으로 말씀을 찾고 말씀의 의미를 마음으로 깨닫는 가운데 자신을

성찰하며 돌이켜야 한다. 그것이 회복을 넘어 부흥으로 가는 유일한 길이다. 하나님께서 우리에게 그런 은혜 주시기를 간절히 바란다.

리셋, 느헤미야와 함께 다시 세우라

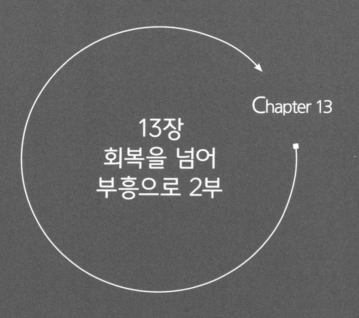

Chapter 13

13장
회복을 넘어
부흥으로 2부

느헤미야 8:9~18

백성은 율법의 말씀을 들으면서, 모두 울었다. 그래서 총독 느헤미야와, 학자 에스라 제사장과, 백성을 가르치는 레위 사람들이, 이 날은 주 하나님의 거룩한 날이니, 슬퍼하지도 말고 울지도 말라고 모든 백성을 타일렀다. 느헤미야는 그들에게 말하였다. "돌아들 가십시오. 살진 짐승들을 잡아 푸짐하게 차려서, 먹고 마시도록 하십시오. 아무것도 차리지 못한 사람들에게는, 먹을 몫을 보내 주십시오. 오늘은 우리 주님의 거룩한 날입니다. 주님 앞에서 기뻐하면 힘이 생기는 법이니, 슬퍼하지들 마십시오." 레위 사람들도 모든 백성을 달래면서, 오늘은 거룩한 날이니, 조용히 하고, 슬퍼하지 말라고 타일렀다. 모든 백성은 배운 바를 밝히 깨달았으므로, 돌아가서 먹고 마시며, 없는 사람들에게는 먹을 것을 나누어 주면서, 크게 기뻐하였다. 이튿날에 모든 백성을 대표하는 각 가문의 어른들이 제사장들과 레위 사람들과 함께 율법의 말씀을 밝히 알고자 하여, 학자 에스라에게로 갔다. 그들은, 이스라엘 자손은 일곱째 달 축제에는 초막에서 지내도록 하라는, 주님께서 모세를 시켜서 명하신 말씀이, 율법에 기록되어 있는 것을 발견하였다. 또한 그들은 책에, 산으로 가서 올리브 나무와 들올리브 나무와 소귀나무와 종려나무와 참나무의 가지를 꺾어다가 초막을 짓도록 하라는 말이 기록되어 있기 때문에, 그 말을 이스라엘 자손이 사는 모든 마을과 예루살렘에 널리 알려야 한다는 것을 알게 되었다. 그래서 백성은 나가서, 나뭇가지를 꺾어다가, 지붕 위와 마당과 하나님의 성전 뜰과 수문 앞 광장과 에브라임 문 앞 광장에 초막을 세웠다. 사로잡혀 갔다가 돌아온 모든 사람이 초막을 세우고 거기에 머물렀다. 눈의 아들 여호수아 때로부터 그 날까지, 이렇게 축제를 즐긴 일이 없었으므로, 이스라엘 자손은 크게 즐거워하였다. 에스라는 첫날로부터 마지막 날까지, 날마다 하나님의 율법책을 읽어 주었다. 백성은 이레 동안 절기를 지키고, 여드레째 되는 날에는 규례대로 성회를 열었다.

리셋

· · ·

느헤미야와 함께 다시 세우라

부흥은 단순한 숫자적 성장이 아니라 영적 회복이며 다시 살아나는 것이라고 했다. 내가 미국 달라스에서 신학교에 다닐 때 옆 도시의 신학교에서 그런 일이 일어났다. 그 학교는 미국 최대 규모의 신학 대학원이었지만 채플이 활성화되지 않아 지도자들의 고민이 많았다고 한다. 출석하는 학생들의 숫자도 많지 않았을 뿐 아니라 예배 분위기도 냉랭했다는 것이다. 그런데 어느 순간부터 변화가 일어나기 시작했다. 말씀에 대한 특별한 반응이 일어났다. 많은 학생이 눈물로 회개하며 강단 앞으로 나가 무릎을 꿇고 기도하기 시작했다. 예배 시간이 끝났는데도 학생들은 그곳을 떠나지 않고 자발적으로 기도하고 찬양하는 놀라운 일이 일어났다. 그 소문은 학생들 사이에 퍼져나갔고 호기심을 느낀 수많은 학생이 채플에 몰려들었다고 한다.

지역 교회를 목회하는 목회자로서 나는 그런 일이 나 자신과 우리 교회에도 일어나기를 종종 꿈꾸고 갈망한다. 우리의 메마른 심령이 다시 살아나고 그냥 사는 게 아니라 정말 살아있는 것처럼 살기를 원하는 것이다. 하나님에 대한 사랑과 영혼에 대한 사랑에도 뜨거움이 되살아나기를 열망하는 것이다. 그렇게 부흥이 되면 현실이 좀 어렵더라도 감격이 있는 삶을 살수 있지 않을까? 가정에도 소유의 많고 적음과 상관없이 사랑과 기쁨이 넘치지 않을까? 교회 가운데 예배가 살아나고 감동의 눈물이 흘러넘치지 않을까? 자원함으로 섬길 뿐 아니라 교회의 담장을 넘어 하나님의 사랑과 복음을 흘려보내지 않을까?

어떤가? 이런 부흥이 필요하지 않은가? 이미 언급한 것처럼 진정한 부흥은 지금 우리에게 가장 절실히 필요한 것이다. 개인적으로도 그렇고 공동체적으로도 마찬가지다. 당신과 당신의 교회를 생각해보라. 마음이 메마르고 감격은 사라지고 신앙은 그저 의무로 전락하지는 않았는가? 많은 경우, 하나님은 그냥 이론이고 일상생활 가운데 잊힌 존재가 되어있진 않은가? 이찬수 목사는 부흥을 그리스도인이 믿는 자답게 역동적으로 하루를 살아갈 힘으로 규정한 자신의 책에서 이런 질문을 했다.

지금 우리의 상태는 어떤가? 부흥이 필요하지 않은가? 우리의 가정, 우리의 자녀들에게 부흥이 필요한 게 아닌가? 하나님과의 관계가 단절된 사람들에게 찾아오는 이유를 알 수 없는 공허함이 우리의 삶을 채우고 있진 않은가? 누릴 것 다 누리며 사는 것 같은데, 자려고 누우면 뭔가 마음이 불안하고 불편하고 허전한가? 그렇다면 지금 부흥이 필요한 상태다. (이찬수, 『오늘 살 힘』, 29-30.)

당신은 어떤가? 진정한 의미의 부흥이 필요한 상태에 있지 않은가? 회복을 넘어 부흥으로 가야 하지 않겠는가?

만약 그렇다면 우리는 질문해야 한다. 우리는 어떻게 부흥을 경험할 수 있을까? 어떻게 개인적으로 또 공동체적으로 영적 갱신과 소생의 축복을 누릴 수 있을까? 앞 장에서 우리는 느헤미야서 8장 앞부분의 이야기를 중심으로 부흥을 경험하기 위해선 말씀에 대한 갈급함을 회복하는 것이 필요하다는 것과 말씀을 제대로 이해하고 그 이해의 빛 가운데 자신을 직면할 필요가 있음을 배웠다. 이제 이 흥미진진한 이야기를 계속해서 들여다보며 느헤미야서 8장이 가르쳐주는 또 다른 부흥의 원리들에 대해 생각해보도록 하자.

주님의 기쁨을 믿음으로 받으라

이스라엘 백성들은 레위인들의 도움으로 학자 에스라가 읽어주는 말씀의 의미를 이해할 수 있었다. 단지 머리로만이 아니라 마음으로 그 말씀을 깨닫게 된 것이다. 그리고 그들은 자연스레 그 말씀의 빛 안에서 다른 누군가가 아닌 자기 자신을 비추어보기 시작했다. 그 결과가 무엇이었는가? 그들은 모두 울었다. 왜 그랬을까? 6시간이 넘도록 너무 긴 설교를 들어서 그랬을까? 점심때가 넘어 너무 배가 고파 울었을까? 아니다. 그들은 자신들이 거룩하신 하나님의 기준에서 얼마나 벗어나 있는지를 보았기 때문이었다. 말씀의 거울에 비추어보니 너무 엉망이 된 자신들의 참모습을 보게 된 것이다. 괜찮은 줄 알고 살았는데 전혀 그렇지 않았던 것이다. 건강에 아무 문제가 없는 줄 알았는데 종합 검진을 하다가 우연히 자신이 암에 걸린 것을 발견하게 된 사람의 마음을 짐작할 수 있겠나? 지금 이스라엘 사람들이 느낀 감정이 그런 것과 비슷하지 않을까? 그들은 성령의 조명 가운데 말씀을 통해 자신의 더러움과 죄 됨과 위선과 비참함과 위험을 보았다. 물론 사람마다 구체적인 경우는 달랐겠지만 말이다.

몇 년 전 지방선거 기간에 페이스북에서 재미있는 현수막 사진을 본 적이 있다. 그 현수막에는 "XX당 OO군 도의원 후보"라고 자신을 밝힌 후, 큰 글씨로 "저는 여자 문제가 하나도 없습니다"라는 문구가 쓰여 있었다. 그런 현수막을 본 적이 있나? 아마 당시 한 도지사 후보가 여배우와의 스캔들 의혹으로 이성 문제가 쟁점이 되자 이런 현수막을 내건 것 같았다. 이 현수막 사진에 대해 어떤 사람이 이렇게 댓글을 달았다. "여자 문제 빼고 다 있는 것 아닌가요?" 그럴지도 모른다. 그 댓글은 인간의 죄성에 대한 놀라운 통찰을 담고 있다. 내 요지는 각자 상황이 다르지만 우리에겐 다 문제가 있다는 것이다. 본문의 이스라엘 자손은 말씀을 통해 그 사실을 깨달았고 그래서 울었던 것이다. 앞에서 본 것처럼 이 과정은 우리의 영적 갱신과 부흥에 반드시 필요하다. 우리는 우리의 참모습을 볼 수 있어야 한다. 미국 리버티 대학의 설립자인 제리 폴웰(Jerry Falwell) 목사는 이런 말을 했다. "가끔씩은 자신의 죄와 부패함에 대해 진저리를 쳐야 할 필요가 있다." 그렇다. 질병의 실상을 알아야 치유와 회복이 가능하듯 우리도 우리 자신의 영적 상태에 대해 그래야 한다.

그런데 그게 다는 아니다. 눈물은 웃음으로 가는 과정이다. 백성들이 말씀을 듣고 진심으로 애통해하며 참회하는 것을 본 느헤미야와 리더들은 이제 그만 슬퍼하고 하나님 안에서 기뻐하라고 권면했다.

백성은 율법의 말씀을 들으면서, 모두 울었다. 그래서 총독 느헤미야와, 학자 에스라 제사장과, 백성을 가르치는 레위 사람들이, 이 날은 주 하나님의 거룩한 날이니, 슬퍼하지도 말고 울지도 말라고 모든 백성을 타일렀다. 느헤미야는 그들에게 말하였다. "돌아들 가십시오. 살진 짐승들을 잡아 푸짐하게 차려서, 먹고 마시도록 하십시오. 아무것도 차리지 못한 사람들에게는, 먹을 몫을 보내 주십시오. 오늘은 우리 주님의 거룩한 날입니다. **주님 앞에서 기뻐하면 힘이 생기는 법이니**, 슬퍼하지들 마십시오." 레위 사람들도 모든 백성을 달래면서, 오늘은 거룩한 날이니, 조용히 하고, 슬퍼하지 말라고 타일렀다(느 8:9-11).

리더들은 이날이 주님의 거룩한 날이라고 했다. 나팔절 절기를 지칭하는 것으로 보인다. 이런 성일들은 하나님의 자비를 기뻐하며 누리는 날이었다. 느헤미야와 에스라는 백성들에게 주께서 은혜로 주신 이 절기를 즐기고, 그 절기에 내포된 하나님의 긍휼과 자비로 인해 기뻐하며 그들이 가진 최고의 음식을 먹으라고 지시했다. 또한 가난한 사람들과 함께 음식과 즐거움을 나누라고 했다. 이 지시들은 모두 신명기에 기록된 것이다. 백성들은 어떻게 했을까? 그들은 리더들이 지시한 대로, 또 하나님의 말씀이 명하신 대로 했다. "모든 백성은 배운 바를 밝히 깨달았으므로, 돌아가서 먹고 마시며, 없는 사람들에게는 먹을 것을 나누어 주면서, 크게 기뻐하였다"(느 8:12). 그들은 그렇게 먹고 마시고 나누며 크게 기뻐했다. 그런데 이 구절을 잘 보면 그들이 기뻐한 이유가 지도자들의 명령 때문만은 아니었다. 사실 누가 기뻐하라고 해서 기뻐할 수 있나? 이를테면 내가 내 아내에게 "여보. 기뻐해"라고 말한다고 하자. 그렇다고 해서 내 아내가 기뻐하겠나? 이 사람들이 기뻐한 참 이유는 12절의 앞부분에 나와 있는 것처럼 하나님의 말씀을 밝히 깨달았기 때문이다. 그들은 말씀 때문에 울기도 했지만 동시에 말씀에 드러난 하나님의 은혜와 용서와 자비 때문에 즐거워하게 된 것이다. 그 말씀을 깨달았고 그것을 믿음으로 받아들였기 때문에 기쁨이 넘치게 된 것이다.

하나님의 말씀은 우리의 죄를 자각하게 만들어 우리를 회개케 한다. 그렇지만 동시에 그 말씀은 우리에게 기쁨을 준다. 말씀은 우리를 상하게 하면서 동시에 우리를 치유하는 것이다. 나는 얼마 전에 팀 켈러가 트위터에 올린 한 문구를 보았다. 다음과 같은 문구였다.

> "당신은 당신이 생각하는 것보다 더 나쁜 사람이다. 그러나 동시에 당신은 당신이 느끼는 것보다 훨씬 더 큰 사랑을 받고 있다!(You are worse than you think you are, but also far more loved you feel you are!)"

복음의 핵심을 꿰뚫은 절묘한 문장이다. 하나님의 말씀은 팀 켈러가 예리하게 표현한 것처럼 우리가 스스로에 대해 생각하는 것보다 더 나쁜 사람임을 뼛속 깊이 알게 한다. 그러나 동시에 그 말씀은 그럼에도 불구하고 우리 각자가 우리의 상상을 넘어선 사랑을 하나님께 받고 있음을 깨닫게 해 준다. 다른 분이 아니라 가장 높고 존귀하신 하나님이 가장 낮고 비천한 죄인인 나를 끔찍이 사랑하심을 말씀은 증언한다. 성령의 역사하심 가운데 성경 말씀은 우리에게 하나님께서 자기 아들을 내어줄 정도로 사랑하심을 알게 해 준다. 그럼으로써 우리를 상황에 메이지 않는 기쁨으로 인도하는 것이다.

삶 가운데서 기쁨을 누리기 원하는가? 무엇보다 먼저 하나님의 말씀으로 가기 바란다. 나는 설교를 하면서 우리 교회 성도뿐 아니라 다양한 청중을 접하는데 가끔씩 말씀 때문에 기쁘고 감격해서 얼굴이 환해진 사람들을 본다. 말씀 가운데 나타난 하나님의 사랑과 위로와 용서와 은혜와 소망을 깨닫고 그 말씀을 믿음으로 받아들여 그야말로 얼굴에 빛이 나는 것이다. 워렌 위어스비는 이런 말을 했다.

> 크리스천 기쁨의 비밀은 하나님께서 성경에 하신 말씀을 믿고 그 믿음 위에 행하는 것이다. 말씀에 근거하지 않는 믿음은 믿음이 아니다. 그것은 추측이나 미신이다. 믿음의 결과가 아닌 기쁨은 전혀 기쁨이 아니다. 그것은 곧 사라질 좋은 감정에 불과하다. 말씀에 근거한 믿음만이 인생의 풍랑을 잠재울 기쁨을 만들어낸다. (Warren W. Wiersbe, *Be Determined*, 101.)

그렇다. 따라서 우리는 말씀을 통해 주님께서 우리에게 주시는 기쁨을 믿음으로 받아야 한다. 거기에는 죄를 회개하고 믿는 자에 대한 하나님의 용서와 자비와 사랑과 은혜와 위로가 약속되어 있기 때문이다. 느헤미야는 10절에서 백성들에게 슬퍼하지 말라고 하면서 "주님 앞에서 기뻐하면 힘이 생기는 법"이라고 했다. 개역개정의 번역이 더 나은데 그것은 "여호와로 인하여 기뻐하는 것이 너희의 힘이니라"라는 말이다. 느헤미야의 말처럼 하나님으로 인한 그 기쁨이 우리의 힘이다. 여기에 쓴 "힘"이라는 히브리 단어에는 요새라는 뜻이 있다. 하나님께서 주시는 기쁨이 우리를 지켜 주는 요새이며 우리를 든든히 서 있게 한다. 참 기쁨을 잃어버리고 마음은 분노와 두려움과 염려로 가득 찬 이 세대에, 메말라 있고 변덕스러운 감정에 의지하는 이 세대에 주님 때문에 경험하는 참 기쁨은 진정 우리의 요새가 되며 더 나아가 경쟁력이 될 수 있다.

우리는 주님과 그분의 말씀 안에서 참 기쁨을 회복해야 한다. 사실 그리스도인은 인상부터 좀 달라야 한다. 유명한 무신론 철학자였던 프리드리히 니체는 자기 부모님 교회에서 기뻐하는 그리스도인을 본 적이 없고 교회가 장례식장 같아서 교회를 떠났다고 했다. 우리의 얼굴이 "전도지"라는 한 목사님의 말이 떠오른다. 그리스도인은 무엇보다 기뻐하는 사람이어야 한다. 다시 말해 말씀으로 회복된 기쁨이 우리의 특징이 되어야 한다는 것이다. 왜냐하면 우리 하나님은 기쁨의 하나님이시기 때문이다. 왜냐하면 그분께서 우리를 무조건적으로 사랑하시고 아침마다 새로운 은혜를 베푸시기 때문이다. 시편 기자는 이렇게 말했다. "주께서 생명의 길을 내게 보이시리니 주의 앞에는 충만한 기쁨이 있고 주의 오른쪽에는 영원한 즐거움이 있나이다"(시 16:11). 날마다 말씀을 통해 주님께 나아가자. 그리고 믿음으로 주님이 주시는 기쁨을 받아 누리자. 그분의 용서와 은혜와 위로와 사랑을 묵상하도록 하자. 회복을 넘어 부흥으로 갈 수 있을 것이다. 우리의 영혼이 성령에 의해 리셋되며 심령의 부흥을 경험할 수 있을 것이다.

말씀에 순종하라

에스라가 말씀을 백성들에게 읽고 설명해준 그다음 날 백성의 대표자들이 레위인들과 제사장들과 함께 말씀을 더 분명히 알기 위해 에스라를 다시 찾았다. 그들은 함께 말씀을 공부하다가 초막절에 대해 알게 되었다. 초막절은 레위기 23장에 의하면 이스라엘 종교력으로 일곱째 달이며 민간력으로 첫째 달인 티스리월 15일부터 7일 동안 열리게 되어 있었다. 이 초막절은 사람들이 나뭇가지로 지은 초막에 거하면서 하나님이 광야 생활하는 동안 임시거처 가운데 거했던 유대인들을 지켜주신 은혜를 기념하는 절기였다. 초막절은 유대인들의 절기 가운데 가장 거룩하고 즐거운 절기이기도 했다. 그런데 느헤미야 당시의 유대인들은 오랜 포로 생활 가운데 이 초막절을 바르게 지키지 못했던 것으로 보인다. 특별히 그들은 나뭇가지를 꺾어다가 초막을 지어 그 안에서 이 절기를 지켜야 하는지를 잘 몰랐던 것으로 보인다. 15절을 보면 그 사실을 짐작할 수 있다. "또한 그들은 책에, 산으로 가서 올리브 나무와 들올리브 나무와 소귀나무와 종려나무와 참나무의 가지를 꺾어다가 초막을 짓도록 하라는 말이 기록되어 있기 때문에, 그 말을 이스라엘 자손이 사는 모든 마을과 예루살렘에 널리 알려야 한다는 것을 알게 되었다."

그래서 어떻게 했을까? 남아있는 시간 동안 그들은 이 말씀을 모든 이스라엘 자손들에게 알렸다. 그래서 이들뿐 아니라 모든 백성은 말씀대로 초막절을 지킬 수 있었다. "그래서 백성은 나가서, 나뭇가지를 꺾어다가, 지붕 위와 마당과 하나님의 성전 뜰과 수문 앞 광장과 에브라임 문 앞 광장에 초막을 세웠다. 사로잡혀 갔다가 돌아온 모든 사람이 초막을 세우고 거기에 머물렀다"(느 8:16-17a). 이처럼 그들은 말씀에 순종하여 나뭇가지를 꺾어 초막을 세웠다. 18절에 보면 에스라는 이 절기 동안 날마다 하나님의 율법책을 읽어주었고 백성은 마지막 날인 8일째에 성회를 열었다. 이 또한 레위기 23장의 지침과 일치하는 것이다. 다시 말해 그들은 말씀대로 완벽하게 초막절을 지킨 것이다. 그러자 어떤 결과가 있었을까? "눈의 아들 여호수아

때로부터 그 날까지, 이렇게 축제를 즐긴 일이 없었으므로, 이스라엘 자손은 크게 즐거워하였다"(느 8:17b). 그들은 그 말씀에 온전히 순종했고 하나님께서는 당신의 말씀을 순종하는 자들에게 큰 기쁨을 주셨다.

참된 부흥과 기쁨을 원한다면 우리는 말씀을 듣고 이해하는 데서 그치지 말고 말씀대로 순종하며 말씀을 삶으로 살아내려고 노력해야 한다. 그럴 때 심령의 부흥과 회복이 경험될 수 있다. 오늘날 한국교회의 문제가 무엇인가? 목소리는 요란한데, 누구보다 뜨겁게 기도하는데, 감정은 끓어올라 손을 들고 점프를 하며 붕붕 뛰는데 순종이 결여되어 있는 것이 아닐까? 나는 가끔씩 대학생 선교단체나 청년 집회의 강사로 가서 말씀을 전할 때가 있다. 어떤 경우는 며칠 동안 말씀을 전하기도 한다. 가보면 대개 분위기가 매우 뜨겁다. 한번은 찬양 시간에 이런 해프닝도 있었다. 강사였던 나는 안내를 받아 맨 앞자리에 앉아 있었다. 찬양이 시작되었고 분위기는 금방 달아올랐다. 찬양을 부르다가 뭔가 좀 이상해서 슬쩍 뒤를 돌아보았더니 모두가 일어나 있었다. 인도자가 일어나라는 소리를 하지 않았는데 저절로 일어난 것이다. 나는 고민에 빠졌다. '지금이라도 일어나야 하나, 끝까지 혼자 앉아 있어야 하나?' 하여튼 열기는 그만큼 뜨거웠다. 찬양 시간만이 아니다. 어떤 경우는 말씀 시간 후에, 들은 말씀을 붙들고 기도회를 하기도 한다. 불을 끄고 수백 명의 청년이 한 시간이 넘도록 목소리를 높이는데 그 모습만 보면 금방이라도 한국의 대학이 뒤집힐 것 같다. 그런데 우리가 알다시피 그런 일은 잘 일어나지 않는다. 왜 그럴까? 그 예배의 열기와 예배 가운데서 들은 말씀이 실제 삶에서 순종으로 잘 이어지지 않기 때문이다. 뜨거운 집회에 다녀왔지만, 하나님의 말씀을 들었지만, 술 취하는 친구는 여전히 술에 취하고 커닝하는 친구는 여전히 커닝하며 관계에 문제가 있는 친구는 여전히 관계 가운데서 문제를 일으키고 문란한 친구는 여전히 문란하다. 그러니 예배당을 벗어난 실제 삶에서 능력도 생명도 경험하지 못하는 것이다.

영적 부흥과 갱신을 원한다면 우리는 말씀에 순종하려고 해야 한다. 순종이 우리의 마음에 기쁨과 만족을 주며 우리를 하나님께 더 가까이 나가게 만들고 우리를 변화시킨다. 나는 순종하지 못한 경우도 많지만 성령의 도우심으로 순종한 경우도 제법 있다. 때로는 어렵게 순종하기도 한다. 5년 전쯤, 군목들을 위한 설교 세미나에 강사로 갔을 때이다. 이틀간 강의가 잡혀있었는데 첫날 강의가 끝난 후, 현장에서 계획에 없던 군대 교회 새벽기도 설교를 부탁받았다. 갑자기 부탁을 받아 당황스러웠지만 강의를 마치고 밤에 숙소로 돌아와 밤늦게까지 설교를 다듬고 숙지해서 새벽에 설교를 잘할 수 있었다.

그다음 날 강의 등 모든 일정을 다 마친 후, 감사 인사와 함께 사례비를 받았다. 뜻밖에도 봉투가 2개였다. 하나는 설교 세미나에 대한 강사료였고 다른 하나는 새벽기도 설교 사례비였다. 물론 강사료에 비해 아주 작은 사례비였다. 나는 돌아와 설교세미나 강사료를 아내에게 건네주고 새벽 설교 사례비는 주지 않았다. "주님의 은혜로" 내 아내의 눈이 가리어져 잘 넘어갔고 감사하게도 나는 예상치 못했던 뜻밖의 용돈을 챙겼다. 그런데 마음이 편치 않았다. 서로 거짓을 버리고 참말을 하라는 말씀이 자꾸 생각났다. 물론 내가 대놓고 거짓말을 한 것은 아니지만 숨기는 것도 일종의 거짓이 아닌가? 나는 내가 밤잠 설치면서 예정에 없던 새벽 설교를 했으니 이 돈은 챙겨도 된다는 식으로 정당화를 하려 했지만 성령님은 나를 그냥 놓아두지 않았다. 나는 결국 그 봉투를 아내에게 주고 이실직고했다. 그 순종의 행위 후, 나는 평안과 기쁨을 회복했고 하나님 앞에서 다시 살아나는 것을 느꼈다. 돈이 조금 아깝긴 했지만 돈과는 비교할 수 없었다.

모세는 율법에 대한 순종과 불순종의 결과에 대한 이야기를 한 후 신명기 30장 19-20절에서 이렇게 권면했다. "나는 오늘 하늘과 땅을 증인으로 세우고, 생명과 사망, 복과 저주를 당신들 앞에 내놓았습니다. 당신들과 당신들의 자손이 살려거든, 생명을 택하십시오. 주 당신들의 하나님을 사랑하십시오. 그의 말씀을 들으며 그를 따르십시오. 그러면 당신들이 살 것입니다." 요점은 명료하다. 하나님의 말씀에 순종하면 살게 될 것이라는 말이다. 불순종은 우리의 영혼을 죽이지만 순종은 우리의 심령을 살린다. 정말 사는 것처럼 살게 한다는 것이다. 다시 말해 순종이 우리를 부흥케 한다는 말이다. 순종과 불순종을 경험해 본 사람으로서 나는 순종이 우리를 살리고 소생케 한다는 말씀이 진짜 사실임을 분명히 증언할 수 있다.

물론 우리는 우리 힘만으로 온전히 순종할 수 없다. 그러나 찰스 스윈돌 목사가 말한 것처럼 100% 순종하지 못하더라도 그렇게 순종하려는 마음은 가져야 한다. 유기성 목사는 순종이 성령 충만의 능력이라고 하면서 이런 설명을 했다.

순종하고자 하는 마음을 드리면 그때 우리는 하나님의 능력으로 완전히 순종하게 되는 것입니다. 예를 들면 자신의 힘으로는 용서할 수도 없고 사랑할 수도 없는 사람이 있다고 합시다. 그때 '나는 용서할 수 없어요. 사랑할 수 없어요'라는 것과 '하나님 용서하겠으니 힘을 주세요. 사랑하기 원하니 힘을 주세요'라고 하는 것은 다른 문제입니다. (유기성, 『나는 죽고 예수로 사는 사람』, 122.)

그렇다. 순종하고자 한다면 성령께서 우리를 도와주실 것이다. 뿐만 아니라 본문의 이스라엘 사람들처럼 말씀을 통해 주님이 주시는 기쁨을 믿음으로 받은 자들은 순종하고자 하는 동기를 위로부터 부여받게 될 것이다. 말씀을 통해 비천한 자신에 대한 하나님의 놀라운 은혜와 사랑을 새롭게 깨닫고 기쁨이 넘치는데 내게 은혜 주신 그분을 기쁘게 하고 싶은 마음이 왜 생기지 않겠는가? 바울은 빌립보서 2장 13절에서 이를 이렇게 표현했다. "하나님은 여러분 안에서 활동하셔서 여러분으로 하여금 하나님을 기쁘게 해 드릴 것을 염원하게 하시고 실천하게 하시는 분입니다." 말씀을 깨닫고 말씀으로 은혜받은 자에게 주께서 순종의 소원과 능력까지 주실 것이다.

물론 순종이 언제나 쉬운 것은 아니다. 작가 공지영 씨는 어느 정치인에 대한 폭로 후 그 지지자들로부터 엄청난 공격을 받고 자신의 페이스북에 이런 글을 올린 적이 있다.

한 가지 하느님만 믿고 갑니다. 그분이 날 어떻게 보시는지만 생각합니다. 다른 것들은 구름을 잡는 것보다 허망해요. 대학 때는 진리가 우리를 서대문 경찰서로 인도하더니 이제 진리가 저를 고단하게 하네요.

공지영 씨의 정치적 성향이나 그녀에 대한 호불호와 상관없이, 그 글은 순종에 대한 통찰을 담고 있다. 물론 그녀가 말하는 진리와 지금 우리가 말하는 진리는 같은 것이 아니다. 그러나 그녀의 말처럼 때로 진리의 말씀에 대한 순종이 우리를 고단하게 하는 것은 맞는 말이다. 그럴 때 우리는 하나님만 믿고 가야 한다. 그분이 우리를 어떻게 보시는지만 생각하며 순종해야 한다. 그러면 그분이 결국은 우리의 영혼을 살리고 우리를 부흥으로 인도하실 것이다. 우리의 심령과 삶을 기쁨과 생명력, 그리고 사랑으로 채우실 것이다.

삶으로 당신을 찬양하게 하소서

이 장을 닫으며 척 스윈돌 목사의 교회에서 일어났던 한 에피소드를 나누고 싶다. 그는 미국에서 가장 뛰어난 설교자 중 한 사람인데 그날따라 성령께서 강력하게 역사하셔서 말씀의 은혜가 특별했다. 회중들은 그 말씀 가운데서 하나님의 은혜와 사랑을 새롭게 깨닫고 큰 감동과 기쁨으로 충만했다. 말씀 시간이 끝나고 다 같이 폐회 찬송을 불렀는데 그것은 《브루클린 태버너클 합창단》의 "Praise you"라는 곡이었다. 그 곡의 가사는 다음과 같다.

주님 지금 당신께 나아갑니다.
단순한 간구로 나아갑니다.
제가 하는 모든 일 가운데서
오, 주님
제 삶으로 당신을 찬양하게 하소서.

사람들은 특별한 은혜 가운데 계속 이 찬송을 반복해서 불렀고 어떤 사람들은 눈물을 흘리며 어떤 사람들은 가슴에 손을 얹고 주님을 찬양했다. 감동적인 순간이었다. 하나님께서 그야말로 하늘 문을 여시고 은혜를 부으셨다. 찬양이 끝났지만 사람들은 거기서 나가려 하지 않았다. 하나님의 은혜와 임재와 영광의 경험이 너무 특별했던 것이다. 그때 스윈돌 목사가 나와서 말했다. "이제 그만 여기서 나가세요. 나가서 여러분이 찬송한 것처럼 여러분의 삶으로 주님을 찬양하십시오." 그제야 회중들은 하나님의 은혜로 새로워진 마음을 갖고 순종의 결단 가운데 세상으로 걸어 나갔다.

부흥은 이런 것이다. 말씀을 통해 주님이 주시는 기쁨과 은혜를 믿음으로 충만히 받을 뿐 아니라 그 좋으신 주님의 말씀에 순종하여 삶으로 주님을 찬양하는 것이다. 그럴 때 우리의 영혼이 소생하며 우리 개인과 가정과 교회 공동체가 새로워지고 부흥이 일어나게 될 것이다. 물론 이런 경험은 계속 끝없이 지속되지 않는다. 각 경험마다, 그리고 사람마다 공동체마다 강도의 차이도 있을 것이다. 그러나 이런 일들이 반복될 때 우리는 주님께 더 가까이 나아가며 말씀과 성령으로 힘을 얻어 정말 살아있는 그리스도인이 될 수 있지 않을까? 그리고 그런 그리스도인들이 모일 때 교회는 명실상부한 "세상의 희망이 되는 교회"로 세워지지 않을까? 그럴 것이다. 그러므로 회복을 넘어 부흥에 이르는 꿈을 꾸자. 그리고 느헤미야가 가르쳐준 대로 그렇게 행하자. 하나님께서 그 꿈을 이루어주실 것이다.

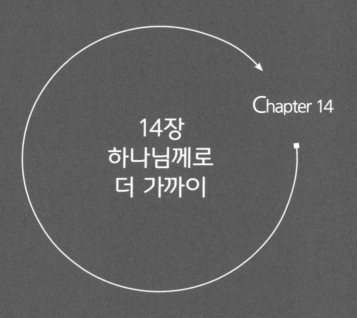

Chapter 14

14장
하나님께로
더 가까이

느헤미야 9:1~38

그 달 이십사일에, 이스라엘 자손이 다 모여서 금식하면서, 굵은 베 옷을 입고, 먼지를 뒤집어썼다. 이스라엘 자손은 모든 이방 사람과 관계를 끊었다. 그들은 제자리에 선 채로 자신들의 허물과 조상의 죄를 자백하였다. 모두들 제자리에서 일어나서, 낮의 사분의 일은 주 하나님의 율법책을 읽고, 또 낮의 사분의 일은 자기들의 죄를 자백하고, 주 하나님께 경배하였다. 단 위에는 레위 사람인 예수아와 바니와 갓미엘과 스바냐와 분니와 세레뱌와 바니와 그바니가 올라서서, 주 하나님께 큰소리로 부르짖었다. 레위 사람인 예수아와 갓미엘과 바니와 하삽느야와 세레뱌와 호디야와 스바냐와 브다히야가 외쳤다. "모두 일어나서, 주 너희의 하나님을 찬양하여라." 영원 전부터 영원까지, 주님의 영화로운 이름은 찬양을 받아 마땅합니다. 어떠한 찬양이나 송축으로도, 주님의 이름을 다 기릴 수가 없습니다. 주님만이 홀로 우리의 주님이십니다. 주님께서는 하늘과, 하늘 위의 하늘과, 거기에 딸린 별들을 지으셨습니다. 땅과 그 위에 있는 온갖 것, 바다와 그 안에 있는 온갖 것들을 지으셨습니다. 주님께서는 이 모든 것에게 생명을 주십니다. 하늘의 별들이 주님께 경배합니다...우리 하나님, 위대하고 강하고 두렵고, 한 번 세운 언약은 성실하게 지키시는 하나님. 앗시리아의 왕들이 쳐들어온 날로부터 이 날까지, 우리가 겪은 환난을, 우리의 왕들과 대신들과 제사장들과 예언자들과 조상들과 주님의 모든 백성이 겪은 이 환난을 작게 여기지 마십시오. 우리에게 이 모든 일이 닥쳐왔지만, 이것은 주님의 잘못이 아닙니다. 잘못은 우리가 저질렀습니다. 주님께서는 일을 올바르게 처리하셨습니다...이 모든 것을 돌이켜 본 뒤에, 우리는 언약을 굳게 세우고, 그것을 글로 적었으며, 지도자들과 레위 사람들과 제사장들이 그 위에 서명하였다.

리셋

· · ·

느헤미야와 함께 다시 세우라

코로나 사태로 인해 우리에게 아주 익숙해진 한 말이 있다. 그전에는 쓰지 않던 말이다. 그게 뭘까? 바로 "사회적 거리두기"라는 말이다. 이것은 코로나 바이러스 감염을 예방하기 위해 서로 간에 가까이 가지 말고 1미터 또는 2미터 정도 거리를 두라는 정부 정책에서 나온 말이다. 그래서 한때는 식당에서도, 학교에서도 심지어 교회 예배를 드리면서도 한 사람씩 자리를 띄우고 앉았다. 교회에서 서로 얼굴을 맞대고 소그룹 교제나 식사 교제를 못 하는 것은 말할 것도 없다. 심할 때는 교회 모든 모임이 취소되었고 주일 예배조차 소수의 예배위원을 제외하곤 아예 예배당에 들어가지도 못했다. 그런데 이런 식으로 사회적 거리두기가 계속되면서 예수님을 믿는 그리스도인의 경우, 사람들 간의 관계에서 어려움을 겪는 것은 말할 것도 없고 종종 하나님과의 거리두기가 유발되곤 했다. 예배와 훈련과 교제와 사역과 같은 영적 활동을 제대로 할 수 없었기 때문이다. 그래서 자기도 모르는 사이에 하나님과의 관계가 소원해지게 된 것이다. 사실 이것이 코로나 시대의 가장 큰 위험이었다고 말할 수 있다.

지금은 거리두기 정책도 실질적으로 폐기되었고 세상은 엔데믹 시대에 접어들었지만 하나님과의 거리두기에서 여전히 벗어나지 못하는 많은 그리스도인이 있다. 이것은 안타까운 일이며 동시에 위험한 일이기도 하다. 왜냐하면 하나님과 멀어진다는 것은 어린 자녀가 자기를 사랑하는 유능한 부모에게서 멀어지는 것과 같기 때문이다. 하나님은 우리 인생에서 가장 중요한 존재이기 때문에 그분과의 관계는 우리 삶과 우리의 모든 관계에 지대한 영향을 미친다. 하나님과의 관계는 또한 기독교 신앙의 에센스이기도 하다. 하나님과의 관계가 나쁘거나 서먹한 기독교인이 건강한 기독교인, 또는 영적인 기독교인일 수 없다. 기독교인이 된다는 것의 의미가 뭔가? 죄로 단절되었던 하나님과의 관계를 예수님의 십자가 복음에 대한 믿음을 통해 회복한다는 뜻이 아닌가? 하나님과 원수 되었던 우리가 십자가의 공로로 하나님께 받아들여져 그 관계가 다시 이어지고 화해되는 것이 칭의요, 그것이 점점 더 심화되고 발전해나가는 것이 성화라고 말할 수 있지 않을까? 그러므로 우리는 하나님과의 거리를 좁혀야 한다. 그분께 점점 더 가까이 가야 한다.

당신은 어떤가? 하나님과의 거리가 좁혀지고 있는가? 아니면 점점 더 멀어지고 있는가? 하나님과의 거리를 좁히기 위해 어떤 노력을 하고 있는가? 오늘날 많은 사람이 고양이나 개와 같은 동물들과 가깝게 되려고 많은 돈과 시간과 에너지를 투자한다. 그러나 동물보다는 사람이 중요하고 사람보다는 하나님이 더 중요하다. 그렇지 않은가? 하나님께 가까이 나아가자. 그분과의 거리를 좁혀나가자. 사실 우리에게 있어서 하나님과의 관계를 계발하는 것보다 더 중요한 것은 없다. 왜냐하면 그것이 모든 관계의 기초이며 우리의 기쁨과 만족, 그리고 삶의 질에 본질적인 영향을 미치는 것이기 때문이다.

스스로에게 질문해보자. 나와 하나님과의 거리는 어느 정도인가? 나는 하나님과 가까운가? 가장 중요한 관계가 하나님과의 관계라고 했는데 나는 어떻게 하나님과의 거리를 좁히고 그분께 더 가까이 나아갈 수 있을까? 하나님과의 관계를 새롭게 회복하기 위해 무엇이 필요할까? 이것이 우리의 질문이다. 가볍게 넘길 수 없는, 절대 그래서는 안 되는 질문들이다. 반드시 대답을 찾아야 할 질문들이다. 이런 질문에 대해 느헤미야서 9장의 말씀은 우리 모두에게 적실한 대답을 제공하고 있다.

회개해야 한다

우리는 느헤미야서 8장에서 이스라엘 백성이 어떻게 영적 부흥과 갱신의 여정을 시작했는지를 보았다. 9장에서도 그 여정은 계속되고 있다. 하나님의 말씀에 순종하여 초막절을 지킨 그들은 3일 후 다시 모였다. 모여서 무엇을 하였을까? "그 달 이십사일에, 이스라엘 자손이 다 모여서 금식하면서, 굵은 베 옷을 입고, 먼지를 뒤집어썼다"(느 9:1). 금식과 베옷과 재를 뒤집어쓰는 일은 당시 유대인들에게는 극도의 슬픔과 낮아짐을 나타내는 행위였다. 그들은 8장에서 에스라가 율법책을 읽었을 때 이미 자신들의 죄악을 깨닫고 울었던 바가 있었다. 그런데 말씀을 깨달을수록 자신들의 부족함을 더욱 느끼면서 또다시 하나님 앞에서 자신들을 낮추며 슬픔을 표현한 것이었다. 그뿐만이 아니었다.

이스라엘 자손은 모든 이방 사람과 관계를 끊었다. 그들은 제자리에 선 채로 자신들의 허물과 조상의 죄를 자백하였다. 모두들 제자리에서 일어나서, 낮의 사분의 일은 주 하나님의 율법책을 읽고, 또 낮의 사분의 일은 자기들의 죄를 자백하고, 주 하나님께 경배하였다(느 9:2-3).

새번역은 그들이 이방 사람과 관계를 끊었다고 표현했는데 완전한 관계 단절이라기보다 그들 안에 깊숙이 들어와 있는 이방인들의 풍습과 영향력을 정리했다고 보는 것이 맞다. 따라서 이것은 구약학자 데렉 키드너(Derek Kidner)가 지적한 것처럼 그들의 인간적인 교만보다 하나님에 대한 그들의 헌신을 강조한다. 또한 그들은 하나님의 백성으로서 자기들과 하나님과의 관계 회복에 집중하기 위해 이방인들을 이 영적 갱신의 모임에서 배제했다. 일종의 가족 모임 같은 성격으로 보면 되겠다.

그뿐만 아니라 그들은 진솔하게 자신의 죄를 자백했는데 세 시간은 말씀을 읽고 세 시간 동안 죄를 자백했다. 무려 6시간이다. 이것은 그들이 하나님께 가까이 가기를 얼마나 갈망하고 있는지를 잘 보여준다. 이들이 했던 자백은 관계의 회복에 꼭 필요한 것이다. 하나님과의 관계에서도, 사람과의 관계에서도 마찬가지이다.

어떤 사람이 평소 건강했는데 갑자기 상태가 나빠지면서 죽어가고 있었다. 그는 자신이 곧 죽게 될 것을 예감하고 자기 부인에게 자신의 잘못을 자백했다. "여보, 이제 나는 곧 죽을 거야. 내가 눈을 감기 전에 당신에게 할 말이 있어. 사실 나는 당신 몰래 바람을 피웠어. 여보, 정말 미안해. 용서해 줘." 부인이 남편의 자백을 듣고 말했다. "알아, 그래서 내가 당신 국에 독을 넣었던 거야!" 국에 독이 들어가기 전에 미리 자백하자. 잘못하면 죽는 수가 있다. 본문의 이스라엘 백성은 베옷을 입고 재를 뒤집어쓴 채 무려 3시간 동안 진심으로 자기들의 죄를 자백했다. 4절에 보면 단 위에서 백성의 대표인 레위 사람 8명이 하나님께 큰소리로 부르짖으며 이 자백의 의식을 인도했다. 이 모든 것을 한마디로 표현한다면 바로 "회개"이다.

하나님께로 더 가까이 가기 위해서 우리는 수시로 회개해야 한다. 회개란 생각을 바꾸고 방향을 돌이키는 것이다. 많은 사람이 회개를 그냥 감정적인 경험과 동일시한다. 눈물 콧물 흘리며 울고불고하는 것이 회개라고 생각한다. 우리나라 사람들은 감정적이라 이런 반응을 정말 잘한다. 부흥회 같은 데 가보라. 그야말로 "회개의 도가니탕"이다. 그러나 그러던 사람들이 예배당만 나오면 교회 주차장에서부터 싸우고 식구들에게 성질을 부린다. 물론 회개에는 감정적인 반응이 따르지만 그 이상이다. 어떤 사람들은 회개를 후회와 혼동한다. 후회는 자신이 한 잘못에 대해 자책은 하지만 돌이키지 않는다. 그러나 회개는 잘못을 뉘우치며 그것에서부터 돌이킨다. 가룟 유다는 후회했지만 회개하지 않았던 전형적 인물이다. 그는 양심의 가책을 느끼고 자책했지만 주님께로 돌이키지 않았다. 그냥 목매어 자살했던 것이다. 우리는 본문의 이스라엘 사람들처럼 자신을 낮추고 잘못된 것들과 단절하여 방향을 틀고 무엇보다 하나님께로 돌이켜야 한다. 그것이 진정한 회개이다.

참된 회개를 위해 우리는 본문의 이스라엘 사람들처럼 죄를 죄로 인정해야 한다. 자백은 죄를 인정한다는 것의 표현이다. 우리는 종종 죄를 정당화하거나 둘러대거나 변명하는 경향이 있다. 언젠가 도박하다가 걸린 한 목회자는 교회 건축을 위한 충정이었다고 변명하기도 했다. 우리는 변명을 그치고 죄를 죄로 인정해야 한다. 그리고 그 죄로부터 하나님께로 돌이켜야 한다. 구원파가 주장하는 것처럼 구원받을 때 한 번만 회개하고 말 것이 아니라 고든 맥도날드의 말처럼 회개가 우리 그리스도인의 라이프스타일이 되어야 한다. 왜냐하면 우리는 수시로 하나님을 떠나 잘못된 길로 가기 때문이다. 실제 행동뿐 아니라 생각에서도 하나님을 떠나고 올바른 길을 벗어나기 때문이다. 회개하자. 잘못된 생각, 잘못된 태도, 잘못된 삶의 길에서 돌이켜 하나님께로 가자. 하나님은 그런 우리를 기쁘게 맞아주실 것이다. 돌아온 탕자의 아버지처럼 우리를 안아주실 것이다. 하나님은 상하고 통회하는 심령을 멸시하지 않으신다고 했다. 이처럼 진실되고 겸손한 회개는 우리를 하나님께로 더 가까이 가게 만들 것이다.

하나님의 크심을 묵상해야 한다

이스라엘 사람들은 죄에 대한 자신들의 슬픔을 표현한 후, 레위인들의 인도로 주님을 찬양하기 시작했다. 예수아와 갓미엘을 비롯한 레위인들이 "모두 일어나서, 주 너희의 하나님을 찬양하여라"(느 9:5)라고 외치자 사람들은 일제히 일어나 "영원 전부터 영원까지, 주님의 영화로운 이름은 찬양을 받아 마땅합니다. 어떠한 찬양이나 송축으로도, 주님의 이름을 다 기릴 수가 없습니다"(느 9:6)라고 주님을 높였다. 그들은 주님이 너무 크신 분이라 영원에 걸쳐 찬양을 받아 마땅하다고 했다. 그뿐만 아니라 주님의 이름은 그 어떤 찬양이나 송축보다 더 높다고 고백했다. 더 나아가 6절에서 그들은 하나님의 크심을 창조와 연관하여 묘사한다.

주님만이 홀로 우리의 주님이십니다. 주님께서는 하늘과, 하늘 위의 하늘과, 거기에 딸린 별들을 지으셨습니다. 땅과 그 위에 있는 온갖 것, 바다와 그 안에 있는 온갖 것들을 지으셨습니다. 주님께서는 이 모든 것에게 생명을 주십니다. 하늘의 별들이 주님께 경배합니다(느 9:6).

주님께서 온 우주와 거기에 딸린 별들을 지으셨다고 했다. 생각해보라. 우주가 얼마나 큰가? 하늘의 별들은 또 얼마나 많은가? 나는 페르세우스 물고기 초은하단의 사진을 본 적이 있다. 미국의 스피처 우주망원경이 찍은 이 초은하단, 즉 은하의 군집은 지구에서 무려 2억 5천만 광년이나 떨어져 있다. 참고로 광속은 초속 30만 Km이다. 광속으로 가면 달까지 2초에 도착하고 8분 30초 후에 태양을 벗어난다. 그 엄청난 속도로 2억 5천만 년을 가면 이 초은하단을 만난다. 이 하나의 초은하단 안에 얼마나 많은 별이 있을까? 페르세우스 물고기 초은하단은 여러 초은하단을 포함하고 있는데 하나의 초은하단에만 200개의 은하가 존재한다. 그러면 은하 하나에는 별이 몇 개일까? 다른 은하는 잘 모르겠고 우리 은하에는 3,000억 개의 별이 존재한다. 그런 은하가 하나의 초은하단에만 200개 정도가 있다는 말이다. 이는 우리의 상상을 초월한다. 우주 일주를 한다고 하자. 광속으로 2억 5천만 년을 가서 이 초은하단을 보고 난 후, 117.5억 년을 더 가야 한다. 그러면 초특수 망원경으로 관찰 가능한 우주의 끝에 도착한다. 그런데 그 뒤에 우리가 보지 못하는 우주가 얼마나 더 있을지는 상상조차 할 수 없다. 우주가 얼마나 클지 짐작이 가는가? 우리는 다른 사람보다 한 10cm 더 크다고, 다른 교회보다 예배당이 한 100평 더 크다고 "자랑질"을 하지만 진짜 큰 분은 하나님이시다. 그분은 광속으로 120억 년을 가도 다 못 갈 이 엄청난 우주를 그냥 말씀 한마디로 만드셨다. 본문의 표현처럼 "하늘과, 하늘 위의 하늘과, 거기에 딸린 별들을" 힘 하나들이지 않고 만드셨을 뿐 아니라 지금도 붙들고 계신다.

하나님께 더 가까이 가려면 하나님이 얼마나 대단하고 위대하신 분인가를 묵상해야 할 필요가 있다. 왜냐하면 하나님에 대한 비전이 그분에 대한 열정을 만들어내기 때문이다. 슬프게도 우리는 하나님이 얼마나 크신 분인가를 잊어버리고 산다. 오히려 하나님보다 나를 둘러싼 상황이 우리에게 훨씬 더 크고 하나님보다 세상이 더 대단하게 보이는 것이다. 그래서 우리는 세상의 제단에 경배하고 상황에 압도당한 채 실질적 무신론자처럼 살아가곤 한다. 한번 질문해보자. 당신의 하나님은 얼마나 큰가? 크신 분이라고 말은 하는데 정말 그 크기를 아는가? 혹시 나보다 한 1~2미터 정도 더 클 것이라고 생각하는가? 아니다. 그분은 상상할 수조차 없이 크신 분이다. 그 엄청난 분이 당신과 나의 하나님이며 우리의 아버지이시다. 그 엄청난 분이 당신을 아시고 당신을 돌보시며 당신의 신음 소리를 들으신다. 험한 세상을 헤쳐 나가는 가운데 세상의 위협과 거짓 영광에 주눅이 들면서 하나님이 당신에게 보잘것없는 존재로 전락하고 말았는가? 그러면 안 된다. 크고 광대하신 하나님의 비전을 회복하라. 그분보다 더 크신 분은 없다.

과거 바벨론 포로 시절에 이스라엘 민족들은 바벨론 제국의 위엄과 영광과 광대함에 완전히 압도당해 정신을 잃었다. 생전 처음 보는 그 궁전들, 고대 세계의 7대 불가사의 중 하나인 공중정원, 자기들을 초토화시킨 군인들의 위용, 그 모든 것들이 얼마나 대단했겠는가? 그들은 하나님에 대한 모든 비전을 잃었고 하나님은 바벨론을 감당할 수 없거나 아니면 자기들에게 신경을 쓰지 않는 무심한 신이라고 불평했다. 그때 하나님은 이사야 선지

리셋, 느헤미야와 함께 다시 세우라

자를 통해 그 무엇과도 비교할 수 없는 하나님의 크심을 드러내시면서 그들에게 말씀하셨다.

> 너는 알지 못하였느냐? 너는 듣지 못하였느냐? 주님은 영원하신 하나님이시다. 땅 끝까지 창조하신 분이시다. 그는 피곤을 느끼지 않으시며, 지칠 줄을 모르시며, 그 지혜가 무궁하신 분이시다. 피곤한 사람에게 힘을 주시며, 기운을 잃은 사람에게 기력을 주시는 분이시다. 비록 젊은이들이 피곤하여 지치고, 장정들이 맥없이 비틀거려도, 오직 주님을 소망으로 삼는 사람은 새 힘을 얻으리니, 독수리가 날개를 치며 솟아오르듯 올라갈 것이요, 뛰어도 지치지 않으며, 걸어도 피곤하지 않을 것이다(사 40:28-31).

하나님에 대한 열정이 사라지고 있는가? 하나님이 별것 아닌 것처럼 느껴지는가? 하나님 없이도 잘 살 수 있다고 생각되는가? 그렇지 않다. 하나님은 그 무엇보다 그 누구보다 크신 분이다. 우리의 인생에 하나님보다 더 크고 절대적인 영향을 미칠 수 있는 분은 없다. 하나님의 크심을, 그분의 대단하심을, 그 위엄과 영광을 수시로 묵상하자. 그럴 때 우리는 하나님께 더 가까이 나아가고 싶을 것이며 또 실제로 그럴 수 있을 것이다.

하나님의 은혜를 기억해야 한다

하나님의 크심을 고백한 그들은 7절에서 37절까지 이어지는 긴 기도문을 통해 과거 자신들의 역사를 돌아보면서 고집 세고 거만하며 반역적인 자신들, 실패자요 루저인 자신들에 대한 하나님의 은혜를 기억했다. 느낌을 알기 위해 12절, 그리고 15-21절까지만 읽어보고 가도록 하자.

낮에는 구름기둥으로 그들을 이끌어 주시고, 밤에는 불기둥으로 그들이 가는 길을 밝히 비추어 주셨습니다.... 굶주릴까봐 하늘에서 먹거리를 내려 주시고, 목마를까봐 바위에서 물이 솟아나게 하셨습니다. 주님께서 손을 들어 맹세하며 주시겠다고 한 그 땅에 들어가서, 그 곳을 차지하라고 말씀하셨습니다. 그러나 우리 조상은 거만하여, 목이 **뻣뻣**하고 고집이 세어서, 주님의 명령을 지키지 않았습니다. 주님께 복종하기를 거부하고, 주님께서 보여 주신 그 놀라운 일들을 곧 잊었습니다. **뻣뻣**한 목에 고집만 세어서, 종살이하던 이집트로 되돌아가려고, 반역자들은 우두머리를 세우기까지 하였습니다. 그러나 주님은 용서하시는 하나님, 은혜로우시며, 너그러우시며, 좀처럼 노여워하지 않으시며, 사랑이 많으셔서, 그들을 버리지 않으셨습니다. 더욱이, 우리 조상은, 금붙이를 녹여서 송아지 상을 만들고는 "우리를 이집트에서 이끌어 내신 우리의 하나님이다" 하고 외치고, 주님을 크게 모독하였습니다. 그런데도 주님께서는 언제나 그들을 불쌍히 보셔서, 차마 그들을 광야에다가 내다 버리지 못하셨습니다. 낮에는 줄곧 구름기둥으로 그들을 이끌어 주시고, 밤에는 불기둥으로 그들이 가는 길을 밝히 비추어 주셨습니다. 선한 영을 주셔서, 그들을 슬기롭게 하셨습니다. 그들의 입에 만나가 끊이지 않게 하시며, 목마르다 할 때에 물을 주셨습니다. 광야에서 사십 년 동안이나 돌보셔서, 그들이 아쉬운 것 없게 하셨습니다. 옷이 해어지지도 않았고, 발이 부르트지도 않았습니다."

감이 오는가? 전체의 일부분에 불과한 이 짧은 구절에서도 우리는 과거 이스라엘 자손들이 계속 고집을 피우고 불순종하며 자기들을 이집트 노예 생활에서 해방하신 주님을 실망시키는 모습을 본다. 그러나 그런 반역자요 실패자들에 대해 하나님은 끊임없이 자비와 긍휼을 베푸시고 그들을 버리기는커녕 그들의 죄를 용서해주시며 새로운 기회를 허락하셨다. 왜 그러셨을까? 본문의 표현처럼 주님은 용서하시는 하나님, 은혜로우시며 너그러우시며 좀처럼 노여워하지 않으시며 사랑이 많으신 분이기 때문이다.

우리는 본문의 이스라엘 백성들처럼 우리의 신앙 역사를 돌아보며 어떤 일이 있었는지를 기억할 필요가 있다. 오늘날 수많은 사람이 기억하지 말아야 할 것은 기억하고 정작 기억해야 할 것은 잘 기억하지 못한다. 소위 영적 건망증, 또는 영적 치매에 걸린 그리스도인들이 적지 않다. 어느 노부부가 TV를 보던 중에 할아버지가 할머니에게 말했다. "임자, 냉장고에서 우유 좀 가져와. 까먹을지 모르니까 적어 가." 그러자 할머니가 말했다. "내가 치매라도 걸린 줄 알아요? 걱정하지 말아요." 잠시 후 할머니가 삶은 계란을 접시에 담아 오자 할아버지가 말했다. "왜 소금은 안 갖고 와? 그러니까 내가 적어가라고 했잖아." 이 노부부처럼 우리도 영적 치매에 걸려있으면서 그 사실조차도 인지하지 못하지는 않는가? 신앙생활을 잘하려면 기억을 잘해야 한다. 기억은 우리의 영성 계발에, 그리고 하나님과의 관계에 중요하기 때문이다. 특별히 우리는 본문의 이스라엘 백성들처럼 하나님의 은혜에 대해 기억해야 한다. 성경을 보면 하나님은 이스라엘 민족에게 계속해서 당신의 은혜에 대해 기억할 것을 요구하신다. 유월절과 같은 절기도, 기념비도, 그리고 오늘날 교회의 의식(儀式)으로 주어진 주의 만찬도 다 하나님을 기억하기 위한 도구이다.

당신은 하나님의 은혜를 기억하는가? 자격 없는 우리에게 베푸신 그분의 호의를 잊지 않고 있는가? 나는 설교하기 전날 저녁, 종종 아무도 없는 예배당의 강단 앞으로 나아가 무릎을 꿇고 기도하곤 한다. 그때마다 나는 하나님의 말씀을 전하는 설교자로 그 강단에 선다는 사실이 하나님의 놀라운 은혜임을 기억한다. 어떻게 나 같은 것이 영광스러운 진리의 말씀을 전하는 자리에 설 수 있단 말인가? 때로 그 은혜가 너무 압도적이라 두렵기도 하고 때로 눈물이 나기도 한다. 기억하기 바란다. 하나님은 아무 자격 없고 공로 없는 우리에게, 죄인이며 반역자인 우리에게 당신의 독생자를 내어주셔서 우리를 구원하시고 완전한 죄의 용서와 자녀 됨과 영생과 심령을 새롭게 하시는 새 창조의 감당할 수 없는 은혜를 주셨다. 그것만이 아니다. 그 후로도 옛 자아에 굴복하여 불평불만을 말하고 고집을 피우며 불순종하고 넘어지는 우리에게 지치지도 않으시고 은혜와 사랑을 베푸셨다. 기가 막힐 웅덩이와 수렁에서 건져주시고 넘어진 우리를 계속 일으켜주셨다. 그리고 신실하지 못한 우리에게 당신의 위대한 일을 맡겨주셨다. 우리는 이 은혜를 잊어서는 안 된다. 그것을 잊는다면 그건 정말 배은망덕이다. 그리고 그런 망각은 우리를 이 세상에서 가장 멋진 분에게서 점점 멀어지게 만들 것이다.

브레넌 매닝의 『부랑아 복음』이라는 책에 보면 수술을 받은 한 부인과 그 남편에 관하여 의학박사 리처드 셀저가 쓴 글이 소개되어 있다. 그 젊은 여인은 셀저에게 얼굴 수술을 받았다. 수술받은 후 여인의 입은 마비 되어 보기가 민망할 정도로 우스꽝스럽게 뒤틀려있었다. 입 근육으로 이어지는 안면 신경의 작은 지맥을 절단해서 여인은 앞으로 이런 모습으로 살아가게 될 것이었다. 그런데 그 여인의 남편이 그런 자기 아내에게 다가가 다정한 표정으로 그녀를 바라보며 자상하게 아내를 쓰다듬기 시작했다. 여인이 수술을 집도한 셀저에게 묻는다. "제 입이 앞으로도 계속 이럴까요?" 고통 스러운 질문이었지만 셀저는 "네 그럴 겁니다. 신경을 잘라냈거든요."라고 대답했다. 여인은 고개를 끄덕이며 아무 말을 하지 않는다. 그러나 젊은 남편은 가만히 미소를 지으며 말한다. "난 좋아, 당신이 귀여워!" 그는 아내의 외모가 어떻든 개의치 않는다는 듯 몸을 굽혀 아내의 뒤틀린 입에 입맞춤을 했다. 가까이 있던 셀저는 남편이 아내의 뒤틀린 입술에 맞추기 위해, 그리고 자기들의 입맞춤이 여전히 살아있다는 것을 보여주기 위해 자기 입술까지 비트는 것을 보았다고 했다. 그리고 셀저는 이렇게 썼다. "그 순간 나는 그 남자가 어떤 사람인지 다 알아버렸다. 나는 인정을 하며 그들을 바라보던 시선을 떨군다. 신(神)과의 조우에서 시선을 피하지 않을 만큼 대담한 사람이 어디 있으랴!"

셀저가 암시한 것처럼 이 젊은 남편은 우리 하나님을 닮았다. 그분은 신경이 마비되고 입이 우스꽝스럽게 뒤틀린 우리에게 오셔서 우리를 만지며 "난 좋아, 네가 귀여워"라고 하신다. 그리고 우리에게 입을 맞추시기 위해 당신의 입까지 비트신다. 아니 십자가에서 우리의 고통을 감당하며 온몸을 비트셨다. 그 은혜로운 분이 우리의 하나님이시다. 우리는 이 하나님의 은혜를 잊지 않고 기억해야 한다. 아침마다 주시는 은혜를 당연시하지 말아야 한다. 하나님의 은혜를 은혜로 알고 그 은혜를 기억할 때 우리의 마음이 뜨거워질 것이다. 그리고 날마다 시마다 새로운 은혜를 받기 위해 은혜의 보좌로 나아가게 될 것이다. 하나님께로 더 가까이 나갈 것이다.

주께 가까이 날 이끄소서

우리 아이들은 미국에서 산다. 그래서 아이들을 보려면 특별히 시간을 내어 먼 길을 가야 한다. 비행기 삯과 외지에서의 체류를 위해 우리 형편에서는 적잖은 돈을 써야 하고 좁은 비행기 좌석에 11시간을 웅크리는 불편을 감수해야 한다. 한 번은 딸의 대학 졸업식도 있고 해서 겸사겸사 6년 만에 아들을 보러 간 적도 있다. 당시는 학교와 교회의 중요한 시기였는데 경제적인 부담과 육체적인 피곤함 외에도 금쪽같은 시간을 빼야 하는 마음의 무거운 부담도 지고 갔다. 그러나 그럼에도 불구하고 우리 부부는 사랑하는 자녀들에게 가까이 가기 위해 그 모든 것을 기꺼이 감당했다.

자녀들과 가족들에게 가까이 가는 것, 지리적으로만이 아니라 관계적으로 가까워지는 것은 참으로 중요하다. 그러나 그보다 더 중요한 것은 하나님께 가까이 가는 것이다. 우리는 그것을 소망하고 그것을 추구하며 그것을 위해 기꺼이 대가를 지불할 수 있어야 한다. 당신은 어떤가? 하나님과 가까운가? 날마다 그분과의 거리를 좁히며 날마다 그 멋진 분께 더 가까이 가는가? 그것이 당신의 삶에서 우선순위를 차지하고 있는가? 그것을 위해 어떤 대가를 지불하고 있는가? 그것은 당신에게 얼마나 절실한가? 《주께 가까이 날 이끄소서》라는 찬송가의 다음 가사처럼 그렇게 원하는가?

주께 가까이 날 이끄소서
간절히 주님만을 원합니다

채워주소서 주의 사랑을

진정한 찬양 드릴 수 있도록

목마른 나의 영혼 주를 부르니
나의 맘 만져주소서

주님만을 원합니다 더 원합니다
나의 맘 만져주소서

이 노래의 가사와 같은 간절함과 진정성을 갖고 하나님께 더 가까이 나아
가자. 주님만을 원하며 날마다 더 원한다고 고백하자. 무엇보다 겸손히 죄
에서 돌이키고 하나님의 크심을 묵상할 뿐 아니라 하나님의 한량없는 은혜
를 기억함으로 그렇게 하자. 그래서 하나님과 가까워지고 친밀해지자. 그것
보다 더 당신의 삶에 만족을 주는 것은 없을 것이다. 그것보다 더 당신의 삶
을 복되게 하는 것도 없을 것이다. 날마다 온 우주 최고의 존재이신 하나님
께 더 가까이 나아가는 행복이 우리 모두의 것이 되기를 간절히 소원한다.

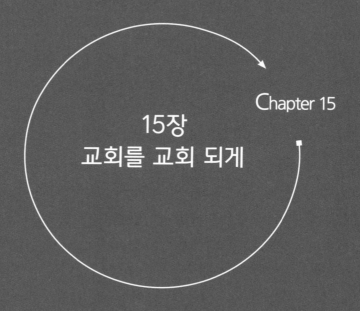

Chapter 15

15장
교회를 교회 되게

느헤미야 10:1~29

서명한 사람들은 다음과 같다.하가랴의 아들인 총독 느헤미야와 시드기야와 스라야와 아사랴와 예레미야와 바스훌과 아마랴와 말기야와 핫두스와 스바냐와 말룩과 하림과 므레못과 오바댜와 다니엘과 긴느돈과 바룩과 므술람과 아비야와 미야민과 마아시야와 빌개와 스마야는 제사장이다. 레위 사람으로는, 아사냐의 아들인 예수아와 헤나닷 자손인 빈누이와 갓미엘과 그들의 동료 스바냐와 호디야와 그리다와 블라야와 하난과 미가와 르홉과 하사뱌와 삭굴과 세레뱌와 스바냐와 호디야와 바니와 브니누가 있다. 백성의 지도자로는, 바로스와 바핫모압과 엘람과 삿두와 바니와 분니와 아스갓과 베배와 아도니야와 비그왜와 아딘과 아델과 히스기야와 앗술과 호디야와 하숨과 베새와 하립과 아나돗과 노배와 막비아스와 므술람과 헤실과 므세사벨과 사독과 얏두아와 블라댜와 하난과 아나야와 호세아와 하나냐와 핫숩과 할르헤스와 빌하와 소벡과 르훔과 하삽나와 마아세야와 아히야와 하난과 아난과 말룩과 하림과 바아나가 있다. 이 밖에 나머지 백성, 곧 제사장과 레위 사람과 성전 문지기와 노래하는 사람과 성전 막일꾼과 주님의 율법을 따르려고 그 땅의 여러 백성과 인연을 끊은 모든 이들과 그 아내들과 그들의 아들딸들과 알아들을 만한 지식이 있는 이들 모두가, 귀족 지도자들과 함께 하나님의 종 모세가 전하여 준 하나님의 율법을 따르기로 하고, 우리 주 하나님의 모든 계명과 규례와 율례에 복종하기로 하였으며, 그것을 어기면 저주를 받아도 좋다고 다음과 같이 맹세하였다.

리셋

· · ·

느헤미야와 함께 다시 세우라

나는 다양한 교회에 가보았다. 그중에서는 정말 좋은 교회들도 많았지만 이상한 교회들도 있었다. 한 교회의 경우, 그날이 창립기념 전도 집회였던 것으로 기억이 된다. 사람들이 많이 왔고 예배당이 꽉 찼다. 예배 후, 나는 어느 집사님의 안내를 받아 교회에서 제공한 식판을 들고 담임 목사실로 들어갔다. 방이 꽤 컸는데 집사님들이 빙 둘러앉아 있었다. 그 교회의 목사님은 그날 예배에 온 성도들 및 방문자들과 인사하느라 정신이 없는 듯했다. 잠시 기다리다가 한 집사님이 담임목사님은 늦어질 것 같으니 먼저 식사를 하자고 제안했다. 그렇게 하는 것이 예의가 아닌 것 같았지만, 한편으로 나를 안내하는 그 교회의 집사님이 그냥 식사하자고 하니 거절할 수도 없는 형편이었다. 강사로서 곤란한 상황 중에 있는데 목사님이 방문을 열고 들어오셨다. 그런데 문제는 그곳에 목사님이 앉을 자리가 없었다는 것이었다. 그러자 한 집사님이 진담 반, 농담 반으로 "목사님은 밖에서 그냥 식사하시죠!"라고 했고 목사님은 멋쩍은 웃음을 지으시며 "그럴까요?"하며 문을 닫고 나가셨다. 난감한 상황이었다.

목사님을 자기 집무실 밖으로 내모는 것은 그럴 수 있다고 치자. 그러나 주님을 교회 밖으로 내모는 것은 절대 있어서는 안 될 일이다. 그런데 슬프게도 그런 일들이 일어난다. 요한계시록을 보면 주님은 라오디게아 교회에 대해 "내가 문밖에 서서 문을 두드리고 있다"라고 하셨다. 라오디게아 교회는 주님을 밖으로 내몬 것이다. 주님이 문밖으로 내몰린 교회, 하나님을 우습게 여기고 그분의 말씀을 무시하는 교회는 교회가 아니다. 하나님이 아닌 다른 것에 절하는 교회는 교회가 아니다. 나는 어디선가 일단의 가톨릭 사제들이 불상 앞에 절하는 사진을 본 적이 있다. 마음이 아팠다. 그 모습을 보신 주님의 마음은 어땠을까? 그러나 그들뿐만은 아닐 것이다. 돈과 권력과 쾌락의 우상에 절하는 그리스도인과 교회는 얼마나 많을까? 기억하라. 교회가 교회 되기 위해서는 무엇보다 하나님이 중심에 복귀하셔야 한다.

이 장에서 우리가 살펴볼 느헤미야서 10장에는 포로 기간 동안 하나님을 떠나 있던 이스라엘 공동체가 에스라의 말씀 강독 등 일련의 과정을 거쳐 다시 하나님과 언약을 세우는 장면이 나온다. 다시 하나님을 중심에 모시는 것이다. 다시 하나님의 백성 공동체로 서는 것이다. 바야흐로 언약 공동체로서의 리셋이 이루어지고 있었다. 나는 이 본문의 이야기를 통해 오늘날 하나님의 백성 공동체인 교회가 진정으로 교회 되기 위해 어떻게 해야 할지, 무엇이 필요할지를 생각해보려 한다.

지도자들이 먼저 헌신해야

앞서 느헤미야서 9장에서 이스라엘 백성들은 자신들의 역사를 회고하면서 하나님의 신실한 은혜를 기억하는 동시에 자신들의 죄악을 자백하고 하나님께 회개의 기도를 드렸다. 그것은 성경에 기록된 가장 긴 기도문이다. 그런 다음, 그들은 하나님께 자신들을 재헌신하면서 9장 38절에서 말한 것처럼 언약을 세웠다. "이 모든 것을 돌이켜 본 뒤에, 우리는 언약을 굳게 세우고, 그것을 글로 적었으며, 지도자들과 레위 사람들과 제사장들이 그 위에 서명하였다." 성경에서 언약이란 보통 약속이 아니라 하나님과 그 백성 사이에 맺어지는 매우 심각하고 중요한 약속이다. 고대 근동에서 언약을 맺을 때는 창세기 15장의 아브라함 언약 장면에서 보듯이 짐승을 반으로 갈라놓고 언약 당사자들이 그 사이를 지나갔다. 이는 언약을 어길 때에는 그 쪼개진 짐승처럼 될 것임을 공포하는 의미가 있었다. 글리슨 아처(Gleason Archer)는 구약의 언약을 뜻하는 히브리어 베리트(berit)가 어원적으로 의무나 족쇄와 연관이 있다면서 그 엄중함을 이렇게 묘사했다.

> 구약 언약의 일반적 특징은 그것의 변경할 수 없고 영속적으로 구속력을 가진 성격이다. 언약의 당사자들은 자기들에게 주어진 각자의 헌신을 이행하기로 스스로 의무를 졌다. 만약 그들이 나중에 그 헌신들을 회피하려 한다면 천벌, 즉 신적 징벌을 받아도 마땅하다고 맹세하였다. (Walter Elwell ed., *Evangelical Dictionary of Theology 2nd Edition*, 299.)

그러므로 언약은 중학생들이 손가락 걸고 "우리 우정 영원히 변치 말자"라고 했다가 한 달 만에 잊어버리는 것과 같은 가벼운 약속이 아니라 정말 무거운 약속이었다. 한번 생각해보라. 다이어트 클럽의 회원들이 6개월 만에 10킬로그램을 빼기로 약속하는데 험악한 인상의 회장이 큰 닭을 한 마리 잡아 반으로 쪼개 양쪽 탁자에 놓는다. 피가 뚝뚝 떨어진다. 그런 다음, 자기는 이쪽에서 당신은 반대쪽에서 마주 보고 그 사이를 걸어가자고 하면서 앞으로 밤에 치킨을 먹는 사람은 저 쪼개진 닭처럼 될 것이라고 하면 당신은 그 약속을 하겠는가? 모르긴 몰라도 거의 다 그 클럽에서 탈퇴할 것이다. 그런 게 언약이다. 이 이스라엘 사람들은 이와 같은 신중함으로 자신들의 헌신을 하나님 앞에 약속드렸고 그 내용을 기록했을 뿐 아니라 자신들의 이름을 서명하기까지 했다.

10장 1-27절까지는 서명한 사람들의 이름이 나온다. 이 사람들은 세 그룹으로 나뉘는데 첫 번째는 8절까지 제사장 그룹이고 두 번째는 9-13절까지 레위인들이며 세 번째는 14-27절까지 백성의 지도자들 그룹이다. 대표적으로 1절과 8절의 내용만 보면 이렇게 되어있다. "서명한 사람들은 다음과 같다. 하가랴의 아들인 총독 느헤미야와 시드기야와... 마아시야와 빌개와 스마야는 제사장이다." 명단에서 누가 제일 먼저 나오는가? 바로 우리의 주인공 느헤미야이다. 그가 가장 먼저 자기 이름을 올렸다. 다시 말해 가장 먼저 헌신했다는 말이다. 최고 지도자였기 때문이다. 그리고는 그 뒤를 이어 제사장들의 이름이 나온다. 이 공동체가 회복되고 영적 갱신이 열매를 맺은 것은 이처럼 지도자들이 먼저 하나님께 헌신했기 때문이다. 교회도 마찬가지이다. 교회가 교회 되기 위해서는 리더들이 먼저 하나님께 헌신해야 한다.

이런 이야기를 하면 대다수의 성도는 '아멘'을 외치며 소위 "은혜"를 받을 것이다. 목회자와 교역자들을 떠올릴 것이기 때문이다. 맞다. 나를 포함해서 모든 목사가 누구보다 먼저 하나님께 헌신해야 한다. 그래서 목사는 함부로 할 게 아니다. 때때로 설교 준비하는 것이 참 힘들 때가 있다. '이번 주는 정말 자습을 시켜야 하나 아니면 어느 대형교회처럼 전쟁, 지진과 같은 유사시를 상정해서 교회에서 드리는 주일 예배를 한 주 쉬고 각자 가정에서 예배를 드리게 해야 하나?' 하면서 머리를 감쌀 때가 있다. 그러나 설교의 어려움보다 모범으로 이끌어야 한다는 사실이 훨씬 더 부담스럽고 마음을 힘들게 한다. 그래서 매 주일 새벽에 교회 기도실에서 "주님, 부족한 종을 긍휼히 여겨주십시오."라고 간구하며 무릎을 꿇는다. 그러지 않을 수가 없다. 그러나 목사와 교역자만이 지도자는 아니다. 사실은 대부분의 그리스도인이 모두 지도자이다. 이미 언급한 것처럼 리더십은 영향력이다. 그래서 영향을 주는 자는 다 리더라고 할 수 있다. 장로, 집사와 같은 직분자들은 말할 것도 없고 교회학교 교사들, 소그룹 리더들, 부모들, 언니, 형, 선배는 다 리더이다. 교회가 교회 되려면 그런 리더들이 자기 팔로워보다 먼저 하나님께 헌신해야 한다.

우리 교회 어린이 주일학교에서 여름 성경학교를 앞두고 성도들의 후원을 받았다. 나는 어린이 사역을 돕고 싶어서 후원 목록 맨 위 칸에 내 이름을 적었다. 그리고 설교 시간에 나도 했으니까 다들 십시일반으로 후원을 하자고 권유했다. 담당 교역자에 따르면 역대 가장 많은 후원이 되었다고 한다. 지도자의 헌신은 중요하다. 내가 전에 섬겼던 교회는 담임목사님이 개척 때부터 온전히 헌신한 모습을 보이셔서 그런지 성도들 가운데도 헌신된 성도들이 유독 많다. 교회의 영성과 헌신은 그 지도자들의 영성과 헌신을 결코 넘어설 수 없음을 우리는 기억해야 한다. 지도자들이여! 목자, 순장,

교사, 부모, 직분자들이여! 먼저 하나님께 헌신하자. 그것이 믿음을 번지게 한다. 믿음은 이론 교육보다 사람을 통해서 더 잘 전수된다. 이를테면 나는 기도를 책이나 설교에서보다 우리 어머니의 기도하는 모습을 보고 더 많이 배웠다. 교역자, 중직자, 목자, 교사, 부모는 먼저 하나님께 자신을 드려라. 먼저 기도하는 모습, 예배에 가치를 두는 모습, 헌금하고 나누는 모습, 주님의 사랑으로 사랑하는 모습을 보여주고 자기 생각이나 세상의 풍조가 아니라 하나님의 말씀에 순종하는 삶을 살라. 지도자가 하나님께 먼저 헌신할 때 교회는 교회 되고 공동체는 바로 선다.

모두가 헌신에 참여해야

지도자들의 헌신은 나머지 백성에게로 번져나갔다. 장석남의 《번짐》이라는 시에 이런 구절이 나온다.

번짐,
번져야 살지
꽃은 번져 열매가 되고
여름은 번져 가을이 된다.

이 시구는 마치 본문의 이스라엘 백성을 묘사하는 것 같다. 지도자의 헌신이 나머지 백성에게 번져서 전체 공동체는 살아나고 그 헌신의 꽃이 모두의 열매로 맺힌다. 어떻게 번졌는지 28절을 보라. "이 밖에 나머지 백성, 곧 제사장과 레위 사람과 성전 문지기와 노래하는 사람과 성전 막일꾼과 주님의 율법을 따르려고 그 땅의 여러 백성과 인연을 끊은 모든 이들과 그 아내들과 그들의 아들딸들과 알아들을 만한 지식이 있는 이들 모두가…"제사장 레위인뿐 아니라 나머지 백성 모두가 헌신의 대열에 동참했다. 성전의 일꾼들뿐 아니라 여인들과 자녀들까지, 그리고 알아들을 만한 지식이 있는 이들, 즉 어린아이들까지 하나님을 섬기고 하나님만을 따르겠다며 서원하고 헌신했다. 교회가 잘 되려면 이렇게 되어야 한다. 소수만 하나님을 심각하게 받아들이고 나머지는 실질적 무신론자처럼 행동하는 것이 아니라, 하나님을 복주머니나 행운의 마스코트처럼 여길 것이 아니라 모두가 하나님을 심각하게 받아들이고 모두가 하나님께 헌신해야 한다. 심지어 어린아이들까지 말이다.

미국 뉴저지주에 있는 한인교회인 필그림 교회에서 유년부 사역을 하는 황제욱 전도사는 어느 금요일에 한 학부형으로부터 전화를 받았다. 자녀들 세 명이 택시를 타고 교회에 가고 있으니 도착하면 전화를 달라는 것이었다. 사연을 들어보니 그날 엄마가 바빠 교회 유년부 금요 성경공부에 데려다줄 수 없다고 하니 밑의 두 아이가 막 울기 시작했다는 것이다. 세 아이가 집에도 들어가지 않고 울면서 안절부절못하니 어쩔 수 없이 콜택시를 불러 태워 보낸 것이다. 아이들이 교회에 왔을 때 황 전도사가 궁금해서 물었다. "왜 그렇게 교회에 오려고 했니?" "진짜 이유가 뭐야?" 아이들의 대답이 이 전도사를 부끄럽게 했다. "왜라니요? 전도사님, 그냥 예배드리고 싶어서요. 그리고 성경 공부하는 것도 너무 좋아요." 기특하지 않은가? 아이들도 하나님과 관계를 맺을 수 있다. 아이들에게도 영혼이 있고 하나님을 사랑할 수 있는 능력이 있다. 아이들도 헌신할 수 있다. 교회가 교회 되기 위해서는 이렇게 작은 지체들까지 모두가 헌신해야 한다.

교회는 참여가 중요하다. 지도자가 본을 보여야 하지만 거기서 멈춰서는 곤란하다. 소수의 지도자만 뜨겁게 헌신 되어있고 나머지는 팔짱을 낀 채 방관하는 교회는 결코 건강한 교회가 아니다. 사도바울은 에베소서 5장 16절에서 몸의 비유로 교회를 설명하면서 모두가 머리이신 그리스도에게 연결될 뿐 아니라 상호 연결되어 맡은 분량대로 활동할 때 교회가 세워진 다고 힘주어 말했다. 우리는 일부만이 아니라 모두가 주님께 헌신 되고 교회를 사랑하는 지체가 되도록 서로 돌아보면서 권면하고 격려할 뿐 아니라 서로를 위해 기도해야 할 필요가 있다. 무엇보다도 아직 영적으로 어리고 연약한 지체를 더 세심하게 신경 쓰며 특별한 관심으로 보살펴야 할 필요가 있다. 그것이 교회를 교회 되게 할 것이다.

모든 말씀에 순종하기로 헌신해야

그러면 그들은 구체적으로 어떤 헌신을 했는가? 29절은 이렇게 설명한다. "귀족 지도자들과 함께 하나님의 종 모세가 전하여 준 하나님의 율법을 따르기로 하고, 우리 주 하나님의 모든 계명과 규례와 율례에 복종하기로 하였으며, 그것을 어기면 저주를 받아도 좋다고 다음과 같이 맹세하였다." 백성들은 지도자들과 함께 하나님의 모든 말씀을 따르며 순종하기로 맹세했다. 좋아하는 몇몇 말씀이 아니라 모든 말씀에 순종하기로 헌신한 것이다. 나는 고기를 피째 먹지 말라는 명령은 잘 지킬 수 있다. 덜 익힌 고기는 싫어하기 때문이다. 메기나 뱀장어에 대한 명령도 마찬가지다. 그것들을 싫어하기 때문에 먹지 말라는 말씀에 너무 기쁘게 순종할 수 있다. 예전에 내가 만난 미국 해병대 출신의 한 선교사는 "아말렉을 진멸하라" "가나안을 정복하라" 등의 전쟁에 대한 구약 말씀은 정말 잘 지킬 수 있을 것 같다고 했다. 그러나 모든 말씀에 순종하는 것은 완전히 다른 문제다. 이 사람들의 말씀에 대한 헌신에 더욱 놀라운 부분은 불순종할 경우, 저주를 받아도 좋다고 맹세했다는 것이다. 신명기에 열거된 언약 불순종으로 인한 저주를 읽어보았는가? 한홍 목사는 신명기 28장에 있는 저주를 이렇게 요약한다.

> 망한다, 패한다, 남의 비방거리가 된다, 정신이 산란해진다, 기쁨이 사라진다, 병에 걸린다, 압제를 당한다, 실패한다, 두려워한다, 절망에 빠진다, 가난해진다, 평안이 없다, 우상을 섬긴다, 소망이 없다, 모든 수고가 헛되게 끝난다 등. (한홍, 『세상 중심에 서다』, 198.)

이런 저주를 감당할 수 있겠는가? 아니, 하나님께 다음과 같이 말할 수 있겠는가? '하나님, 제가 하나님의 말씀에 불순종할 경우, 큰 사고를 당해도 좋습니다. 심각한 질병에 걸려도 좋습니다. 사업이 망해도 좋습니다. 우리 아이들에게 안 좋은 일이 생겨도 좋습니다.' 이렇게 맹세할 수 있겠는가? 나는 못 할 것 같다. 이들의 헌신은 그만큼 무거웠고 심각했던 것이다.

교회가 교회 되기 위해서 우리는 말씀으로 돌아가야 한다. 그리고 그 말씀에 순종하기로 헌신해야 한다. 요즘 교회가 성장이 잘 안되니까 별 희한한 일을 다 한다. 한 교회 청년부는 전도지에 예쁜 자매들의 사진을 넣어 자기 교회에 오면 이런 자매들을 만날 수 있다는 식의 선전을 했다고 한다. 어떤 교회는 새 신자에게 맥도날드 쿠폰을 비롯한 선물 공세를 퍼붓기도 하고 또 다른 교회는 자기 교회에 와서 기도 받으면 눈에 쌍꺼풀이 생기고 얼굴이 V라인으로 변한다고 광고하기도 한다. 소위 성령의 역사가 아닌 "성형의 역사"이다. 그러나 교회에 정말 필요한 것은 그런 것들이 아니라 말씀으로 돌아가는 것이다. 오늘날 교회와 그리스도인들은 너무 자의적이고 편의 위주로 신앙생활을 한다. 말씀과 삶이 이분법으로 나뉘어 말씀은 말씀이고 삶은 삶이라는 것이다. 한때 "개그는 개그일 뿐"이라는 말이 유행했었는데 많은 그리스도인이 "말씀은 말씀일 뿐"이라고 말한다. 설교를 듣고 찔림을 받은 자기 아내에게 옆자리의 남편이 "너무 심각하게 듣지 마. 목사님은 원래 그렇게 말하는 거야"라고 말하기도 한다. 그것이 우리의 태도는 아닌가?

하나님은 우리가 말씀에 온전히 순종하기를 원하신다. 왜냐하면 그것이 우리에게 좋기 때문이다. 그것이 우리를 진짜 살게 하기 때문이다. 잠시 힘들 수 있고 나의 평안을 깨뜨릴 수 있지만 결국은 그것이 내 인생을 복되게 한다. 몇 년 전, 건강상의 이유로 다이어트를 했을 때 내 "성경"은 『누구나 10kg 뺄 수 있다』라는 책이었다. 나는 그 책의 말들을 지키려고 정말 노력했다. 그 순종이 얼마간 나를 힘들게 한 것은 맞다. 배고픔과 정신의 혼미함, 야식으로 나온 치킨과 라면의 유혹이 주는 괴로움을 견뎌내야 했다. 나를 악한 길로 이끄는 사람들의 말들, 이를테면 '당 보충하세요', '이 정도는 괜찮아요' '목사님, 제발 좀 드세요. 얼굴이 흉해요'와 같은 말에 마구 흔들리는 내 마음을 이를 악물고 다잡아야 했다. 그러나 6개월 후, 순종의 열매는 너무도 달았다. 나는 12킬로그램의 감량으로 건강한 몸을 되찾는 위대한 업적을 달성했다. 그 책의 "말씀"에 순종했기 때문이다. 내 요지는 이것이다. 하나님의 말씀에 순종하면 삶은 덜 복잡하게 되고 인생의 질은 더 나아지며 더 풍성한 삶을 살게 된다.

그뿐만이 아니다. 말씀에 순종하면 하나님과의 관계도 더 좋아진다. 히브리어 교수인 찰스 펜샘(Charles Fensham)은 자신의 느헤미야 주석에서 본문의 이스라엘 백성들이 한 맹세의 의미를 정리하며 이렇게 설명한다.

유대인들이 한 이 맹세는 중요한 것이었다. 이방의 부정한 것들로부터 분리되어 정결해진 공동체 안의 모든 사람이 하나님의 말씀(모세오경)을 지키고 실천하겠다고 스스로 다짐하며 그것에 대한 책임을 졌다. 이 언약 갱신으로 인해 그들은 하나님과의 새로운 관계 가운데로 들어갔다. 하나님의 말씀에 대한 순종으로 인한 관계 말이다. (F. Charles Fensham, NICOT: *The Book of Ezra and Nehemiah*, 238.)

그렇다. 그들은 말씀에 순종하겠다는 엄숙한 맹세로 하나님과의 새로운 관계에 들어갔다. 우리도 마찬가지다. 말씀에 순종하게 될 때 하나님과도 더 친밀해진다. 생각해보라. 당신은 당신의 말을 죽으라고 듣지 않는 사람과 친해질 수 있겠는가? 또는 자신이 원하는 것만 골라 듣는 사람과 친밀한 관계를 발전시킬 수 있겠는가? 그럴 수 없다. 우리는 내 말을 존중하고 내 말대로 하려는 사람에게 마음이 끌리는 법이다. 내가 만약 매 주일 예배 때마다 설교를 30분 만에 끝내고, 집안을 어지럽히기보다 깨끗하게 정리하며, 심심하다는 이유로 가만히 있는 사람을 괴롭히지 않는다면 나는 내 아내에게 훨씬 사랑받는 남편이 될 것이다. 부부가 친밀해지려면 서로의 말을 존중하고 그 말에 순종하면 된다. 이는 하나님과의 관계에서도 마찬가지이다. 하나님도 순종하는 사람을 좋아하신다. 그분은 순종이 제사보다 낫다고 말씀하셨다. 그분이 어떤 사람을 사용하셨는지 생각해보라. 아브라함, 요셉, 여호수아, 다윗 등등, 물론 결코 완벽하지 않았지만 그들 모두는 기본적으로 순종하려는 사람들이었다. 다윗은 자신의 시에서 이렇게 고백한다.

> 덧없는 세상살이에서 나그네처럼 사는 동안, 주님의 율례가 나의 노래입니다. 주님, 내가 밤에도 주님의 이름을 기억하고, 주님의 법을 지킵니다. 주님의 법도를 따라서 사는 삶에서 내 행복을 찾습니다. 주님, 주님은 나의 분깃, 내가 주님의 말씀을 지키겠습니다(시편 119:54-57).

다윗처럼 그리고 본문의 유대인들처럼 하나님의 말씀에 순종하기로 헌신하자. 그러면 교회가 교회 되고 당신의 삶도 복되게 될 것이다.

그분이 먼저 헌신하셨다는...

우리는 느헤미야서 10장의 이야기를 통해 교회가 교회 되기 위해 지도자들이 먼저 하나님께 헌신해야 하고 모두가 그 헌신에 참여하며 하나님의 모든 말씀에 순종하기로 헌신해야 함을 배웠다. 그런데 우리가 여기서 반드시 알아야 할 것이 하나 더 있는데 그것은 하나님께서 우리 각자와 교회에 먼저 헌신하셨다는 사실이다. 그분이 우리를 위해 아들을 주셨고 우리와의 관계에 모든 것을 거셨다. 그래서 바울은 에베소서 5장 25절에서 그리스도께서 교회를 사랑하셔서 교회를 위하여 자신을 내어주셨다고, 다시 말해 헌신하셨다고 표현한 것이다. 이 하나님의 사랑과 은혜와 우리를 향한 헌신을 기억할 때 우리는 기쁨과 감사로 주님과 그분의 말씀에 우리 자신을 헌신할 수 있다. 그래서 바울은 로마서 12장 1절에서도 우리의 몸을 하나님이 기뻐하시는 산 제물로 드리라는 헌신의 권면을 하기 전에 로마서 1-11장까지를 통해 우리를 향한 하나님의 그 엄청난 자비와 은혜에 대해 설명한 것이다.

본문의 유대인들도 헌신하기에 앞서 9장에 나온 것처럼 자기들을 향한 하나님의 그 사랑과 은혜를 기억하고 상기했다. 그렇다. 하나님의 그 무지막지한 은혜와 사랑을 경험하고 또 기억하면 그분께 헌신하지 않을 수가 없다. 중국의 소수민족 가운데서 오랫동안 사역했던 김에녹 선교사에게 복음을 듣고 하나님의 사랑을 깨달은 중국의 회족 두 사람이 그 좋은 예이다. 그들은 자기들을 위해 생명을 내어주신 그 주님께 뭐라도 드리고 싶은데 드릴 게 없자 피를 뽑아서 팔았다가 빈혈로 쓰러졌다는 것이다. 내가 교수로 섬기는 신학교에는 명문대를 졸업한 의사, 대기업의 임원, 전직 사장 같은 사람들이 하나님의 은혜를 깨닫고 자신을 하나님과 그분의 사역에 드리기 위해 입학하는 경우가 있다. 사실 이런 예를 들자면 지면이 부족할 것이다. 그러므로 주님의 십자가 은혜를 깨닫고 경험하고 기억하자. 그러면 자신을 기꺼이 하나님과 그분의 말씀에 헌신할 수 있을 것이고 그런 우리가 모일 때 우리는 교회다운 교회가 될 수 있을 것이다. 그야말로 교회를 교회 되게 할 수 있을 것이다. 그러면 우리 각자의 영혼도 더 단단해지고 더 아름답고 건강하게 성장할 뿐 아니라 주께서 주시는 풍성한 삶을 누릴 수 있게 되지 않겠는가?

Chapter 16

16장
하나님의 백성이라면
이것만은...

느헤미야 10:30~39

"우리는 딸을 이 땅의 백성과 결혼시키지 않는다. 우리는 아들을 그들의 딸과 결혼시키지 않는다. 이 땅의 백성이 안식일에 물건이나 어떤 곡식을 내다가 팔더라도, 안식일에나 성일에는, 우리가 사지 않는다. 일곱 해마다 땅을 쉬게 하고, 육 년이 지난 빚은 모두 없애 준다." 우리는 다음과 같은 규례도 정하였다. "하나님의 성전 비용으로 쓰도록, 우리는 해마다 삼분의 일 세겔씩 바친다. 이것은, 늘 차려 놓는 빵과 규칙적으로 드리는 곡식제물과 규칙적으로 드리는 번제와 안식일이나 초하루나 그 밖에 절기 때에 드리는 제물과 이스라엘의 죄를 속하는 속죄물과 우리 하나님의 성전에서 하는 모든 일에 쓸 것이다. 제사장이나 레위 사람이나 일반 백성을 가리지 않고, 우리가 집안별로 주사위를 던져서, 해마다 정한 때에, 우리 하나님의 성전에 땔 나무를 바칠 순서를 정한다. 그것은 율법에 기록된 대로, 우리 주 하나님의 제단에서 불사를 때에 쓸 나무이다. 해마다 우리 밭에서 나는 맏물과 온갖 과일나무의 첫 열매를 주님의 성전에 바친다. 율법에 기록된 대로, 우리의 맏아들과 가축의 첫 새끼 곧 처음 난 송아지와 새끼 양을 우리 하나님의 성전으로 가지고 가서, 그 성전에서 우리 하나님을 섬기는 제사장들에게 바친다." 또 우리는, 들어 바칠 예물인 처음 익은 밀의 가루와 온갖 과일나무의 열매와 새 포도주와 기름을 가져다가, 제사장의 몫으로 우리 하나님의 성전 창고에 넣기로 하고, 또 밭에서 나는 소출 가운데서 열의 하나는 레위 사람들의 몫으로 가져 오기로 하였다. 농사를 짓는 성읍으로 돌아다니면서 열의 하나를 거두어들일 사람은 바로 레위 사람이다. 레위 사람이 열의 하나를 거두어들일 때에는, 아론의 자손인 제사장 한 사람이 같이 다니기로 하였다. 레위 사람은 거두어들인 열의 하나에서 다시 열의 하나를 떼어서, 우리 하나님의 성전 창고의 여러 방에 두기로 하였다. 이스라엘 자손과 레위 자손은 들어 바칠 예물인 곡식과 새 포도주와 기름을 그 여러 방에 가져다 놓기로 하였다. 그런 방은 성전 기구를 두기도 하고, 당번 제사장들과 성전 문지기들과 노래하는 사람들이 쓰기도 하는 곳이다. "우리는 우리 하나님의 성전을 아무렇게나 버려 두지 않을 것이다."

리셋

· · ·

느헤미야와 함께 다시 세우라

나는 신학교에서 거의 20년 동안 대학원 과정의 신학생들에게 설교학을 가르치고 있다. 설교학이라는 과목은 설교의 이론도 다루지만 학생들에게 실습을 시키고 평가하는 시간도 있다. 그래서 지난 20년 동안 이제 막 강해 설교를 배워 떨리는 가운데 실습하는 신학생들의 어설프고 때로는 말도 안 되는 설교를 수도 없이 들어왔다. 그럼에도 불구하고 내가 믿음을 저버리지 않고 성경이 하나님의 무오한 말씀임을 계속 믿고 있는 것은 설교학자 해돈 로빈슨(Haddon Robinson)의 유명한 조크처럼 성경 자체의 능력이자 하나님의 놀라운 은혜임에 틀림이 없다. 여하튼 그 설교 실습 가운데 내가 종종 지적 하는 것은 본문의 정확한 의미와 함께 적용의 구체성이다. '지금 하는 말이 너무 추상적이거나 일반론적이라고, 보다 더 구체적으로 말하고 적용해야 한다고, 그래야 말씀을 듣는 성도들의 삶이 변할 수 있다'고 조언을 한다.

앞 장에서 우리는 바빌론 유수로부터 귀환한 이스라엘 백성들이 언약을 갱신하고 하나님의 백성으로 다시 세워지는 모습을 보았다. 그 이야기를 통해 참 하나님의 백성으로서 교회가 진짜 교회 되기 위해서 무엇이 필요한지를 배웠다. 그것은 지도자들이 먼저 하나님께 헌신하는 가운데 모든 성도가 헌신에 참여할 뿐 아니라 지도자와 성도 공히 하나님의 모든 말씀을 순종하는 것에 헌신해야 한다는 것이었다.

 이제 모든 말씀을 순종하겠다고 한 그 총론적 헌신에서 구체적인 이야기로 넘어가는 부분을 살펴볼 것이다. '모든 말씀을 순종하겠습니다'라는 것과 무언가를 꼭 집어 '이런저런 것을 순종하겠습니다'라고 하는 것 중에 무엇이 더 어려울까? 양쪽 다 쉽지 않다. 그러나 구체적인 것, 특별히 그들이 당시 지키지 못하거나 지키는 데 어려움을 겪고 있었던 것을 구체적으로 적시하여 그것을 지키겠다고 하는 것이 더 부담스러울 수 있다. 여기서 나는 느헤미야서 10장 30-39절에 기록된 말씀을 통하여 하나님의 백성이라면 마땅히 헌신해야 할 중요한 세 가지 영역에 대해 나누려고 한다. 구체적이기 때문에 개인적으로 걸리는 부분들이 있을 수 있겠지만 입에 쓴 약이 몸에 좋다고 기쁜 마음으로 삼킬 수 있으면 좋겠다.

하나님께 성별된 가족이 되는 것에 헌신

 이스라엘 백성들은 하나님과 언약을 갱신하면서 제일 먼저 자신의 가정을 이방신의 영향으로부터 지키겠다고 맹세했다. 그들은 진심을 다해 이렇게 선언했다. "우리는 딸을 이 땅의 백성과 결혼시키지 않는다. 우리는 아들을 그들의 딸과 결혼시키지 않는다"(느 10:30). 이제 다시 하나님의 백성으로 세워지는 순간에 이들은 자기 자녀를 이방인들과 결혼시키지 않겠다고 맹세했다. 이것은 타 인종과의 결혼, 즉 국제결혼 자체를 반대하기 때문이 아니다. 이들이 이러한 맹세를 한 것은 신앙적인 이유였다. 당시 고대 근동의 사람들은 모두 자기들만의 신을 가지고 있었다. 이를테면 가나안 사람들은 바알신과 아세라신을 섬겼다. 바알과 아세라는 풍요의 신으로 사람들은 그 신상 앞에서 풍요를 기원하며 종교적 의식으로 집단 성관계를 하기도 했다. 암몬 사람들은 자기네의 신인 몰렉을 만족시키기 위해 자녀를 불에 태워 바치는 끔찍한 짓도 저질렀다. 당시 이방인과 결혼한다는 것은 이런 신앙을 가진 우상 숭배자들과 결혼한다는 뜻이었다. 이런 결혼이 그들의 신앙에 영적으로 도덕적으로 부정적인 영향을 미칠 것은 불 보듯 뻔하다. 그렇지 않은가? 그래서 성경은 이방인과의 결혼을 엄격하게 금지한 것이다. 가나안 땅에 들어가기 전에 모세가 신명기에서 이스라엘 백성에게 한 경고의 말씀을 보라.

그들과 혼인관계를 맺어서도 안 됩니다. 당신들 딸을 그들의 아들과 결혼시키지 말고, 당신들 아들을 그들의 딸과 결혼시키지도 마십시오. 그렇게 했다가는 그들의 꾐에 빠져서, 당신들의 아들이 주님을 떠나 그들의 신들을 섬기게 될 것이며, 그렇게 되면 주님께서 진노하셔서, 곧바로 당신들을 멸하실 것입니다"(신 7:3-4).

이렇게 하나님의 말씀이 분명한데도 그들은 그 말씀에 순종하지 않았다. 사실은 왕부터 불순종했다. 솔로몬이 그 대표적 예이다. 그는 수많은 이방 여인들과 정략결혼을 했다가 그 여인들의 신 때문에 마음이 하나님에게서 멀리 떠나는 비극의 주인공이 되었다. 이스라엘이 타락하게 된 한 가지 이유는 이처럼 하나님의 백성들이 이방인과 마구 결혼하여 그들의 타락한 우상을 따랐기 때문이었다. 그 결과로 자녀를 불에 태워 바치기도 하고 산당과 심지어는 성전에서까지 음란한 짓을 했던 것이다. 그리고 결국은 약속의 땅에서 쫓겨나고 말았다.

하나님의 백성으로서 우리도 우리의 가정이 하나님께 성별 되는 일에 헌신해야 한다. 특별히 본문의 이스라엘 사람들이 그랬던 것처럼 우리는 신앙이 다르거나 기독교 신앙이 없는 이와의 결혼을 하지 않겠다고 또는 시키지 않겠다고 결단할 필요가 있다. 알다시피 성경은 유대인뿐 아니라 우리 그리스도인들에게도 신앙 안에서 믿는 자와 결혼할 것을 권면한다. 바울은 그리스도인의 성별(聖別)을 강조하면서 단호하게 말한다. "믿지 않는 사람들과 멍에를 함께 메지 마십시오. 그리스도와 벨리알이 어떻게 화합하며, 믿는 자가 믿지 않는 자와 더불어 함께 차지할 몫이 무엇이며, 하나님의 성전과 우상이 어떻게 일치하겠습니까?"(고후 6:14-16) 재혼에 대한 바울의 권면을 보면 이 원리는 더욱 분명하게 보인다. "아내는, 남편이 살아 있는 동안에는, 그에게 매여 있습니다. 그러나 남편이 죽으면, 자기가 원하는 사람과 결혼할 자유가 있습니다. 다만, 주님 안에서만 그렇게 해야 할 것입니다"(고전 7:39). 주님 안에서, 즉 믿는 사람과 재혼하라는 것이다.

이것은 결코 비그리스도인들을 무시하거나 적대시하기 때문이 아니다. 오히려 이 지침은 두 사람과 그 가정의 행복을 위해 주어진 것이다. 생각해보라. 신앙은 어떤 사람의 세계관과 가치관 형성, 그리고 삶의 목적에 지대한 영향을 미친다. 세계관이나 인생의 목적 등이 서로 완전히 다른 사람들이 함께 가정을 이루고 자녀를 양육하며 삶의 중요한 결정을 한다는 것은 얼마나 힘든 일일까? 중간에 끼인 아이는 또 얼마나 혼란스럽겠는가? 한 부모는 하나님을 믿어야 된다고 하고 다른 부모는 하나님이 없다고 하며, 한 부모는 주일날 교회 가야 한다고 하고 다른 부모는 학원에 가야 한다고 하면 어떻게 해야 하는가? 내가 아는 한 사람은 재즈 마니아이고 음악적으로 상당히 까다로운 취향을 가지고 있는데 부모님의 강요로 인해 중매 결혼을 했다. 그런데 그 남편이 트로트를 좋아하는 사람이었다. 자동차를 타고 여행할 때마다 너무 괴로워 자주 다투게 된다고 했다. 서로 다른 음악적 취향도 이렇게 힘들 수 있는데 세계관과 가치관과 인생의 목적이 서로 다르다면 얼마나 더 힘들겠는가?

특히나 기독교 신앙을 가진 사람의 입장에서 보면 신앙은 자기 인생의 가장 깊고 중요한 부분이다. 우리는 예수님을 주님, 즉 자기 삶의 주인이라고 부르는 사람들이다. 그분 때문에 마음이 바뀌고 영원한 운명이 바뀐 사람들이다. 기독교 신앙은 결코 신경 안정제나 "오늘도 무사히" 식의 종교적 액세서리가 아니다. 그것은 삶의 모든 영역을 채색하는 한 사람의 중심이다. 그런데 자기 인생의 그런 중요한 부분을 사랑하는 사람과 공유하지 못하니 얼마나 안타까운 일인가? 나는 한 그리스도인에게서 자신은 예배를 통해 깊은 감동을 느꼈지만 그것을 비그리스도인 배우자와 함께 누릴 수 없어서, 공감할 수 없어서 너무나 안타깝고 답답하다는 말을 들은 적이 있다.

결혼을 해야 하거나 자녀를 결혼시켜야 하는 이들은 주님께 기도하며 마음을 다잡기 바란다. 믿는 사람과 결혼하겠다고, 또는 그런 결혼을 하도록 돕겠다고 말이다. 이것은 사소한 문제가 결코 아니다. 많은 그리스도인이 배우자감 또는 사위, 며느릿감의 외모와 학력과 직업, 그리고 집안 배경 등을 본다. 사실은 느헤미야 때도 사회적 지위 등의 이유로 이방인과 결혼한 유대인이 있었다. 그러나 우리가 정말 살펴봐야 할 것은 신앙이고 성품이다. 그것이 진정한 행복과 하나 됨에 더 필요한 것이기 때문이다.

어떤 그리스도인은 전도하면 된다고, 평생 전도 한번 못했는데 이렇게라도 전도해야 하지 않겠냐고 말하기도 하지만 결혼은 전도하려고 하는 것이 아니다. 그리고 종종 상대를 전도하기보다 성경에서 말하는 것처럼 믿는 사람의 신앙이 방해를 받고 심지어는 핍박을 받아 오히려 신앙이 병드는 경우가 더 많다. 사실 전도가 우리 마음대로 쉽게 되는가? 내 제자 중에 안 믿는 남자와 결혼을 한 자매가 있다. 결혼하기 전에는 가끔씩 같이 청년부 모임에 나오기도 하고 결혼하면 같이 교회에 가겠다고 약속도 했다. 그 약속이 지켜졌을까? 그렇지 않다. 이 자매가 자기 남편 때문에 믿음 생활을 하는 것이 너무 힘들다고 하면서 눈물짓는 것을 안타까운 마음으로 지켜본 적이 있다.

우리 중 어떤 사람은 안 믿는 이와 결혼했지만 주님의 놀라운 은혜로 그 배우자가 예수님을 믿게 된 경우도 있을 것이다. 정말 감사한 일이지만 그것은 예외적인 일이다. 그 예외에 당신이나 자녀의 인생을 걸지 말라. 왜 그런 위험한 일을 하려고 하는가? 교제 중인 사람이 있다면 그가 확실히 구원받기까지 결혼 결정을 미루라. 그리고 그의 영혼을 위해 간절히 기도하라. 너무 초조해하지 않아도 된다. 믿음으로 기다리면 주님께서 당신의 때에 주시지 않겠는가? 우리 교회에는 40대 후반에 네 살 어린 신부와 믿음 안에서 결혼하여 행복한 생활을 하고 있는 집사님이 있다. 기도 가운데 두 사람이 생각나서 내가 중매를 했다. 지금 그들은 오랜 기다림이 충분히 가치 있었다고 생각할 것이다. 그리고 우리가 알아야 할 사실이 있는데 우리 그리스도인은 결혼을 위해 사는 것이 아니라 하나님을 위해 산다는 것이다. 결혼은 안 해도 살 수 있지만 내 삶에 하나님이 없거나 그분과의 관계가 깨어지면 살 수가 없다. 살아도 사는 게 아니다.

과거에 잘 모른 채 또는 그렇게까지 심각하게 생각하지 못하고 비그리스도인과 결혼한 이들은 하나님의 자비와 은혜를 구하며 배우자가 예수 믿을 수 있도록 온 힘을 다해 기도할 필요가 있다. 그리고 어려움이 있어도 인내하고 그를 주님의 사랑으로 사랑하며 믿는 사람의 본을 보일 수 있어야 한다. 고통이 있을 수밖에 없다. 왜 그렇지 않겠는가? 그러나 자신의 선택에 대한 결과를 묵묵히 받아들이고 하나님의 은총과 도우심을 구하기 바란다.

우리는 하나님의 백성으로서 믿음의 가정을 이루고 그 가정이 하나님께 성별 되도록 헌신해야 한다. 지금까지 언급한 주님 안에서의 결혼은 가정의 성별에 있어서 분명 매우 중요한 한 요소이다. 그러나 우리는 그 외에도 우리의 가정에 이 세상의 불경건하고 타락한 영향력이 들어오지 않도록, 우리 자녀들이 그런 영향력에 오염되지 않도록 기도하면서 최선의 노력을 경주해야 한다. 그것을 위해서 보는 것, 듣는 것, 말하는 것, 행동하는 것, 그리고 다른 사람들과 관계 맺는 것을 주의하겠다고 결단하며 주 앞에서 헌신하는 우리가 되기를 바란다.

안식일의 원리를 지키는 데 대한 헌신

자기 자녀를 이방인과 결혼시키지 않겠다고 맹세한 그들은 또한 안식일에 대한 규범을 지키겠다고 헌신했다. "이 땅의 백성이 안식일에 물건이나 어떤 곡식을 내다가 팔더라도, 안식일에나 성일에는, 우리가 사지 않는다.

일곱 해마다 땅을 쉬게 하고, 육 년이 지난 빚은 모두 없애 준다"(느 10:31).
안식일은 고대 세계에서 유대인들만의 독특한 관습이었다. 유대인들의 삶
의 강령이라고 할 수 있는 십계명 중 제4계명은 안식일을 거룩하게 지킬 것
을 요구하고 있다. 사실 안식일의 원리는 율법을 넘어 창조 질서에 뿌리내
리고 있다. 성경은 하나님께서 6일 동안 만물을 창조하시고 7일째 되는 날
안식하셨다고 말씀한다. 따라서 안식일을 지키는 것은 하나님을 닮는 일이
다. 하나님의 백성들은 일주일에 하루를 구별하여, 하던 일을 쉬고 하나님
을 기억해야 했다. 이것이 안식일의 가장 주된 목적이다.

　안식년은 안식일의 연장이라고 할 수 있다. 7년마다 유대인들은 농사를
짓지 않고 땅을 쉬게 해야 했다. 땅도 다른 피조물처럼 하나님의 안식의 법
칙에 따라 디자인되었기 때문이다. 농경사회에서 이것은 얼마나 큰 믿음
을 요구하는 일인가? 누가 당신에게 가게 문을 닫고 일 년 동안 일하지 말
라고 하면 그럴 수 있겠는가? '야, 신난다. 세계 일주해야지!'라며 기뻐하겠
는가? 아무 소득도 없는데 말이다. 더 나아가 이 안식년 때 그들은 형제의
빚을 탕감해주어야 했다. 빚을 지고도 갚을 능력이 없는 동족들의 빚을 탕
감함으로써 그들로 하여금 새 출발을 할 수 있게 해 주었던 것이다. 이러한
안식년의 지킴을 통해 그들은 자기들의 죄의 빚을 탕감하시는 은혜로우신
하나님을 기억할 뿐 아니라 자기들을 먹이시는 분이 하나님이심을 믿음으
로 인정해야 했던 것이다.

　유대인들은 이 규범을 잘 지켰을까? 유감스럽게도 그러지 않았던 것으로
보인다. 그래서 하나님은 선지자들을 보내 안식일을 거룩하게 지키라고 계
속 권면하셨던 것이다. 결국 그분은 아예 그들을 다른 나라의 포로로 잡혀
가게 하시고 70년 동안 땅을 쉬게 만드셨다. 이제 과거의 그 실패를 인정하

면서 이 유대인들은 말씀대로 안식일과 안식년을 지키겠다고 맹세한 것이다. 경제적으로 좀 손해를 보더라도 상거래를 하지 않겠고 7년마다 땅도 쉬게 해주겠고 빚 탕감의 법도 지키겠다고 맹세했다.

하나님의 백성으로서 우리도 이 안식일의 원리를 지키는데 헌신해야 한다. 물론 우리는 유대인과 상황이 다르다. 그들에게는 금요일 해질 때부터 토요일 해질 때까지가 안식일이지만 우리에게는 예수님께서 부활하신 일요일이 안식일이다. 그들은 농경사회에 살았지만 우리는 그렇지 않다. 그러나 안식일의 원리는 동일하게 지켜져야 한다. 일주일에 하루를 떼어 하던 일을 그치고 하나님을 예배하며 영적인 것과 하나님의 은혜를 묵상할 뿐 아니라 성찰과 재충전의 시간을 가져야 할 필요가 있다. 그렇게 하지 않으면 우리는 이 정신없는 세상에서 어디로 가는지도 모른 채 그냥 휩쓸려 갈 가능성이 아주 많다. 존경받는 유대인 신학자인 아브라함 헤셸(Abraham Heschel)은 "우리가 안식일을 지키는 것이 아니라 안식일이 우리를 지킵니다"라는 유명한 말을 남긴 적이 있다. 그렇다. 안식일이, 주일이 우리를 지킨다.

마르바 던(Marva Dunn)은 『안식』이라는 자신의 책에서 안식일, 즉 주일을 지키는 4가지 원리를 제시한다. 첫째는 그침의 원리이다. 주일에 우리는 일을 그치고, 생산과 성취를 그치고, 하나님을 의지하는 가운데 근심, 걱정, 긴장도 그쳐야 한다. 내가 하나님이 되려는 노력도 그치고, 자꾸 더 가지려는 소유욕과 세상을 따라 하려는 문화 순응도 그쳐야 한다. 둘째는 쉼의 원리이다. 주일에 우리는 예배와 묵상을 통해 영적 쉼과 지적 쉼을 경험하고, 공동체의 교제를 통한 사회적 쉼과 정서적 쉼, 그리고 노동의 그침을 통한 육체적 쉼도 경험한다. 셋째는 받아들임의 원리이다. 주일에 우리는 진리의 말씀과 기독교 공동체의 가치를 받아들이고, 하나님의 은혜를 받아들이고, 세상의 필요와 삶에 대한 우리의 소명을 받아들일 필요가 있다. 마지막은 향연의 원리이다. 주일에 우리는 장차 완벽하게 누릴 영원에 대한 향연과 음악과 아름다움과 음식과 애정이 있는 향연을 벌여야 한다. 또 하나의 무거운 종교적인 의무가 아니라 기쁨으로 이날을 경축하며 누리는 것이다. 이렇게 주일을 지키면 그 주일이 우리를 지키지 않겠는가?

당신은 안식의 원리를 잘 지키며 살고 있는가? 일과 근심 걱정을 그치고 영과 육의 쉼을 경험하며 공동체와 하나님의 은혜와 소명을 받아들이는가? 그리고 영원을 소망할 뿐 아니라 지금 주어진 삶을 경축하며 향연을 벌이는가? 특별히 하나님 앞에 나와 그분의 백성들과 함께 온 우주에서 가장 놀라운 존재를 예배하는 가운데 세상이 줄 수 없는 기쁨과 영혼의 깊은 쉼을 누리는가?

우리는 하나님의 백성으로서 안식의 원리를 지키기 위해 무엇보다 주일에 함께 모여 예배드리고 지체들과 교제하는 것의 중요성을 새롭게 인식할 필요가 있다. 요즘 그리스도인들을 보면 주일 예배를 너무 가볍게 여기는 것 같아 우려를 금할 수 없다. 한 목사님은 그리스도인들이 시간 날 때 나와서 예배드리는 신앙인으로 변하고 있다며 개탄했다. 특별히 코로나 시대에 등장한 온라인 예배로 인해 편의주의에 빠진 신자들이 적지 않다. 거기다 우리를 유혹하는 세상의 많은 활동이 주일을 공격하고 있다. 각종 시험과 아이들 대회와 학원 보강과 돈 벌 기회와 다른 여흥의 기회가 주일에 정말 많지만 그런 것들을 거절하고 하나님께 예배드리는 것을 최우선으로 삼기 바란다. 그것이 당신과 당신의 자녀들을 지켜줄 것이다. 그것이 당신을 하나님의 백성답게 만들어 줄 것이다.

하나님의 교회를 후원하는데 대한 헌신

이방인들과의 결혼 금지와 안식일 준수를 맹세한 유대인들은 세 번째 맹세를 한다. 그것은 하나님의 성전을 돌보겠다는 것이었다. 그 맹세를 담은 32절에서 39절까지를 보면 하나님의 성전 또는 주님의 성전이라는 말이 9번이나 나온다. 유대인들에게 성전은 단순한 종교적 건물이 아니라 하나님의 임재를 상징하는 그야말로 거룩한 하나님의 집이었다. 하나님은 그곳에서 당신의 백성들을 만나겠다고 약속하셨다. 따라서 하나님의 성전에 대한 태도는 하나님 자신에 대한 태도와 연결되었다. 이 구절들을 읽어보면 그들은 다양한 방식으로 성전 후원에 헌신하는데 32-33절에는 성전 비용을 부담하겠다고 했고 34절에는 제비를 뽑아 해마다 성전에 땔 나무를 드리겠다고 했다. 35-37절 상반부는 첫 열매에 대한 헌물 규정인데 성전 일을 위해 온전히 구별된 제사장들과 레위인들, 그리고 그들 가족의 생계를 위해 하나님의 법대로 가장 처음 것을 드리겠다고 다짐한다. 37b-39절은 십일조에 대한 그들의 헌신을 적고 있다. 그리고 이 모든 것에 대한 설명을 마친 후 39절 하반부에서 이렇게 자신들의 결심을 선포하였다. "우리는 우리 하나님의 성전을 아무렇게나 버려두지 않을 것이다." 멋지지 않은가? 참으로 멋있는 결심이다.

우리도 하나님의 백성으로서 이 유대인들처럼 "우리는 우리 하나님의 교회를 아무렇게나 버려두지 않을 것이다"라고 결심할 필요가 있다. 오늘날은 교회가 바로 하나님의 성전이며 예수 그리스도의 몸이기 때문이다. 여기서의 교회란 건물을 말하는 것이 아니라 믿는 자들의 모임을 뜻한다. 우리에겐 지역 교회에 소속되어야 할 뿐 아니라 주의 거룩한 성령이 임재하시는 교회를 후원하고 돌볼 책임이 있다. 어떤 사람들은 교회를 운영하고 교회가 해야 할 사역을 감당하는데 얼마나 많은 돈이 드는지를 잘 모르는 것 같다. 교회니까 필요한 돈은 그냥 하늘에서 툭 떨어지거나 모든 것이 은혜로 주어지는 줄 생각한다. 교역자들의 생활도, 어려운 이웃들의 필요도 하나님께서 직접 만나와 메추라기를 떨어뜨려 주시는 줄 안다. 그러나 그렇지 않다. 교회의 살림을 살고 복음을 전하며 사람들을 돕기 위해 다양한 사역을 하는 데는 많은 돈이 필요하다. 하나님은 그 재정적 필요를 영적 가족인 그 교회의 성도 한 사람 한 사람이 채우기를 원하신다.

 딸아이가 대학을 졸업하고 갓 취직했을 때의 일이다. 아내가 그 아이에게 이제 취직도 했으니 개인 전화비나 밥값 같은 것은 직접 부담해야 하지 않겠냐고 이야기했다. 딸아이는 갑작스런 제안에 당황한 듯 왜 그래야 하냐며 그냥 예전처럼 해달라고 떼를 썼다. 자신의 말이 잘 통하지 않자 그 아이는 그럼 앞으로 두 달만 집에서 부담해 달라고 협상을 시도했다. 아내가 그 협상안조차 단호히 거부하자 딸아이는 울상을 지으면서 "아, 왜? 우린 가족이잖아"라고 외쳤다. 교회에도 이런 사람이 있는 것 같다. "우린 가족이잖아요! 그러니까 윗분들이 알아서 하시고 제게는 부담을 지우지 마세요!" 그러나 성경은 가족이니까 구성원 모두가 함께 부담해야 한다고 가르친다.

 『복음을 위한다면 지갑을 찢어라』라는 다소 과격한 제목의 책이 있다. 복음 전파를 위해서는 성도들의 지갑이 열려야 한다는 뜻일 것이다. 교회를 위해서도 마찬가지이다. 교회의 지체들이 지갑을 열어야 한다. 한국교회는 헌금으로 인한 부작용이 적지 않고 헌금에 대해 많은 오해도 있지만 사실 헌금은 하나님의 은혜이다. 우리를 물질주의의 덫에서 벗어나게 하고 참으로 가치 있는 일에 우리의 물질을 쓸 수 있도록 도우며 하나님과 그분의 교회에 대한 우리의 사랑을 표현할 기회를 주는 은혜의 선물인 것이다.

생각해보라. 주님과 그분의 교회를 정말 사랑한다면 우리는 기쁘게 드리고 후원할 수 있을 것이다. 왜냐하면 사랑하면서 주지 않을 수는 없기 때문이다. 예전에 우리 교회 한 집사님이 성경공부 가운데 교회가 내 교회라는 마음을 가지려면 어떻게 하면 되냐는 질문에 대해 십일조를 하면 된다는 답을 한 적이 있다. 전혀 예상치 못한 대답이었다. 그분은 자신의 경험에 근거하여 십일조를 하면서 교회에 더 마음이 가고 내 교회라는 생각이 들었다고 했다. 그러고 보니 예수님도 그런 취지로 말씀하신 적이 있다. "너의 보물이 있는 곳에 너의 마음도 있을 것이다"(마 6:21).

하나님은 우리가 억지로 헌금 하는 것을 원하지 않으신다. 그리고 헌금을 하지 않아도 하나님은 우리를 사랑하신다. 그러나 우리가 정말 하나님의 사랑을 입었다면 우리는 그 사랑에 반응해서 드려야 한다. 그것이 정상이다. 자신의 믿음에 따라 자발적으로 기쁘게 하나님의 교회를 후원하라. 할 수 있는 대로 하나님의 교회를 위해 하나님께 드리기로 결단하라. 액수는 상관이 없다. 많이 버는 자는 많이, 적게 버는 자는 적게 하라고 했다. 형편과 믿음에 따라 하라. 하나님께서 우리의 재정 생활에 개입하시고 우리를 복의 통로로 사용해주실 것이다. 기억하는가? 우리 주님은 주는 자가 받는 자보다 복이 있다고 하셨다. 그렇게 말씀하신 주님은 우리에게 자신의 생명을 아낌없이 주셨다. 지금도 무조건적인 사랑을 주시고 아침마다 새로운 은혜를 주신다. 우리가 아무리 주고 나누어도 그런 주님보다 더 많이 줄 수는 없다. 그러므로 할 수 있는 대로 하나님의 교회를 위해 드려라. 교회를 돌보고 후원하겠다고 결단하라. 그럴 때 당신은 정말 복 있는 자가 될 것이고 교회는 더 건강하게 세워질 것이다.

웬 말인가 날 위하여

본 장의 제목을 기억하는가? "하나님의 백성이라면 이것만은"이다. 제목이다. 하나님의 이름으로 불리는 그분의 백성이라면 이 정도는 헌신해야 한다는 뜻이다. 그것은 믿는 자와의 결혼을 통해 하나님께 성별 된 가정이 되는 일에 대한 헌신과 안식일의 원리를 지키는 일에 대한 헌신, 그리고 주님의 교회를 후원하는 일에 대한 헌신이었다.

하나님의 백성이라면 이 세 가지 영역에 마땅히 헌신해야 한다. 그러나 그럼에도 불구하고 이런 헌신이 어려울 수 있다. 그럴 때 우리는 하나님께서 우리에게 먼저 헌신하셨을 뿐 아니라 우리가 감히 따라갈 수 없을 정도로 많이 헌신하셨음을 기억할 필요가 있다. 우리의 헌신은 하나님의 그 "어마무시한" 헌신에 대한 작은 반응에 불과하다. 《웬 말인가 날 위하여》라는 찬송가의 가사가 보여주는 것처럼 말이다.

웬 말인가 날 위하여

주 돌아가셨나

이 벌레 같은 날 위해

큰 해 받으셨나

내 지은 죄 다 지시고

못 박히셨으니

웬일인가 웬 은헨가

그 사랑 크셔라

나 십자가 대할 때에

그 일이 고마워

내 얼굴 감히 못 들고

눈물 흘리도다

늘 울어도 눈물로써

못 갚을 줄 알아

몸 밖에 드릴 것 없어

이 몸 바칩니다

이 찬송가의 작사가인 아이작 왓츠(Isaac Watts)는 먼저 벌레 같은 자신을 위해 고난당하신 주님의 은혜와 헌신을 묵상한다. 그리고 그것은 몸을 드리는 헌신의 결단으로 이어진다. 날 위해 죽으신 주님의 십자가, 그 은혜를 생각하라. 그분이 우리에게 먼저 행하신 놀라운 헌신에 대해 잠잠히 묵상해 보라. 그러면 우리는 기쁘게 헌신할 수 있지 않을까? 감사하고 감격할 뿐 아니라 세상에 속한 욕심을 버리고 몸으로 제물 삼아 그 고마우신 분께 드릴 수 있지 않을까? 그럴 수 있을 것이다. 믿는 자와의 결혼을 포함한 가정의 성별과 주일 지키기와 하나님께 드리는 헌금도 그렇게 어렵지만은 않을 것이다.

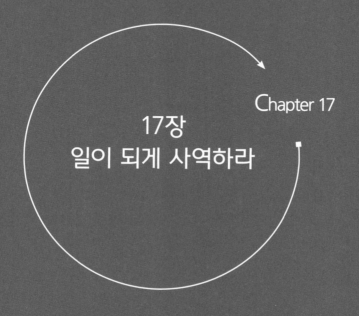

Chapter 17

17장
일이 되게 사역하라

느헤미야 11:1~12:26

백성의 지도자들은 예루살렘에 자리잡았다. 나머지 백성은 주사위를 던져서, 십분의 일은 거룩한 성 예루살렘에서 살게 하고, 십분의 구는 저마다 자기의 성읍에서 살게 하였다. 스스로 예루살렘에서 살겠다고 자원하는 사람 모두에게는 백성이 복을 빌어 주었다. 예루살렘에 자리를 잡은 지방 지도자들은 다음과 같다. 다른 이스라엘 사람들 곧 제사장과 레위 사람과 성전 막일꾼과 솔로몬을 섬기던 종의 자손은, 각자가 물려받은 땅인 유다 여러 성읍에서 살고, 유다와 베냐민 자손 가운데서 일부가 예루살렘에서 살았다. 유다 자손으로는 아다야가 있다. 그의 아버지는 웃시야요, 그 윗대는 스가랴요, 그 윗대는 아마랴요, 그 윗대는 스바댜요, 그 윗대는 마할랄렐이요, 그 윗대는 베레스이다. 그 다음으로는 마아세야가 있다. 그의 아버지는 바룩이요, 그 윗대는 골호세요, 그 윗대는 하사야요, 그 윗대는 아다야요, 그 윗대는 요야립이요, 그 윗대는 스가랴요, 그 윗대는 실로 사람의 아들이다. 예루살렘에 자리잡은 베레스의 자손은 모두 사백육십팔 명이고, 그들은 모두 용사였다...엘리아십과 요야다와 요하난과 얏두아 때의 레위 사람 가운데서, 가문별 우두머리들의 이름과 제사장들의 이름은, 다리우스가 페르시아를 다스릴 때의 왕실 일지에 기록되어 있다. 레위의 자손 가운데 엘리아십의 아들인 요하난 때까지의 각 가문의 우두머리의 이름도 왕실 일지에 기록되어 있다. 레위 사람의 우두머리는 하사뱌와 세레뱌와 갓미엘의 아들 예수아이다. 예배를 드릴 때에, 그들은, 하나님의 사람 다윗 왕이 지시한 대로, 동료 레위 사람들과 함께 둘로 나뉘어 서로 마주 보고 서서 화답하면서, 하나님께 찬양과 감사를 드렸다. 맛다니야와 박부갸와 오바댜와 므술람과 달몬과 악굽은 성전 문지기이다. 이들은 성전으로 들어가는 각 문들에 딸린 창고를 지켰다. 이 사람들은 모두, 요사닥의 손자이자 예수아의 아들인 요야김과, 총독 느헤미야와, 학자인 에스라 제사장 시대에 활동한 사람들이다.

리셋

• • •

느헤미야와 함께 다시 세우라

내가 섬기는 신학교의 사무처장이신 박상복 목사는 일을 참 잘한다. 모든 종류의 일을 다 잘 하지만 특별히 몸으로 하는 일은 누구에게도 빠지지 않는다. 그리고 그런 일을 적극적으로 만들어서 무언가를 한다. 본인의 이름이 상복인데 상복보다는 일복이 있다고 종종 우스개로 말하곤 한다. 그가 일하는 모습을 가만히 보면 "아, 저분은 정말 일이 되게 하는구나"라는 생각을 하게 된다. 반면에 나는 소위 "일머리"가 없고 특별히 몸으로 하는 일은 너무 못해서 뭘 해도 어설프다. 그래서 아내로부터 어쩌면 일을 해도 그렇게 일이 안 되게 하느냐는 핀잔을 듣기도 한다.

이것은 사역의 경우에도 마찬가지이다. 일이 되게 사역하는 사람이 있고 일이 안 되게 사역하는 사람이 있다. 앞에서 이미 언급한 것처럼 사역이란 "하나님께서 나에게 주신 모든 것을 사용하여 하나님을 섬기고 이웃의 필요를 돌보는" 하나님의 일이다. 그러므로 우리는 다른 일보다 더욱 신경을 써서 일이 되도록 이 하나님의 일을 해야 한다. 그렇다면 하나님의 일이 되게 하려면 어떻게 해야 할까? 어떻게 하면 회복의 사역, 영적 리셋의 사역이 원활히 이루어질까? 특별히, 교회 공동체가 예배, 훈련, 교제, 봉사, 그리고 전도와 다양한 아웃리치의 일을 할 때 어떻게 그 일들을 되게 할 수 있을까?

느헤미야서 11장에 보면 재건된 예루살렘에 주민을 이주시키는 일의 기록이 적혀있다. 그리고 12장 1-26절에는 이 일에 직간접적으로 기여했던 일차 귀환자들과 그 자손들의 명단이 포함되어 있다. 도시는 사람이 살아야 도시이다. 성벽만 재건한다고 도시가 되는 것은 아니다. 이미 언급했던 것처럼 느헤미야가 무너졌던 예루살렘 성벽을 재건한 것은 그 도시를 다시 하나님의 백성이 살며 예배하는 터전으로 만들기 위해서였다. 그래서 그는 7장에 기록된 것처럼 성벽 재건의 공사를 완성한 후 사람들을 예루살렘으로 이주시키기 위해 하나님의 감동으로 인구조사를 했고 이제 본격적으로 그 일을 실행하는 것이다. 이것은 하나님께서 마음에 품고 계셨던 위대한 하나님의 일이다. 이 본문을 통해 하나님의 일을 되게 만들려면 어떻게 해야 하는지에 대한 지혜를 얻기 원한다.

누군가는 자원해서 희생해야 한다

오랫동안 황폐해있던 예루살렘에 들어가 사는 일은 상당한 희생이 요구되는 일이었다. 느헤미야는 당시 예루살렘을 "성읍은 크고 넓으나, 인구가 얼마 안 되고, 제대로 지은 집도 얼마 없었다"(느 7:4)라고 묘사한다. 이런 곳에 들어가 사는 것이 얼마나 불편할지 생각해보라. 당신은 사람도 별로 살지 않고 제대로 된 건축물이나 편의 시설도 없는 그런 곳에 들어가서 살라고 하면 그렇게 하겠는가? 그것도 특별한 이유 없이 실컷 잘 살고 있던 지역을 떠나 다른 도시의 인구를 채우기 위해 이사를 가라고 한다면 가겠는가?

그런데 본문을 보면 그런 예루살렘에 들어가 자리 잡은 사람들이 있었다. 그들이 누구였을까? 느헤미야의 설명을 보라. "백성의 지도자들은 예루살렘에 자리 잡았다"(느 11:1a). 지도자들이 먼저 솔선수범을 했다. 이 점에 대해서는 본서의 15장에서 이미 한번 다루었다. 그러나 지도자들이 모범을 보이는 것은 정말 중요해서 반복할 가치가 있다. 오래전 이야기인데 방학을 끝내고 신학교에 갔더니 한 학생이 파마를 하고 내 앞에 나타났다. 왜 파마를 했냐고 물었더니 교수님이 파마한 것을 보니 멋있어 보여 자신도 했다는 것이다. 원래 멋있어서 멋있는 것이지 파마해서 멋있는 것은 아닌데 그 학생이 잘못 생각한 것이다. 여하튼 그 대화를 할 때 아이러니하게도 나는 파마가 풀려서 생머리 상태였다. 그 학생은 기껏 교수님 따라서 했는데 교수님이 생머리로 돌아왔으니 자기도 파마를 풀어야 할지 모르겠다고 웃으며 말했다. 비록 가벼운 대화였지만 나는 누군가의 앞에 서는 것이 결코 가벼운 일이 아님을 그때 새삼 느꼈다. 그렇다. 지도자의 역할은 중요하다. 그런데 스스로 예루살렘에 들어온 사람은 지도자들만이 아니었다. 2절에 보면 백성들 가운데도 자원하는 사람들이 있었다. "스스로 예루살렘에서 살겠다고 자원하는 사람 모두에게는 백성이 복을 빌어 주었다." 훌륭한 사람들이다. 이들은 불편함을 감수하고 하나님의 역사를 이루기 위해 스스로 예루살렘 이주를 결정했다. 이런 사람들이 있어야 일이 되는 것이다. 그래서 백성들이 이들 모두에게 복을 빌어주었다. 그런 축복을 받을만한 충분한 자격이 있는 사람들이다.

당신은 어떤가? 필요를 보고서 불편하더라도, 희생이 요구되더라도 하나님의 일을 이루기 위해 내가 하겠다고 스스로 나서는가? 후일 바울과 함께 안디옥 교회를 개척했던 바나바를 보라. 그는 초기 예루살렘 교회의 필요를 보고 누가 강요하지 않았는데도 자기 밭을 팔아 사도들의 발 앞에 두는 자발적 헌신을 했다. 그래서 교회는 계속해서 전진해나갈 수 있었던 것이다. 그런 사람이 바나바 한 사람뿐이었을까? 사도행전만 읽어봐도 우리는 그런 사람들을 여럿 만날 수 있다.

내가 속한 교단의 목회자들은 2015년 가을에 한 교회 집사님들의 헌신으로 베트남에 간 적이 있었다. 거기서 우리는 우리의 눈으로 직접 그 지역의 영적 필요를 보았다. 아직 공산 국가이지만 그곳에 사는 수많은 사람을 보면서 거기에 복음이 전해지고 교회가 세워지게 해 달라고 간절히 기도했다. 그리고 그 가운데 한 목사님이 그 필요를 채우기 위해 스스로 나섰다. 그분은 귀국해서 담임목사직을 조기 은퇴하고 베트남 선교사로 자원하였다. 예순이 다 된 나이에 그 결정은 결코 쉽지 않았을 것이다. 사는 것도 불편하고 말도 배워야 하고 게다가 공산주의 나라가 아닌가? 그렇지만 세계 선교라는 하나님의 일을 위해 자신을 드린 것이다. 이처럼 하나님의 일이 되려면 누군가는 자원해서 희생해야 한다. "내가 여기 있나이다. 쟤를 보내소서"라고 하기보다 "주님 제가 하겠습니다"라고 말하는 우리가 되기를 바란다. 당신의 예루살렘은 어디 또는 무엇인가? 불편하지만 누군가는 반드시 가야 하며, 희생이 요구되지만 누군가는 꼭 해야 하는 그 예루살렘이 당신에게 있는가? 불편함과 어려움이 있더라도 자원해서 희생함으로 하나님의 일을 되게 하는 우리가 되어야 한다.

하나님의 뜻에 따라야 한다

느헤미야는 예루살렘에 사람들을 이주시키기 위해 지도자들과 자원자들의 헌신을 받았지만 그것만 하지는 않았다. 그는 나머지 백성들에게 주사위를 던지게 해서 1/10을 그곳으로 가게 했다. "나머지 백성은 주사위를 던져서, 십분의 일은 거룩한 성 예루살렘에서 살게 하고, 십분의 구는 저마다 자기의 성읍에서 살게 하였다"(느 11:1b). 느헤미야는 여기서 십일조의 원리를 적용했다. 어느 마을이나 성읍이든 인구의 10% 정도가 빠져나가도 큰 문제는 없다. 그러나 여러 곳에서 10%씩 차출된 사람들을 모으면 웬만한 성읍 하나는 충분히 채울 수 있다. 그는 그렇게 해서 예루살렘의 인구를 확충한 것이다. 위 구절에서 새번역이 주사위를 던졌다고 한 표현은 개역성경에서 "제비를 뽑았다"로 번역되어 있다. 제비를 뽑는 것은 이스라엘 백성들 가운데서 하나님의 뜻을 구하는 수단으로 자주 사용되었다. 여호수아 7장에 보면 이스라엘 백성이 아이성 전투에서 패한 뒤 그 원인자를 색출할 때 제비를 뽑았고 사도행전 1장을 보면 가룟 유다의 자리를 채울 사도를 뽑을 때도 기도한 후 제비를 뽑았다. 따라서 느헤미야가 사용한 이 방법은 그 백성들 가운데서 하나님의 뜻을 구하는 것으로 자연스럽게 이해되었을 것이다. 그리고 그 결과에 따라 1/10은 예루살렘으로 이주해서 살게 된 것이다. 말하자면 그들은 하나님의 뜻에 순종한 것이다.

하나님의 일이 되게 하기 위해 우리는 이처럼 하나님의 뜻에 순종해야 할 필요가 있다. 이전 교회에 조력자로 있을 때의 일이다. 어느 교회에서 내게 담임목사로 오지 않겠냐며 의중을 물어왔다. 몇 번 설교하러 갔었는데 그 교회 성도들이 나를 좋아했고 나도 그곳에 가고 싶은 마음이 있었다. 목자

없는 양과 같은 그 성도들에게 마음이 간 것이다. 그래서 당시 담임목사님에게 말씀을 드리면서 그분의 조언을 구했다. 그분은 바로 내게 "하나님의 뜻이 아닙니다."라고 하셨고 더 이상 설명을 붙이지 않으셨다. 좀 당황스러웠고 이유를 묻고 싶었지만 예의가 아닌 듯싶어 그렇게 하지 않았다. 나는 경기도의 한 수양관에 들어가서 그 문제에 관해 금식하며 기도를 했다. 내 결론은 일단 내가 모시는 담임목사님이 반대하는 데에는 내가 다 알지 못하더라도 합당한 이유가 있을 것이며 설사 아무 합당한 이유가 없다고 하더라도 그분의 반대를 무릅쓰고 가는 것은 하나님의 뜻이 아니라는 것이었다. 그래서 나는 그 논의를 없는 것으로 하고 섬기던 교회에 머물렀다. 지금 생각하면 내가 그때 내 감정이나 생각을 따르기보다 하나님의 뜻을 구한 것이 참 다행스럽다는 생각이 든다.

하나님의 일은 그저 내 생각이나 욕심, 또는 효율성만을 고려해서 되는 일이 아니다. 내키지 않더라도 그것이 하나님의 뜻이면 해야 하고, 하고 싶더라도 하나님의 뜻이 아니라면 하지 말아야 한다. 그래서 하나님의 일은 기도하고 말씀을 보면서 결정해야 한다. 왜냐하면 성경 말씀에 하나님의 일반적인 뜻이 나와 있고 기도를 통해 구체적인 뜻을 분별할 수 있기 때문이다. 그래서 나는 서울의 한 대형교회에서 그 설립자가 소천하신 후, 다른 어떤 것보다 먼저 상당한 기간동안 전교인 특별기도회를 열어서 후임자와 교회의 미래에 대해 하나님의 뜻을 구한 것은 참으로 바람직한 일이었다고 생각한다. 아무튼 기도와 말씀을 통해, 그리고 영적 지도자의 조언과 환경을 통해, 하나님께서 당신의 뜻을 보여주실 때 우리는 순종할 수 있어야 한다. 그렇게 할 때 사역, 즉 하나님의 일은 제대로 이루어진다.

지도력을 존중하면서 질서 있게 행해야 한다

본문의 11장 3-24절에는 예루살렘에 자리를 잡은 거주민들의 명단이 열거되어 있다. 3-9절까지는 지방 지도자들, 10-14절은 제사장들, 15-18절까지는 레위인들, 19-21절은 성전 문지기와 막일꾼들, 그리고 22-24절은 페르시아 왕에게 임명받은 사람들의 명단이다. 그런데 이 명단은 간접적으로 느헤미야의 탁월한 행정 능력을 보여주는 것이라고 나는 생각한다. 이 명단에는 여러 사람이 맡은 다양한 직무들이 포함되어 있다. 그것은 총독인 느헤미야가 예루살렘을 질서 정연하고 체계가 잘 잡힌 도시로 만들기 위해 기술적으로 배치하고 책임을 맡긴 결과이다. 사실, 한 도시를 운영한다는 것은 결코 쉬운 일이 아니다. 특별히 예루살렘처럼 거룩한 도시는 더욱 그렇다. 누군가는 12절에 쓰인 것처럼 "성전의 일", 즉 희생제물을 준비하고 드리는 일을 도와야 했다. 또 다른 누군가는 14절에 쓰인 것처럼 도성을 방어하는 일을 해야 했다. 17절에 나온 것처럼 찬양대를 인도하는 사람, 16절에서 보는 것처럼 성전 바깥일을 맡은 사람, 19절에서 보는 것처럼 성전 문을 지키는 사람, 22절에 쓴 것처럼 성전 사역 전체를 감독하는 사람도 필요했다. 그리고 24절에 기록된 것처럼 페르시아의 왕궁에서 유대인의 대표로 유대인들의 이익을 대변하는 사람도 필요했다. 느헤미야는 이 모든 필요 인원들을 적재적소에 배치하고 임무를 부여한 지도자이다. 사람들은 그의 지도력을 존중하면서 배치된 곳에서 부여받은 임무를 질서 있게 감당했을 것이다.

일이 되기를 바란다면 다른 일도 그렇지만 특히나 하나님의 일은 더욱 질서 있게 진행되어야 한다. 왜냐하면 우리가 섬기는 하나님은 무질서의 하나님이 아니시기 때문이다. 예수님께서 보리떡 다섯 개와 물고기 두 마리로 남자 어른만 오천 명, 여자와 어린이까지 하면 대략 만 오천 명 정도를 먹이셨을 때 어떻게 하셨는지 기억하는가? 그분은 오십 명씩 그룹을 지어 앉도록 하시고 질서 정연하게 음식을 배분하셨다. 그리고 다 먹은 후에는 남은 것들을 수거하여 열두 바구니에 가득히 남았다고 할 만큼 정확하게 그 수를 세었고 파악하셨다. 하나님의 교회에서 사역을 하는 모든 교역자와 성도는 세워진 지도력을 존중하면서 질서 있게 그 일을 하도록 노력해야 한다.

혹자는 만인 제사장의 교리를 내세워 너나 나나 다 똑같다고 주장하면서 리더십을 무시하기도 한다. 물론 하나님 앞에서 우리는 다 같다. 믿는 자는 누구나 다 하나님의 자녀이고 예수 그리스도를 통해 누구나 하나님께로 나아갈 수가 있다. 그러나 그렇다고 리더가 필요 없는 것은 아니다. 사도바울은 교회를 개척하고 가장 먼저 그 교회의 리더부터 세웠다. 신약성경을 보라. 모두가 왕 같은 제사장으로 이루어진 교회에 주어진 그 말씀은 기본적으로 우리에게 지도자들을 존중하고 그들을 따르라고 분명히 권면한다. 기억하라. 하나님은 결코 무정부주의를 옹호하지 않으신다. 그분은 일을 하실 때 언제나 리더를 세우시고 그를 통해 질서를 잡으셨다. 그렇다고 교회나 하나님의 사역이 군대식으로 되어야 한다는 뜻은 아니다. 시쳇말로 "까라면 까!"식의 경직된 상명하복이나 권위주의를 옹호하는 것도 아니다. 우리는 지위가 어떠하든지 서로 사랑해야 하고 소통해야 하며 서로를 인격적으로 대해야 한다. 그러나 그것이 무질서로 이어져서는 안 된다. 리더십을 존중하라. 그리고 그 안에서 질서 있게 일하라. 리더들은 모범을 보이는 가운데 최선을 다해 체계를 잡고 사람들을 잘 살펴서 그들이 질서와 하나 됨과 기쁨 가운데 일할 수 있도록 도와야 한다. 그래야 하나님의 일이 제대로 된다.

누구도 차별하지 말아야 한다

11장 25-36절까지는 예루살렘이 아닌 다른 마을과 촌락에 사는 유다 자손과 베냐민 자손에 대한 기록이 있다. 기럇아르바와 브엘세바와 시글락과 아둘람과 라기스와 힌놈 골짜기와 같은 마을에 사람들이 장막을 치고 살았다는 것이다. 왜 예루살렘에 자리 잡은 사람들을 언급하는 내용 뒤에 다른 촌락에 자리 잡은 백성들의 기록을 포함시켰을까? 하나님의 백성 어느 누구도 이류(二流)로 여겨지지 않도록 하려는 의도가 있었을 것이다. 꼭 예루살렘에 들어간 사람만이 중요한 것이 아니다. 바깥에 사는 사람들도 하나님의 백성이며 그들도 제비뽑기를 통해 하나님의 뜻을 따랐기 때문에 그들도 존중받아야 한다.

우리는 하나님의 일을 하면서 누군가를 차별하거나 이류로 만들어서는 안 된다. 우리가 범할 수 있는 정말 악한 죄악이 있는데 그것은 텃세를 부리거나 차별하거나 왕따를 시키는 일이다. 한 선교사님에게 들은 이야기이다. 어느 교회에 갔더니 "상가파"라는 게 있더라는 것이다. 상가파란 그 교회가 건축하기 전, 즉 상가에 있을 때부터 있었던 성도들을 일컫는 말이었다. 그들은 그만큼 오래되었고 그만큼 고생했다며 "비상가파"들을 이류로 만든 것이다. 그 교회만 그럴까?

바울은 고린도 교회에 있는 분파에 대해 강하게 질책하면서 모두가 한 하나님의 동역자이며 한 몸의 지체임을 강조했다. 눈이 손에게, 또는 머리가 발에게 '너는 쓸데없다'라고 할 수 없듯이 교회의 지체도 그래서는 안 된다고 권면했다. 약하게 보이는 지체들이 오히려 더 요긴함을 인식시키려고 애를 썼다. 하나님께서도 몸의 균형과 효과적 기능을 위해 모자라는 지체에게 더 풍성한 명예를 주셨다고 했다. 우리는 그 하나님의 마음을 가져야 한다. 내 속의 완장을 다 떼어버리고 서로를 인정하고 받아야 한다. 하나님의 일이 제대로 되려면 그 일을 하는 누구도 차별받아서는 안 된다. 모두가 중요하고 모두가 존중받아야 한다.

하나님의 일하심을 기대해야 한다

앞에서 예루살렘 바깥의 사람들과 촌락에 대한 기록을 포함시킨 한 가지 이유를 말했는데 그것은 하나님의 일을 하면서 누구도 차별받아서는 안 된다는 것이다. 그러나 더 중요한 의도가 있다고 보는데 그것은 이스라엘의 완전한 회복에 대한 소망을 백성들에게 일깨우려는 것이다. 말하자면 이런 이야기이다. '자, 하나님의 은혜로 이제 성전도 완성되었고 예배도 회복되었으며 성벽도 재건되었고 거룩한 성 예루살렘에 인구도 유입되었다. 그러나 그것은 시작에 불과하다. 이스라엘 최남단인 브엘세바와 북쪽의 힌놈 골짜기에 있는 마을에도 사람들이 차야 한다. 보라. 그곳에도 이제 사람이 들어가지 않았나? 여기 그 목록을 보아라. 주님께서 곧 그곳도 가득 채우실 것이며 그 이외의 곳들, 저 최북단의 단 지역까지도 회복시키실 것이다. 계속 주님을 바라보아라.' 그런 의미인 것이다. 한마디로 그 의도를 요약하자면 하나님의 일하심을 계속해서 기대하라는 것이다.

하나님의 일은 몇몇 종교적인 사람들이 모여 하나님 깃발 걸어놓고 일하는 차원에 그치지 않는다. 하나님의 일은 하나님을 위한 일, 하나님께 속한 일이기도 하지만 하나님께서 하시는 일이기도 하다. 물론 그분은 대개의 경우, 우리를 통해 그 일을 하신다. 그러나 하나님은 우리 인간의 차원을 훌쩍 뛰어넘어 그분만이 하실 수 있는 일을 하신다. 우리는 사역을 할 때 하나님의 일하심을 기대하며 일해야 한다. 그 누가 무식한 어부, 부패한 세리 등으로 구성된 예수님의 제자들이 로마제국을 뒤집어놓고 인류의 역사를 뒤바꾸는 위대한 운동을 이룰 것이라고 생각했겠는가? 하나님께서 인간의 기대를 뛰어넘어 일하신 것이다.

나는 목회자로 사역을 하면서 어떤 사람을 바라보며 '저 사람은 참 어렵겠구나'라고 생각한 경우들이 있다. 그런데 그런 사람들이 놀랍게도 예수님을 믿고 신앙을 고백하며 제자로 세워지는 것이다. 또는 눈에 잘 띄지도 않고 전혀 아니다 싶은 형제가 어느 날 헌신을 하고 신학교에 가거나 성경 공부 시간에 졸음을 참지 못하며 너무나 지루해하던 자매가 후일 목회자의 사모가 되는 것도 보았다. 하나님께서 우리를 뛰어넘어 그 삶과 심령 가운데서 일하신 것이다. 어디 이런 일이 그 형제나 자매 하나만의 이야기인가? 이야기를 할라치면 시간이 부족할 것이다. 그렇다. 하나님은 우리의 상식과 생각을 뛰어넘어 일하신다. 그분께는 능치 못할 일이 없다. 자녀 문제로 상심하고 있는가? 배우자가 믿음을 계속 거부하는가? 사역이 잘 풀리지 않는가? 교회가 어렵고 기대에 못 미치는가? 기억하기 바란다. 하나님은 하실 수 있다. 내게서 눈을 들어 그분을 바라보라. 그분을 온전히 신뢰하라. 어느 목사님 말처럼 하나님은 믿으라고 있는 분이다. 우리는 그분의 일하심을 기대해야 한다.

하나님의 보상을 바라며 일해야 한다

느헤미야서는 이미 본 것처럼 리스트로 가득 차 있다. 본문인 11장도 거의 사람들의 이름들로 채워진 목록이다. 그리고 12장 1-26절에는 심지어 1차 귀환자들의 명단까지 포함되어 있다. 1절과 7절만 살펴보자. "스알디엘의 아들 스룹바벨과 예수아를 따라서 함께 돌아온 제사장과 레위 사람들은 다음과 같다. 제사장은 스라야와 예레미야와 에스라와…살루와 아목과 힐기야와 여다야이다. 이들은 예수아 때의 제사장 가문의 우두머리와 그 동료들이다." 그리고 8-9절에는 그 당시의 레위인들이 구체적으로 무슨 일을 했는지도 적었다. "레위 사람은 예수아와 빈누이와 갓미엘과 세레뱌와 유다와 맛다니야이고 그 가운데서 맛다니야는 그의 동료들과 함께 찬양대를 맡았다. 그들의 동료 박부갸와 운노는 예배를 드릴 때에 그들과 마주 보고 섰다." 11장에서 느헤미야가 자기 시대 때 사람들의 목록을 적은 것은 이해가 간다. 그런데 그는 90년도 더 전에 일차로 귀환하여 거룩한 성의 쓰레기 더미를 치우고 성전 건축을 이룬 사람들까지 그 이름을 올리고 있다. 왜 그랬을까? 그것은 하나님께서 당신의 이름과 나라를 위해 수고하고 애쓴 그 누구도 잊어버리지 않으시고 그들을 아시며 상 주신다는 사실을 강조하기 위해서가 아닐까? 그렇다. 우리는 사역을 하면서 이 사실을 기억해야 한다. 하나님은 당신의 일을 신실하게 감당한 사람들을 기억하시고 보상하신다. 우리는 그 보상을 바라보며 하나님의 일을 해야 한다.

이 땅에서 전도하고 양육하며 가난한 사람들을 예수의 이름으로 돕고 선교사를 후원하며 무너진 삶과 가정을 회복하고 교회를 세우는 등 하나님의 일을 하는 것은 쉬운 일이 아니다. 때때로 지칠 때가 있다. 사람들이 몰라줘서 속상할 때도 있다. 바보짓을 하는 것처럼 생각될 때도 있다. 그 일을 하면서 오해와 갈등이 생길 수도 있다. 희생해야 하고 손해 볼 수도 있다. 그럼에도 우리가 계속해야 하는 것은 하나님께서 내 모든 수고를 아시며 보상하실 것이기 때문이다. 물론 많은 경우, 그 보상은 반드시 가시적이거나 물질적이지 않다.

오래전 빈민 사역을 하시던 목사님께서 하신 이야기이다. 옛 성질이 남은 그 교회 집사들이 회의하다가 뭔가 뜻대로 안 되면 자리를 박차고 일어나면서 "누가 월급 받고 집사 하나? 다 때리차뿌라, 마!"라고 했다는 것이다. 그렇다. 집사 한다고, 교회 학교 교사한다고 누가 월급을 주지는 않는다. 그러나 돈으로 계산할 수 없는 보상이 있다. 분명히 있다. 그뿐 아니라 가장 좋은 보상은 즉각적으로 오지 않는다. 『마시멜로 이야기』라는 책의 표현을 빌려 말하자면 우리가 하나님의 일에 헌신하겠다는 것은 마시멜로를 늦게 먹겠다는 말과 같다. 우리는 즉각적 만족이 아니라 지연된 만족을 원한다. 지금은 힘들 수 있지만 하나님은 우리의 수고를 잊어버리지 않으시고 영원히 우리에게 마시멜로를 공급하실 것이다.

나는 한 기독교 구호단체의 대표 비서 지원자에 대한 이야기를 들었는데 그녀는 명문대 비서학과를 졸업하고 최고의 글로벌 회사에 근무하는 등 화려한 경력을 자랑하는 중년 여성이었다. 모든 헤드헌터의 목록 상위에 있을 정도로 그 분야에서는 탑 클래스인 사람인데 희망 연봉을 적으라고 했더니 그 단체가 제시하려고 하는 액수보다 더 낮은 액수를 적더라는 것이다. 돈 때문에 일하는 게 아니라는 말이다. 우리도 그래야 한다. 하나님의 일을 되게 하려면 더 높은 동기와 더 큰 그림을 갖고 일해야 한다. 하나님의 보상을 바라보고 일하자. 예수님께서도 자기 앞에 놓여있는 기쁨을 내다보면서 십자가를 참으셨다고 했다. 하나님께서 어떻게 하셨을까? 그분은 그 예수님을 지극히 높여 하나님의 보좌 오른쪽에 앉히셨다. 잊지 마시라. 하나님은 당신의 수고를 아신다. 그리고 보상하신다. 바울은 죽은 자의 부활에 대한 긴 논의를 끝내면서 고린도전서 15장 58절에서 이렇게 권면한다. "그러므로 나의 사랑하는 형제자매 여러분, 굳게 서서 흔들리지 말고, 주님의 일을 더욱 많이 하십시오. 여러분이 아는 대로, 여러분의 수고가 주님 안에서 헛되지 않습니다." 그렇다. 우리의 수고가 주님 안에서 결코 헛되지 않다. 그 주님을 바라보며 끝까지 주의 일에 충성하는 우리 모두가 되면 좋겠다.

돈이 없지, 가오가 없나?

유능한 지도자 느헤미야의 활동과 기록을 통해 우리는 하나님의 일을 되게 만들도록 사역하는 여섯 가지 원리에 대해 배웠다. 그것은 자원해서 희생하는 것과 하나님의 뜻에 순종하는 것, 지도력을 존중하면서 질서 있게 일하는 것과 누구도 차별하지 않는 것, 그리고 하나님의 일하심을 기대하는 것과 그분의 보상을 바라보며 일하는 것이었다. 이 가운데 당신에게 특별히 필요한 것은 무엇인가? 그것을 놓고 기도하며 그것에 주의를 기울이겠다고 결단하지 않겠는가?

한번 생각해보라. 우리가 하나님의 일을 할 수 있다는 것이 얼마나 큰 특권인가를. 나는 용산의 대통령실이나 미국의 백악관 내부에 가본 적이 없다. 그 안에서 일하는 사람들과 대화를 나눠본 적도 없다. 그러나 거기서 일하는 사람에게는 한 나라의 최고 지도자인 대통령과 그가 다스리는 나라를 위해 일한다는 상당한 자부심이 있지 않을까? 그럴 것이다. 그렇다면 온 우주를 통치하시는 하나님과 그 나라의 일을 한다는 것은 얼마나 큰 특권이며 영광인가? "돈이 없지 가오가 없냐?"는 말이 있다. 하나님의 일을 하는 우리에게 돈이 좀 없을 수 있다. 많은 사람의 관심과 인기가 없을 수도 있다. 그러나 우리에게 "가오"가 없지는 않다. 우리에게는 가장 높고 영광스러우신 하나님의 일을 한다는 큰 자부심이 있다. 반드시 그래야 한다.

비록 돈과 권력과 인기가 없더라도 하나님의 일을 한다는 것은 우리의 인생을 가장 의미 있고 가치 있게 만드는 것이다. 한갓 인간이 어떻게 그 높은 일을 할 수 있는가? 세상 모든 종교 중에 인간을 신의 동역자라고 일컫는 것은 기독교밖에 없다. 그러므로 감사하는 마음으로 하나님의 일에 자신을 새롭게 드리도록 하자. 느헤미야에게 잘 배워서 일이 되게 사역하겠다고 결단하도록 하자. 무엇보다도 주님께서 나를 통해 일하실 것을 기대하면서 "주님, 제가 여기 있습니다. 주님의 뜻에 순종하며 질서 있게 차별하지 않고 용납하며 그리고 주님만 바라보면서 믿음으로 일하겠습니다. 저를 통해 주님의 이름이 높임 받기를 원합니다"라고 고백하는 우리가 되기를 바란다.

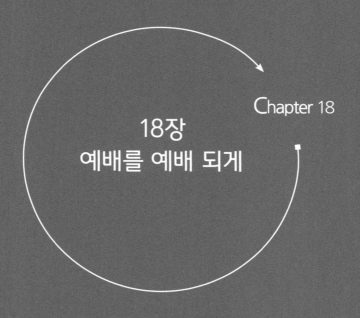

Chapter 18

18장
예배를 예배 되게

느헤미야 12:27~47

예루살렘 성벽이 완성되어서, 봉헌식을 하게 되었다. 사람들은 곳곳에서 레위 사람을 찾아내어, 예루살렘으로 데려왔다. 감사의 찬송을 부르며, 심벌즈를 치며, 거문고와 수금을 타며, 즐겁게 봉헌식을 하려는 것이었다. 이에 노래하는 사람들이 예루살렘 주변 여러 마을 곧 느도바 사람들이 사는 마을과 벳길갈과 게바와 아스마웻 들판에서 모여들었다. 이 노래하는 사람들은 예루살렘 주변에 마을을 이루고 살았다. 제사장들과 레위 사람들은 몸을 깨끗하게 하는 예식을 치른 다음에, 백성과 성문들과 성벽을 깨끗하게 하는 예식을 올렸다. 나는 유다 지도자들을 성벽 위로 올라오게 하고, 감사의 찬송을 부를 큰 찬양대를 두 편으로 나누어 서게 하였다. 한 찬양대는, 오른쪽으로 '거름 문' 쪽을 보고 성곽 위로 행진하게 하였다. 호세야가 이끄는 유다 지도자의 절반이 그 뒤를 따르고… 다른 한 찬양대는 반대쪽으로 행진하게 하였다. 나는 백성의 절반과 더불어 그 뒤를 따라서 성벽 위로 올라갔다. 이 행렬은 '풀무 망대'를 지나서, '넓은 벽'에 이르렀다가, '에브라임 문' 위를 지나, '옛 문'과 '물고기 문'과 '하나넬 망대'와 '함메아 망대'를 지나서, '양 문'에까지 이르러 성전으로 들어가는 문에서 멈추었다. 감사의 찬송을 부르는 두 찬양대는 하나님의 성전에 들어가 멈추어 섰다. 나 역시 백성의 지도자 절반과 함께 하나님의 성전에 들어가 섰다. 제사장 엘리야김과 마아세야와 미냐민과 미가야와 엘료에내와 스가랴와 하나냐는 다 나팔을 들고 있고, 마아세야와 스마야와 엘르아살과 웃시와 여호하난과 말기야와 엘람과 에셀이 함께 서 있었으며, 노래하는 이들은 예스라히야의 지휘에 따라서 노래를 불렀다. 그 날, 사람들은 많은 제물로 제사를 드리면서 기뻐하였다. 하나님이 그들을 그렇게 기쁘게 하셨으므로, 여자들과 아이들까지도 함께 기뻐하니, 예루살렘에서 기뻐하는 소리가 멀리까지 울려 퍼졌다.

리셋

· · ·

느헤미야와 함께 다시 세우라

수년 전, 한 주일에 내가 섬기는 교회에서 빈민국의 아이들을 돕기 위해 《컴패션 선데이》를 한 적이 있다. 그날 배우 차인표 씨가 예고도 없이 와서 회중석에 앉아 있었다. 그는 예배당 뒤쪽의 어느 자매 옆에 앉았는데 그 자매가 느낌이 좀 이상해서 옆을 보니 차인표 씨였다. 세상에! 교회에서, 그것도 대형교회도 아닌 평범한 교회에서 주일 예배를 드리는데 차인표 씨 같은 유명인이 자기 옆자리에 앉는 경우가 얼마나 있겠는가? 그날 그 자매에 대해 생각해보라. 예배를 제대로 드릴 수 있었을까? 예수님보다 더 인기가 있는 –적어도 지금의 우리나라 사람에게는–, 그리고 분명 더 잘생긴 사람이 옆에 앉아 있는데...

우리는 매주 예배를 드린다. 그러나 그 예배가 늘 하나님께서 받으시는 제대로 된 예배일 것이라는 보장은 없다. 어떨 때는 예배 같은 예배를 드리지만 어떨 때는 아니다. 어떨 때는 예배에 성공한 것 같은데 어떨 때는 실패한 것 같다. 어떻게 하면 예배를 예배 되게 할까? 이것은 심각한 질문이다.

왜냐하면 하나님은 우리가 드리는 예배를 매우 중요하게 생각하시기 때문이다. 예수님은 하나님께서 다른 어떤 사람보다 예배자를 찾으신다고 알려주셨다. 봉사자보다, 전도자보다, 고액 기부자보다, 아니 설교자보다 그분은 예배자를 더 찾으신다.

그뿐만이 아니다. 예배는 우리의 신앙은 말할 것도 없고 삶 전반에 영향을 미치기 때문에 너무도 중요하다. 예배는 우리의 관점을 높여주고 우리의 우선순위를 재조정하며 우리의 방향을 바로잡아 준다. 우리의 마음에 믿음과 소망과 사랑을 채워주며 우리의 심령을 뜨겁게 한다. 무엇보다 모든 관계의 근원이 되는 하나님과의 관계를 재정립시킨다. 예배에 성공하면 삶에도 성공하고 예배에 실패하면 삶에도 실패한다는 말도 있지 않은가. 따라서 '어떻게 하면 예배를 예배 되게 할까'라는 질문은 매우 중요하다. 우리는 이 질문에 대한 답을 느헤미야서 12장 27-47절의 본문 이야기를 통해 찾아볼 것이다. 먼저 본문의 이야기를 만나보자.

기쁨의 성벽 봉헌 예배

본문의 이야기는 느헤미야가 성벽 재건을 완성한 후 봉헌식을 하는 장면을 묘사하고 있다. 그들이 제일 먼저 한 일은 곳곳에서 레위인들을 찾아내어 예루살렘으로 데려오는 일이었다. 그 이유는 봉헌식의 찬송 사역 때문이었다. 아주 오래전부터 찬송은 하나님께 드리는 예배에서 매우 중요했다. 하나님은 음악을 만드신 분이며 특별히 자기 백성의 찬송을 아주 좋아하신다. 그래서 그들은 레위인들부터 찾은 것이다. "예루살렘 성벽이 완

리셋, 느헤미야와 함께 다시 세우라

성되어서, 봉헌식을 하게 되었다. 사람들은 곳곳에서 레위 사람을 찾아내어, 예루살렘으로 데려왔다. 감사의 찬송을 부르며, 심벌즈를 치며, 거문고와 수금을 타며, 즐겁게 봉헌식을 하려는 것이었다"(느 12:27). 찬송, 심벌즈, 하프와 칠현금 등의 악기와 그 소리들을 떠올려보라. 바야흐로 축제가 벌어질 상황이다.

그러나 그 전에 해야 할 일이 있었다. "제사장들과 레위 사람들은 몸을 깨끗하게 하는 예식을 치른 다음에, 백성과 성문들과 성벽을 깨끗하게 하는 예식을 올렸다"(느 1:30). 그것은 부정한 것을 깨끗하게 하는 정결 예식이었다. 정결 예식은 죄로부터 깨끗해지기 위한 예식일 뿐 아니라 거룩한 용도로 쓰임 받기 위한 구별을 드러내기도 했다. 구체적으로 어떻게 했는지 본문은 말하고 있지 않지만 다른 구약의 구절들을 참조한다면 몸을 씻고 성적으로 절제하며 옷을 빠는 행위가 포함되었을 것이다. 그리고 백성과 성문과 성벽을 위한 예식도 했는데 아마 물이나 피를 뿌리는 의식이 포함되었을 것이다.

그런 다음, 느헤미야는 유다의 지도자들을 성벽 위로 올라오게 했다. 여우 한 마리만 올라가도 무너질 것이라고 적들이 조롱했던 그 성벽이었다. 온갖 방해와 위협 가운데서 지어졌던 그 성벽이었다. 그런데 이제 그 성벽이 든든히 섰고 건축했던 사람들이 그 위에 올라와 있다. 감개무량하지 않았을까? 하나님의 은혜가 온몸으로 느껴졌을 것이다. 느헤미야는 찬양대를 두 편으로 나누어 서게 해서 한 팀은 오른쪽으로, 다른 팀은 왼쪽으로 행진하게 했다. "나는 유다 지도자들을 성벽 위로 올라오게 하고, 감사의 찬송을 부를 큰 찬양대를 두 편으로 나누어 서게 하였다. 한 찬양대는, 오른쪽으로 '거름 문' 쪽을 보고 성곽 위로 행진하게 하였다"(느 12:31). 36절에 의하면 이 행렬은 에스라가 이끌었는데 유다 지도자 절반과 제사장들, 그리고 레위 찬양단이 그 뒤를 따랐다. 그들은 샘 문에서 다윗궁을 지나 수문, 즉 워터게이트에 이르렀다. 왼쪽으로 행진한 또 다른 팀에는 느헤미야가 들어갔는데 38-39절에 그 기록이 있다.

다른 한 찬양대는 반대쪽으로 행진하게 하였다. 나는 백성의 절반과 더불어 그 뒤를 따라서 성벽 위로 올라갔다. 이 행렬은 '풀무 망대'를 지나서, '넓은 벽'에 이르렀다가, '에브라임 문' 위를 지나, '옛 문'과 '물고기 문'과 '하나넬 망대'와 '함메아 망대'를 지나서, '양 문'에까지 이르러 성전으로 들어가는 문에서 멈추었다.

성벽이 무너져 있었던 예전에는 꿈도 꿀 수 없던 일이었다. 느헤미야 자신도 처음 무너진 성벽을 둘러보았을 때 '샘 문'과 '왕의 연못'에 이르러 그가 탄 짐승이 더 나아갈 길이 없어서 되돌아올 수밖에 없었던 경험을 하지 않았던가. 그런데 이제 성벽이 완공되고 다 이어져서 사람들이 그 위를 양쪽으로 나눠 행진하는 것이다. 느헤미야의 입장에선 그야말로 꿈이 현실이 되는 순간이었다.

그렇게 찬송을 부르며 성벽 위를 행진하던 두 찬양대는 다 같이 성전에 들어갔다. "감사의 찬송을 부르는 두 찬양대는 하나님의 성전에 들어가 멈추어 섰다. 나 역시 백성의 지도자 절반과 함께 하나님의 성전에 들어가 섰다"(느 12:40). 이 사람들의 감격과 기쁨에 공감이 되는가? 자신이나 또는 가족의 졸업식장에 들어갔을 때의 그 들뜬 분위기와 느낌을 한번 떠올려보라. 아니면 월드컵이나 올림픽 게임 같은 큰 경기의 경기장에 차를 대고 걸어 들어갔을 때의 그 떠들썩한 소리와 흥분된 분위기를 떠올려보라. 음악을 좋아하는 사람이라면 세계적인 가수나 오케스트라가 콘서트를 하는 콘서트홀에 입장하기 위해 기다릴 때의 그 느낌을 한번 상상해보라. 그처럼 흥분된 분위기의 성전에서 사람들이 악기에 맞추어 목소리 높여 찬양을 불렀고 기쁨의 제사를 드렸다. "그 날, 사람들은 많은 제물로 제사를 드리면서 기뻐하였다. 하나님이 그들을 그렇게 기쁘게 하셨으므로, 여자들과 아이들까지도 함께 기뻐하니, 예루살렘에서 기뻐하는 소리가 멀리까지 울려 퍼졌다"(느 12:43). 얼마나 기쁨이 넘쳤던지 기뻐하는 소리가 예루살렘 성전을 넘고 성벽까지 넘어 멀리까지 울려 퍼졌다는 것이다. 한일 월드컵 때 대한민국을 외치며 기뻐하던 소리가 아파트 건물을 넘어 멀리까지 울려 퍼진 것처럼 말이다.

그런데 그게 다가 아니었다. 봉헌 예배를 통해 하나님의 은혜에 감동한 백성들은 여세를 몰아 하나님께 서원한 성전 관리와 예물에 대한 조항을 실천으로 옮겼다. 다음의 기록을 보라.

그 날, 사람들은 헌납물과 처음 거둔 소산과 십일조 등을 보관하는 창고를 맡을 관리인을 세웠다. 유다 사람들은, 직무를 수행하는 제사장들과 레위 사람들이 고마워서, 관리인들을 세우고, 율법에 정한 대로, 제사장과 레위 사람에게 돌아갈 몫을 성읍에 딸린 밭에서 거두어들여서, 각 창고에 보관하는 일을 맡겼다(느 12:44).

이제 경제적인 어려움에서 해방된 제사장과 레위인들은 율법에 따라 직무에 전념할 수 있게 되었다. 그리고 백성들은 제사장들뿐 아니라 찬양대와 성전 문지기에게도 율법에 따라 경제적인 지원을 했다. 그래서 그들도 다윗과 솔로몬이 만들어놓은 규정에 따라 사역할 수 있게 된 것이다. 성전이 재건된 지 70년이 지난 지금에서야 성벽 봉헌 예배를 계기로 모든 것이 제자리로 돌아오고 있었다. 그야말로 예배하는 성전의 리셋이라 아니할 수 없다. 참된 예배의 회복이 이루어지고 있는 것이다. 이 이야기는 우리에게 예배를 예배 되게 하는 요소들이 무엇인지를 잘 가르쳐준다.

예배를 예배 되게 #1: 성결

이미 살펴보았듯이 봉헌 예배를 위해 제사장들과 레위인들은 몸을 깨끗하게 하는 정결 예식을 했으며 백성뿐 아니라 성문과 성벽까지도 깨끗하게 하는 예식을 했다. 거룩하신 하나님께 나아가기 위해 스스로를 깨끗하게 하는 상징적인 행위를 했던 것이다.

오늘날 우리의 예배에서도 성결은 필요하다. 기억하는가? 예배는 하나님과의 만남이다. 온 우주에서 가장 중요하고 높으신 하나님을 만나는 것이다. 당신은 누군가 중요한 존재를 만날 때 준비하고 단장하지 않는가? 나는 첫 번째 에세이집을 내었을 때 추천사를 부탁하기 위해 극동 방송의 김장환 목사님을 만났을 때를 기억한다. 최선을 다해 단정하게 몸단장을 했다. 어른을 만나기 때문에 튀지 않는 넥타이와 무난하고 깔끔해 보이는 정장을 골라서 입었다. 그리고는 극동 방송국 1층 카페에 얌전하게 앉아서 그분을 기다렸다. 목사님은 조금 늦게 내려오셔서 내 인사를 받고는 한두 마디 덕담을 한 후, 염려하지 말라면서 앞으로 비서실을 통해 얘기하면 된다고 하셨다. 그게 다였다. 내 옷 따위는 쳐다보지도 않는 것 같았다. 그럼에도 나는 그분과의 만남을 위해 준비했고 단장을 했다. 사람과의 만남이 그렇다면 하나님과의 만남은 얼마나 더 그래야 하는가?

질문은 이것이다. 우리는 하나님을 예배하기 위해 어떤 식으로 자신을 깨끗하게 해야 할까? 우리 교회 부목사님은 설교하기 전에 반드시 목욕재계를 한다고 했다. 어떤 분은 위장을 깨끗하게 만들려는지 설교 전에 밥을 안 먹기도 한다. 아마 많은 성도는 주일 아침에 깨끗하게 목욕을 하고 제대로 옷을 갖추어 입은 채 예배에 참여할 것이다. 그런데 우리가 알다시피 오늘날 우리 그리스도인의 성결은 옛날 구약시대처럼 몸을 씻거나 옷을 빠는 방식으로 되는 것이 아니다. 오히려 우리는 우리의 마음을 하나님 앞에서 깨끗하게 해야 한다. 그러기 위해 하나님 앞에서 우리 자신을 살피고 해결되지 않은 죄가 있다면 주님 앞에 내어놓고 돌이켜야 한다. 존 맥아더(John MacArther)는 죄의 고백이 예배를 준비하는 의미가 있을 뿐 아니라 그 자체가 예배의 행위라고 하면서 이렇게 말한다.

우리는 죄 고백을 예배로 생각하지 않는 경우가 많지만 그것도 예배다. 우리의 죄를 자백할 때 우리는 하나님 앞에서 자신을 낮추고, 하나님의 거룩하심을 인정하고, 우리를 용서해 주시는 하나님의 신실하심과 의로우심을 경험하며, 하나님이 주시는 징계를 받아들이고, 그로써 하나님을 영화롭게 하기 때문이다. (존 맥아더, 『예배』, 266.)

아무튼 우리가 진심으로 죄를 고백할 때 하나님은 영광을 받으시며 우리를 깨끗하게 해 주실 것이다. 요한일서 1장 9절은 이렇게 말씀한다. "우리가 우리 죄를 자백하면, 하나님은 신실하시고 의로우신 분이셔서, 우리 죄를 용서하시고, 모든 불의에서 우리를 깨끗하게 해주실 것입니다." 물론 우리의 모든 죄는 예수님을 믿는 순간 십자가에 달리신 그분의 공로로 완전히 깨끗하게 용서받았다. 그러나 요한일서가 말씀하는 것은 그런 법적인 용서가 아니라 매일의 삶에서 우리가 경험하는 실존적인 용서를 의미한다. 내 안에, 그리고 내 삶에 잘못된 것들을 겸손히 인정하고 자백하면 주님께서 내 마음을 만지시고 깨끗하게 하실 것이라는 말씀이다. 그래서 정해진 예배 시간보다 더 일찍 예배의 자리에 올 필요가 있는 것이다. 와서 자신을 돌아보고 자백할 죄가 있으면 주님 앞에 자백함으로 거리낌 없이 기쁨으로 하나님께 나아갈 수 있게 되는 것이다.

예배를 예배 되게 #2: 감사

본문을 보면 감사라는 단어가 5번이나 나온다. 그들은 자신들에게 은혜를 베푸신 하나님께 감사하는 마음으로 가득 차 있었다. 그래서 느헤미야는 반복해서 그들이 감사의 찬송을 불렀다고 묘사하는 것이다.

여러분은 감사를 잘하는가? 미국의 자기 계발 전문가이며 베스트셀러 작가인 지그 지글러(Zig Zigler)는 모든 태도 가운데서 감사의 태도가 가장 중요하다고 하면서 "감사의 태도(attitude of gratitude)가 우리의 고도(高度, altitude)를 결정짓는다"라고 말했다. 쉽게 말해 감사의 태도를 가진 자가 성공한다는 뜻이다. 이는 예배에서도 마찬가지이다. 예배는 기본적으로 우리에게 은혜를 베푸신 하나님에 대한 감사의 반응이다. 따라서 하나님께 얼마나 감사의 태도를 가지고 나아가느냐가 예배의 성패를 결정하는 요인이 된다. 우리가 하나님께서 베푸신 은혜를 허투루 흘려보내지 않고 진심으로 감사할 때 그분은 기뻐하실 것이다.

미국 프로농구 스타 선수 가운데 캐빈 듀란트(Kevin Durant)라는 선수가 있다. 그는 2014년 시즌에 최우수선수로 뽑혀 시상식에서 수상 소감을 말하면서 눈물을 참지 못했다. 21살의 싱글맘으로 우체국 말단 직원의 자리에서 일하며 힘겹게 그를 키워준 어머니 때문이었다. 농구를 그만둘 위기도 여러 번 있었고, 거리의 유혹도 있었지만 어머니는 그를 바로잡아 주었고, 올바른 길로 인도했다. 듀란트는 힘들었던 시절을 돌아보며 눈물을 흘렸다. "누구도 우리를 반겨주지 않았어요. 이 집에서 저 집으로 옮겨 다녀야 했죠. 우리가 처음 아파트로 이사 갔을 때 거기엔 침대도 없었고, 가구도 없었지요." 듀란트는 이어서 울먹이며 아들의 말을 듣고 있는 어머니를 향해 "숱한 유혹으로부터 지켜 주셨고, 나를 배불리 먹이시면서도 당신은 배고픈 채로 잠드셨습니다. 자식을 위해 희생하신 어머니가 진정한 MVP입니다"라고 말하면서 자신의 깊은 감사를 공개적으로 표현했다. 그의 말에 좌중은 일제히 일어나 그 어머니를 향해 박수와 환호성을 보냈다. 그리고 그 어머니는 자랑스러운 아들을 바라보며 그의 감사에 눈물을 흘리며 감격하고 기뻐했다. 감동적인 장면이었다. 우리 하나님도 그러시지 않겠는가? 우리가 나의 나 된 것은 전적으로 하나님의 은혜라며 진심으로 감사할 때 하나님은 듀란트의 어머니처럼 기뻐하며 감격하실 것이다.

하나님께 감사하기 위해 우리는 받은 은혜를 기억해야 한다. 감사를 영어로 'thank'라고 하는데 그 단어는 생각한다는 'think'와 어원이 같다. 받은 은혜를 잊어버리지 않고 생각할 때 감사는 우리의 자연스러운 반응이 될 것이다. 그뿐 아니라 우리는 은혜를 당연시하지 말아야 한다. 이는 사람에 대해서나 하나님에 대해서나 다 마찬가지이다. 무언가가 당연하다고 생각할 때 우리는 더 이상 감사하지 않을 것이다. 오히려 기대대로 되지 않을 때 불평과 원망이 터져 나오기 십상이다. 감사는 자신이 받을 자격이 없다는 태도에서 나온다.

특별히 우리는 은혜에 너무 익숙해져서 은혜를 은혜로 여기지 않는 불상사가 없도록 주의해야 한다. 예전에 토요일마다 우리 교회에 구걸하러 오는 사람들이 있었다. 나는 천 원짜리를 준비해놓고 있다가 그들이 오면 주곤 했다. 대개 감사하다며 받아 간다. 하루는 한 사람이 왔는데 천 원짜리가 없었다. 미처 준비를 못 한 것이다. 그냥 돌려보내기가 그래서 당시 친교실에 있던 커피자판기를 열어 대충 천 원 정도 되게 백 원짜리 동전 한 움큼을 집어 주었다. 그는 그걸 받아 갔는데 잠시 후에 되돌아왔다. 900원밖에 안 된다며 100원을 더 달라는 것이었다. 마치 나와 계약이라도 했다는 듯이 말이다. 그때 나는 알았다. '이 사람이 이걸 더 이상 은혜로 여기지 않는구나!' 900원이든 800원이든 심지어 500원이든 그에게 자격이 있어서 주는 것은 아니었다. 많은 건 아니지만 그래도 호의를 베푼 것이다. 그런데 그는 1,000원의 은혜에 너무 익숙해져서 그걸 권리처럼 생각했던 것이다. 우리도 그러기가 쉽다. 그렇게 될 때 감사가 사라지고 요구하는 마음과 불평과 원망이 남게 될 것이다. 하나님은 우리에게 빚진 것이 없으시다. 사실 모든 것은 그분의 무조건적인 호의에서 나오는 것이다. 빚진 쪽은 우리다. 우리는 거룩하신 하나님을 반역한 죄인들이며 그 어떤 선물도 받을 자격이 없는 자들이다. 그러므로 모든 것은 은혜이다. 우리는 작은 은혜의 조각 하나라도 흘려보내지 말고 감사해야 한다. 그것이 예배를 예배 되게 할 것이다.

예배를 예배 되게 #3: 기쁨

본문을 보면 감사와 함께 기쁨이 충만하였음을 느낄 수 있다. 기쁨이라는 단어가 한 구절에 4번이나 나오는 43절을 다시 한번 보자. "그 날, 사람들은 많은 제물로 제사를 드리면서 기뻐하였다. 하나님이 그들을 그렇게 기쁘게 하셨으므로, 여자들과 아이들까지도 함께 기뻐하니, 예루살렘에서 기뻐하는 소리가 멀리까지 울려 퍼졌다." 하나님께서 그들을 기쁘게 하셔서 제사를 드리면서도 기뻐했고, 여자들과 아이들까지도 기뻐했고, 그 기쁨의 소리가 멀리까지 울려 퍼졌다고 했다.

안타깝게도 오늘날 많은 사람에게 예배는 기쁨이라기보다 참고 견뎌야 할 고통이 되었다. 오죽했으면 내 사촌 동생이 중학생이었던 때 천국 가면 영원히 하나님을 예배한다는 말을 듣고 자신은 절대 천국을 가지 않겠다고 말했겠는가? '일주일에 한 번 예배도 어려운데 영원히 예배한다?' 그 아이에게 그것은 천국이 아니라 지옥이었다. 한 미국 선교사가 예배드리는 한국 교회 성도들을 보고 "한국 교회 성도들은 왜 저렇게 표정들이 슬프냐?"라고 물었다. 그 질문을 받은 목사님이 임기응변으로 "한국 교회 성도들은 예수님의 십자가를 늘 묵상해서 그렇습니다"라고 얼버무리자 그 선교사가 "아니 예수님이 부활하신 것은 잊어버린 모양이죠?"라고 말했다는 것이다. 우리의 예배 분위기가 얼마나 무거웠으면 그런 대화가 오고 갔을까? 기억하자. 진정한 예배는 기쁨으로 특징지어진다. 본문의 이스라엘 백성들처럼 우리가 하나님의 은혜를 참으로 깨닫고 경험하게 되면, 그래서 성령이 우리의 마음에 들어오시게 되면 주님께서 우리에게 상황을 뛰어넘는 기쁨을 주시는 것이다. 《주 예수 내 맘에 들어와 계신 후》라는 찬송은 그 기쁨을 이렇게 묘사한다.

주 예수 내 맘에 들어와 계신 후
변하여 새사람 되고
내가 늘 바라던 참 빛을 찾음도
주 예수 내 맘에 오심

주 예수 내 맘에 오심
주 예수 내 맘에 오심
물밀듯 내 맘에 기쁨이 넘침은
주 예수 내 맘에 오심.

예수님이 마음에 오셔서 물밀듯 그 맘에 기쁨이 넘친다고 했다. 상황 때문에 기쁜 게 아니다. 은혜 때문이다. 사실 이 찬송 시를 쓴 맥다니엘이라는 사람은 둘째 아들을 잃은 충격과 슬픔 속에 하루하루를 보내다가 복음의 은혜를 깨달아 고통이 변하여 기쁨이 되는 체험을 하고 이것을 썼다고 한다.

당신의 예배 가운데 기쁨이 있는가? 만약에 없다면 왜 그런가? 현실에 너무 매몰되어 하나님의 은혜를 보지 못하는 것은 아닌가? 진리의 말씀보다 세상의 거짓말에 더 귀를 기울이지는 않는가? 기쁨의 근원 되시는 하나님에게서 너무 멀리 떨어져 살고 있지는 않은가? 아니 기쁨을 죽이는 죄에 빠져 있지는 않은가? 죄는 일시적인 즐거움을 주는 것 같지만 사실은 가장 치명적인 "조이 킬러(joy killer)"이다. 하나님의 사랑과 은혜를 생각해보라. 약속의 말씀에 귀를 기울여보라. 하나님의 크심과 아름다우심을 묵상해보라. 기쁨의 열매를 주시는 성령을 의지하라. 무엇보다 마음을 열고 하나님께 초점을 맞추고 찬송하라. 하나님께서 기쁨을 주실 것이다. 《예배드림이 기쁨 됩니다》라는 찬송처럼 고백할 수 있을 것이다.

주께 와 엎드려 경배드립니다.
주 계신 곳에 기쁨 가득
무엇과도 누구와도 바꿀 수 없네
예배드림이 기쁨 됩니다.

그 무엇과도 누구와도 바꿀 수 없는 예배의 기쁨으로 충만한 우리가 되기를 바란다.

예배를 예배 되게 #4: 드림

본문의 이스라엘 사람들은 그냥 기뻐하는 것으로 이 예배를 끝내지 않았다. 그들의 예배는 감정적인 차원에만 머물지 않았고 그것을 넘어섰다. 그들은 기쁘게 자신들의 물질을 드려서 하나님을 예배하였고 하나님의 종들을 후원했다. 그럼으로써 자기들에게 은혜를 주신 하나님의 성전이 제대로 기능하게 했고 계속적으로 예배가 예배 되게 도왔던 것이다.

우리가 자주 잊고 있지만 예배의 본질은 드리는 데 있다. 우리는 예배를 통해 받는 것에만 관심을 기울인다. 복도 받고 기도도 받고 좋은 정보도 받고 마음의 평안도 받고 성경 지식도 받으려 하지만 진정한 예배는 드리는 것이다. 우리나라 사람들의 잘못된 용어 사용 중에 '예배 본다'라는 표현이 있는데 예배는 보는 것도 받는 것도 아닌 드리는 것이다. 그래서 나는 '예배 한다'라는 표현보다 '예배드린다'라는 표현을 더 좋아한다.

그 드리는 것 중의 하나가 우리의 물질이다. 우리는 우리가 소중히 여기는 물질을 드려 하나님을 예배한다. 하나님을 모르고 그분의 은혜와 사랑도 경험하지 못한 사람들은 왜 헌금을 드리는지 이해하지 못하지만 믿는 자들은 기쁨으로 드린다. 나는 내 아내와 연애할 때 돈이 아깝다고 생각해본 적이 없다. 지금보다 가진 게 훨씬 적었지만, 그녀를 위해 더 기쁘게 썼다. 왜 그랬을까? 사랑 때문이었다. 헌금은 억지로 하거나 마지못해 내는 의무금이 아니다. 자기 아들도 아끼지 않고 우리를 살리기 위해 주신 그 하나님의 은혜와 사랑에 감동하여 기쁨으로 드리는 것이다. 바울은 고린도 교회에 헌금을 격려하기 위해 주님의 은혜를 상기시켰다.

여러분은 우리 주 예수 그리스도의 은혜를 알고 있습니다. 그리스도께서는 부요하나, 여러분을 위해서 가난하게 되셨습니다. 그것은 그의 가난으로 여러분을 부요하게 하시려는 것입니다(고후 8:9).

바로 이 은혜의 인식이 우리로 하여금 기쁘게 지갑을 열게 하는 것이다. 나는 가난한 유학생 시절부터 십일조를 드렸다. 그때는 수입이 적어 십일조를

리셋, 느헤미야와 함께 다시 세우라

드리는 것이 우리 생활에 미치는 비중이 컸지만 아깝다는 생각을 한 번도 한 적이 없다. 기쁨으로 드렸고 그건 지금까지도 마찬가지다. 왜 그랬을까? 주님이 내게 먼저, 그리고 더 많이, 비교할 수 없이 많이 주셨기 때문이다.

주님께서 당신에게 주신 은혜를 생각해보라. "받은 복을 세어 보아라"라는 찬송처럼 하나씩 하나씩 세면서 기억을 새롭게 해보라. 그리고 그분의 교회와 그 사역자들을 하나님께서 당신에게 주신 은혜의 선물로 여기라. 본문의 유대인들은 성전 직무를 수행하는 제사장들과 레위 사람들이 고마워서 물질을 드렸다고 했다. 하나님의 은혜를 알고, 교회를 통해 내게 주어진 혜택들과 사람들을 선물로 볼 수 있다면 우리는 기쁘게 드릴 수 있다. 그럴 때, 기꺼이 드린 우리에게도 기쁨이 넘치고 하나님의 일이 이루어지며 하나님께서 영광을 받으실 것이다. 그럴 때, 우리의 예배도 하나님을 기쁘시게 하는 진정한 예배가 될 수 있을 것이다.

많은 죄를 용서받은 사람은

지금까지 예배를 예배 되게 하는 네 가지 요소에 대해 살펴보았다. 그것은 성결과 감사와 기쁨과 드림이다. 이 네 가지 요소가 당신의 예배에 있는가? 이것들이 당신의 예배를 특징짓고 있는가? 이 가운데서 부족한 것은 무엇인가? 어떻게 하면 그것을 회복할 수 있을까? 그 부분을 도와달라고 하나님께 간구하며 필요한 마음의 다짐을 하지 않겠는가? 그러기를 바란다.

그런데 이 장을 맺으며 언급하고 싶은 것은 이 네 가지가 다 하나님의 은혜와 연결되어 있다는 사실이다. 하나님의 은혜, 특별히 아들을 십자가에서 희생시키시고 우리를 살리신 그 놀라운 은혜를 우리가 경험하고 또 기억한다면, 그리고 삶 속에서 그것을 누린다면 우리는 성결과 감사와 기쁨과 드림의 반응을 그리 어렵지 않게 할 수 있다. 당신은 그 십자가의 은혜를 믿음으로 받아들였는가? 당신의 그 많은 죄가 주님의 순전한 호의로 다 탕감되었는가? 그 놀라운 은혜를 실제로 경험했는가?

누가복음에 보면 예수님께서 시몬이라는 바리새인의 집에 초청을 받아 식탁에 앉으시는 이야기가 나온다. 그는 예수님을 초청했지만 당시 마땅히 해야 할 예의를 전혀 갖추지 않았다. 발 씻을 물도 주지 않았고 머리에 기름을 발라주지도 않았다. 그런데 죄인으로 낙인찍힌 한 여인이 예수님께 나아와 눈물로 예수님의 발을 적시고 머리털로 닦을 뿐 아니라 그 발에 입 맞추고 향유를 바르는, 어떻게 보면 상당히 당황스러운 일을 벌인다. 이 사건 후, 죄인인 여자와 그녀를 받아준 예수님을 동시에 판단하는 시몬에게 예수님은 "사함을 받은 일이 적은 자는 적게 사랑"하지만 여인처럼 많은 죄를 용서받은 사람은 많이 사랑한다고 말씀하셨다. 이 이야기의 교훈은 명백하다. 하나님의 은혜를 많이 경험한 자일수록 더 뜨겁게 그분을 사랑하며 예배한다는 것이다. 당신은 어떤가? 자신의 죄와 부족함을 깊이 인식하는 가운데 주님의 크신 은혜를 더 많이 더 자주 경험하는가? 그 은혜가 당신의 삶과 마음 가운데 늘 살아 움직이는가? 찬송가 가사처럼 은혜 아니면 살아갈 수가 없다고 고백하는가? 그러면 성결과 감사와 기쁨과 드림이 있는 예배를 하나님께 올려드릴 수 있을 것이다. 그야말로 예배가 예배 되는 복을 누리게 될 것이다.

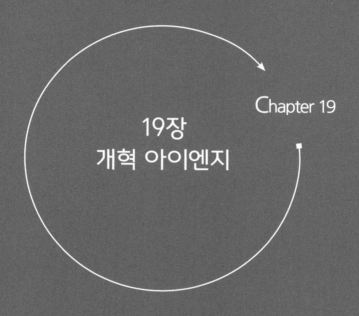

Chapter 19

19장
개혁 아이엔지

느헤미야 13:1~31

그 날, 백성에게 모세의 책을 읽어 주었는데, 거기에서 그들은 다음과 같이 적혀 있는 것을 발견하였다. "암몬 사람과 모압 사람은 영원히 하나님의 총회에 참석하지 못한다. 그들은 먹을 것과 마실 것을 가지고 와서 이스라엘 자손을 맞아들이기는커녕, 오히려 발람에게 뇌물을 주어서, 우리가 저주를 받도록 빌게 하였다. 그러나 우리 하나님은 그 저주를 바꾸어 복이 되게 하셨다." 백성은 이 율법의 말씀을 듣고, 섞여서 사는 이방 무리를 이스라엘 가운데서 모두 분리시켰다. 이 일이 있기 전이다. 우리 하나님 성전의 방들을 맡고 있는 엘리아십 제사장은 도비야와 가까이 지내는 사이이다. 그런데 그가 도비야에게 큰 방 하나를 내주었다. 그 방은 처음부터 곡식제물과 유향과 그릇과, 레위 사람들과 노래하는 사람들과 성전 문지기들에게 주려고 십일조로 거두어들인 곡식과 새 포도주와 기름과, 제사장들의 몫으로 바친 제물을 두는 곳이다. 이 모든 일은, 내가 예루살렘을 비웠을 때에 일어났다. 나는 바빌론 왕 아닥사스다 삼십이년에 왕을 뵈러 갔다가, 얼마가 지나서 왕에게 말미를 얻어, 예루살렘으로 다시 돌아와서야, 엘리아십이 하나님의 성전 뜰 안에 도비야가 살 방을 차려 준 이악한 일을 알게 되었다. 나는 몹시 화가 나서, 도비야가 쓰는 방의 세간을 다 바깥으로 내던지고, 말하였다. "그 방을 깨끗하게 치운 다음에, 하나님의 성전 그릇들과 곡식제물과 유향을 다시 그리로 들여다 놓아라." 내가 또 알아보니, 레위 사람들은 그 동안에 받을 몫을 받지 못하고 있었다. 그래서 레위 사람들과 노래하는 사람들은 맡은 일을 버리고, 저마다 밭이 있는 곳으로 떠났다. 그래서 나는, 어쩌자고 하나님의 성전을 이렇게 내버려 두었느냐고 관리들을 꾸짖고, 곧 레위 사람들을 불러모아서 다시 일을 맡아 보게 하였다. 그랬더니, 온 유다 사람들이 곡식과 새 포도주와 기름의 십일조를 가지고 와서, 창고에 들여다 놓았다. 나는 셀레먀 제사장과 사독 서기관과 레위 사람 브다야를 창고 책임자로 삼고, 맛다니야의 손자이며 삭굴의 아들인 하난을 버금 책임자로 삼았다. 그들은 모두 정직하다고 인정을 받는 사람들이다. 그들이 맡은 일은, 동료들에게 돌아갈 몫을 골고루 나누어 주는 일이었다. "하나님, 내가 한 일을 기억하여 주십시오. 하나님의 성전을 보살핀 일과, 예배를 드릴 수 있도록 정성껏 한 이 일을 잊지 마십시오."

리셋

• • •

내가 섬기는 교회에서는 지역주민들에게 도움을 주기 위해 교회가 소재한 도시와 연계하여 작은 도서관을 운영하고 있다. 그 도서관의 이름은 "사랑 아이엔지"이다. 알다시피 아이엔지(ing)는 진행형을 표시할 때 쓰는 영어 용법이다. "사랑 아이엔지"는 "사랑빚는"이라는 우리 교회 이름의 느낌을 살리기 위해 '사랑'이라는 단어에다 '아이엔지'를 붙인 이름이다. 사랑이 계속 빚어지고 있음을 나타낸 것이다.

교회와 그리스도인의 삶에서 사랑이 계속 빚어져야 하는 것처럼 영적 회복과 부흥과 개혁도 계속되어야 한다. 그래서 본 장의 제목을 "개혁 아이엔지"라고 붙인 것이다. 짐작하겠지만 개혁 아이엔지란 개혁이라는 것이 일회성에 그치지 않고 지속되어야 하는 것임을 의미한다. 다시 말해 한번 개혁했다고, 한번 부흥을 경험했다고, 한번 은혜받았다고, 한번 헌신했다고 전부가 아니라는 말이다. 또 개혁해야 하고 또 부흥을 경험해야 한다는 말이다.

이전 장에서 우리는 느헤미야와 이스라엘 백성이 기쁨의 성벽 봉헌 예배를 하나님께 올려드리고 성전 예배가 회복된 모습을 살펴보았다. 느헤미야 서는 거기서 12장으로 딱 끝났어야 했다. 그러면 마무리가 기가 막히게 되고 모든 것은 해피엔딩으로 멋있게 끝이 났을 것이다. 그러나 느헤미야서 는 그렇게 끝나지 않는다.

성경을 펼쳐서 읽어보면 알겠지만 느헤미야서에는 해피엔딩의 12장에 한 장이 더 붙어있는데 그것의 내용이 영 마땅치 않다. 또 문제가 생겼고 마치 모든 것이 이전의 모습으로 다시 돌아간 것처럼 보인다. 느헤미야의 입장에 서 보면 자신의 모든 노력이 수포로 돌아간 것 같이 느껴졌을 것이다. 얼마 나 낙심이 되었을까? 그러나 느헤미야는 또다시 소매를 걷어붙이고 문제 해결을 위해 나선다. 척 스윈돌의 표현을 따르자면 "문제의 모가지를 움켜 쥔" 것이다. 그런 다음, 느헤미야서라는 책이 끝난다. 왜 이렇게 마무리를 했을까? 그것은 개혁이라는 것이, 우리의 헌신과 신앙 성장이라는 것이 한 번에 모든 게 정리되고 산뜻하게 해결되는 것이 아님을 보여주기 위해서라 고 나는 생각한다. 본문의 이야기를 보면서 지속적인 영적 개혁과 부흥, 그 리고 성장을 경험하기 위해서 필요한 것은 무엇일지 관찰해보도록 하자. 먼 저 본문의 이야기 속으로 들어가 보자.

느헤미야의 개혁: 성별(聖別)과 성전 정결

13장은 "그 날"이라는 단어로 시작한다. "그 날, 백성에게 모세의 책을 읽 어 주었는데, 거기에서 그들은 다음과 같이 적혀 있는 것을 발견하였다"(느

리셋, 느헤미야와 함께 다시 세우라

13:1). 언뜻 이 구절의 '그 날'이 12장의 성벽 봉헌식 날처럼 보인다. 그러나 많은 학자는 12장과 13장 사이에 시간적인 차이가 있는 것으로 본다. 연대기적으로 정리를 하자면 이렇다. 느헤미야는 예루살렘에 와서 52일 만에 성벽 재건을 완성하고 언약 갱신과 봉헌식까지 잘 치렀다. 그게 12장까지의 내용이다. 그러면서 그는 예루살렘의 총독으로 12년간을 봉직했다. 그 12년의 기간이 끝난 다음, 느헤미야는 다시 페르시아로 돌아가 아닥사스다 왕을 섬긴다. 2장에 보면 원래부터 아닥사스다는 돌아올 것을 전제로 그를 보내주었다. 그래서 약속대로 수산 궁으로 돌아가 예전에 하던 일을 하게 된다. 그는 그만큼 페르시아의 왕에게 필요한 존재였던 것이다.

그런데, 그 사이 예루살렘에서는 13장에 묘사된 이 모든 문제가 일어나게 된다. 아마도 느헤미야는 예루살렘에 대한 이 유감스러운 소식을 누군가로부터 전해 들었을 가능성이 아주 크다. 비록 몸은 떠났지만 마음은 늘 그곳에 있지 않았겠는가? 예루살렘의 불행한 소식은 처음에 그랬던 것처럼 그의 마음을 아프게 하였고 그래서 다시 한번 왕에게 파견을 요청했을 것이다. 그렇게 하여 다시 예루살렘으로 돌아오게 되고 다시 개혁을 시도하게 된다. 따라서 13장 1절의 그 날은 그즈음, 즉 느헤미야가 떠난 다음, 다시 돌아오기 전의 어느 날을 의미한다고 보는 것이 옳다.

본문의 이야기는 이렇다. 첫 세 구절에 보면 이스라엘 백성들은 모세의 책, 즉 구약성경의 첫 다섯 권에 기록된 말씀을 듣는다. 창세기부터 신명기까지의 말씀인데 보통 모세오경이라고 하고 성경에서는 "율법책"으로 칭하기도 한다. 이스라엘 사람들은 이것을 히브리어로 가르침 또는 법을 뜻하는 "토라(תּוֹרָה)"라고 부른다. 누가 이 말씀을 읽어 주었는지는 나와 있지 않은데 도널드 캠벨 박사는 말라기 선지자로 추정을 한다. 말라기에서 다루는 문제와 여기서 다루는 문제가 비슷하다는 것이다. 아무튼 사람들은 그 율법책을 듣다가 '암몬 사람과 모압 사람은 하나님의 총회에 참석할 수 없다'라는 규정을 발견하고 그들을 자기들의 모임에서 분리시켰다. 이것은 인종차별이 아니다. 당시 우상숭배의 문화 가운데서 악한 영향력을 막고 자기들의 신앙을 지키기 위한 성별이었다. 이들은 이전에 이방인과의 혼합 결혼을 시키지 않겠다고 맹세한 바 있는데 그 또한 같은 취지에서였다. 그런데 그랬던 사람들이 어느새 본질상 같은 혼합주의의 잘못과 위험에 빠져있었던 것이다.

그다음에 나오는 에피소드는 이방인이 단지 섞여 있었던 것이 아니라 그들의 심장부에 똬리를 틀고 앉아 있었음을 보여준다. 엘리아십이라는 대제사장이 성전의 헌물(獻物) 보관소를 도비야라는 이방인에게 거처로 내어주었다. 도비야가 누군가? 그는 암몬 사람이었고 성벽을 쌓을 때 여우 한 마리만 기어 올라가도 무너질 것이라고 조롱을 하던 느헤미야와 이스라엘의 원수였다. 그런 사람이 대제사장의 협조로 지금 하나님의 성전에 교두보를 마련하고 악한 영향력을 미치고 있는 것이었다. 기가 막히는 일이다. 교회의 목사가 신천지 지파장에게 교회 중보기도실을 그의 사무실로 꾸며주었다고 생각해보라. 이 일은 6절에서 말한 것처럼 느헤미야가 자리를 비웠을 때 일어났고 1절의 "그 날" 이전에 일어난 사건이다. 느헤미야는 예루살렘으로 돌아와서 이 일에 강하게 대처했다. "나는 몹시 화가 나서, 도비야가 쓰는 방의 세간을 다 바깥으로 내던지고, 말하였다. '그 방을 깨끗하게 치운 다음에, 하나님의 성전 그릇들과 곡식제물과 유향을 다시 그리로 들여다 놓아라'"(느 13:8-9). 혹시 이 장면에서 연상되는 사람이 있는가? 성전에서 장사하는 사람들의 테이블을 뒤집어엎고 그들을 쫓아내었던 분, 주의 집을 사모하는 열정에 삼키셨던 예수님이 떠오르지 않는가? 그렇다. 거룩한 분노로 성전을 깨끗하게 했던 예수님처럼 느헤미야도 그렇게 한 것이다.

느헤미야의 개혁: 십일조와 안식일 문제

또 다른 문제는 십일조 문제였다. 이스라엘 백성들은 하나님의 성전을 아무렇게나 내버려 두지 않겠다며 헌금할 것을 맹세했고 봉헌식 때는 실제로 헌금했던 것을 우리는 보았다. 그런데 느헤미야가 떠난 후 그것도 중단이 되었고 예전 상태로 되돌아갔다. 생계가 막막해진 레위인들은 일을 하기 위해 성전을 떠났고 성전 예배는 어려움에 처할 수밖에 없었다. 느헤미야는 이 문제도 특유의 열정으로 해결한다. "그래서 나는, 어쩌자고 하나님의 성전을 이렇게 내버려 두었느냐고 관리들을 꾸짖고, 곧 레위 사람들을 불러 모아서 다시 일을 맡아 보게 하였다. 그랬더니, 온 유다 사람들이 곡식과 새 포도주와 기름의 십일조를 가지고 와서, 창고에 들여다 놓았다"(느 13:11-12).

문제는 그것만이 아니었다. 어느새 사람들은 안식일 준수도 범하고 있었다. 안식일에 일하는 것은 물론 온갖 상행위가 이루어지고 있었다. 느헤미야는 유다의 귀족을 꾸짖었고 그게 얼마나 악하고 위험한 일인지를 지적하며 그들을 이스라엘 위에 하나님의 진노를 부르는 장본인으로 규정했다. "안식일을 이렇게 더럽히다니, 어쩌자고 이런 나쁜 일을 저지르는 거요? 당신들의 조상도 똑같은 일을 하다가, 우리와 우리 도성이 모두 하나님의 재앙을 받지 않았소? 당신들이야말로 안식일을 더럽혀서, 하나님이 이스라엘 위에 진노를 내리시도록 하는 장본인들이오"(느 13:17-18). 느헤미야는 정말 대단한 사람이다. 이렇게 쓴소리하는 게 얼마나 힘든 일인가? 이것이 힘들어서 자식이 잘못하는 것을 알아도 그냥 못 본채 넘기는 부모들도 적지 않고 성도가 해선 안 되는 일 하는 것을 인지해도 고개를 돌리는 목회자들이 한둘이 아니다. 그런데 느헤미야는 하나님에 대한 열정으로 상대가 듣기 싫어해도 해야 할 말을 하는 것이다. 이것이야말로 진짜 사랑이 아닌가? 거친 사랑이긴 하지만 말이다. 성경은 사랑 안에서 참된 말을 하라고 권면하는데 지금 느헤미야가 바로 그렇게 하고 있다. 이어지는 구절들을 보면 느헤미야는 이 문제를 확실하게 해결하기 위해 안식일 전날 해거름에 그림자가 드리우면 성문을 일찍 닫고 경비를 세울 뿐 아니라 미련을 버리지 못하고 성 밖에서 자는 상인들을 꾸짖어 쫓아버리기도 하였다.

느헤미야의 개혁: 혼합결혼의 문제

마지막으로 씨름한 문제는 혼합 결혼의 문제였다. 혼합 결혼은 시키지 않겠다고 저주까지 하며 맹세한 것이 언제인데 그 문제가 다시 대두된 것이다. 23-24절에 의하면 유다 남자들이 아스돗, 암몬, 모압의 여자들과 결혼하여 2세를 낳았는데 그 절반이 히브리말을 하지 못하였다고 한다. 지금도 미국에 가면 혀를 굴려 가며 "목샤님, 견도샤님"이라고 교역자를 부르는 한인 2세들이 있다. 그들은 거의 한국어를 하지 못한다. 그러나 당시의 경우, 히브리말을 못한다는 것은 단순히 모국어를 구사하지 못한다는 차원이 아니라 구약성경을 읽지 못하고 예배의 언어를 이해하지 못한다는 말이었다. 무슨 뜻인가? 신앙의 계승이 이루어질 수 없다는 뜻이었다. 문제의 심각성을 알겠는가? 신앙 공동체가 완전히 와해될 수 있었다. 느헤미야는 너무나 화가 났다. 그가 한 행동을 보라. 25절이다. "나는 그 아버지들을 나무라고, 저주받을 것이라고 하면서 야단을 치고, 그들 가운데 몇몇을 때리기도 하였으며, 머리털을 뽑기까지 하였다"(느 13:25). 그는 욕하고 때리고 머리털을 뽑았다. 물론 그 당시의 문화가 반영된 행위이겠지만 지금의 기준으로 보면 경건한 크리스천이 하지 말아야 할 3종 세트를 다 했다. 오늘날 목회자가 이렇게 했다면 그날로 그는 교회에서 방을 빼야 할 것이다. SNS에 동영상이 올라가 스타가 되고 검색어 순위의 상위에 랭크될지도 모른다. 그런데 느헤미야는 여기에 얼마나 많은 것이 걸려있는지를 알았기 때문에 인기나 자신의 안위에 연연하지 않고 극단적인 처방을 쓴 것이다. 진 겟츠(Gene Getz)는 느헤미야의 이 행동에 대해 이렇게 말한다.

느헤미야가 그 사람들(이방 여인들과 결혼한 유다 남자들)의 머리털을 뽑은 것은 하나님의 사람으로서 폭력적이고 부적절한 행동으로 보인다. 그러나 느헤미야는 하나님의 심판이 유다에 다시 임하지 않을까를 걱정했다. 그는 하나님께서 이 죄를 용납하시지 않을 줄을 알았던 것이다. (Gene Getz, *Bible Knowledge Commentary: Nehemaih*, 696.)

그렇다. 느헤미야는 하나님과 이스라엘을 진정 사랑했기 때문에 단호히 행동했다. 아트 글래서 박사(Dr. Art Glasser)의 말처럼 이런 경우에 "수동성은 적(Passivity is an enemy)"임을 그는 알았기 때문이었다. 느헤미야는 더 나아가 이방 아내 때문에 타락한 솔로몬의 예를 들면서 그들을 경고하고 혼합 결혼을 절대 시켜서는 안 된다면서 맹세까지 시켰다.

더 심각한 것은 이 문제에 대제사장의 가정도 포함되어 있었다. 엘리아십의 손자 요야다의 아들 가운데 하나가 호론 사람 산발랏의 사위가 되어 있었다. 제사장 집안이 세상 권력자 집안과 혼인을 함으로써 부와 기득권을 지키려 한 것이다. 산발랏이 누구인가? 사마리아의 총독으로서 도비야와 함께 성벽 재건을 훼방했던 원수이다. 심지어 살해 위협을 가하고 군대까지 동원하려고 했다. 그런 자가 지금 대제사장 집안과 사돈을 맺은 것이다. 야훼 신앙이 완전히 무너질 위험에 처했다. 느헤미야는 단호하게 그 자를 쫓아냈다. 유대의 역사가인 요세푸스에 의하면 이 사람은 사마리아로 가서 그리심 산에서 예배하는 짝퉁 유대교를 창시했다고 한다. 여하튼 느헤미야는 하나님께서 이 일을 판결해주실 것을 기도한 후에 제사장들과 레위인들에게 묻은 이방인의 부정을 씻게 하고 직무에 복귀하게 했다. 또한 제단에서 쓸 장작과 첫 소산을 바치게 함으로써 예배가 끊이지 않도록 조처를 했다.

느헤미야는 31절에서 "나의 하나님, 나를 기억하여 주시고 복을 내려주십시오"라는 기도로 자신의 책을 마무리한다. 하나님께서 자신의 개혁에 대한 노력을 기억해주시고 그 일이 열매 맺을 수 있도록 복을 구한 것이다. 1장에서 기도로 시작한 느헤미야서는 기도로 끝을 맺고 있다. 기도는 하나님의 위대한 사역과 거룩한 비전을 이루는 일에 없어서는 안 될 필수적인 요소임을 배우게 된다. 그렇다면 회복과 영적 개혁과 참된 부흥을 지속시키는 문제에 대해 이 본문이 주는 교훈은 무엇인가?

개혁 아이엔지 #1: 인간 의지의 연약함 인식하기

우리가 본 것처럼 13장에서 깨뜨려진 안식일 문제, 십일조와 예배 문제, 혼합 결혼 문제는 10장에서 사람들이 죄를 자백하는 가운데 어기면 저주를 받아도 좋다고까지 하면서 맹세한 것들이었다. 그들은 장난삼아 적당히 한 것이 아니었다. 정말 진심으로 결단하고 헌신했던 것이다. 그렇지 않았다면 저주를 받아도 좋다는 말을 했겠는가? 그러나 그럼에도 불구하고 그들은 자신들의 맹세를 지킬 수 없었다.

우리도 마찬가지다. 아무리 선의를 갖고 있고 잘하려 하더라도 우리 의지만으로는 우리의 결단을 실천할 수 없고 하나님의 말씀을 순종할 수 없다. 대학 때 내 친구 하나는 정말 시험공부를 열심히 하기 원했다. 이 친구는 잠이 좀 많아서 잠을 안 자려고 나를 불렀다. 밤에 그 집에 가면 한 30분에서 1시간가량 이런저런 이야기를 하다가 자기 어머니에게 "엄마, 커피 진짜 진하게 타 주세요"라며 커피를 주문했다. 그 어머니가 열심히 공부하라며 정말 커다란 머그잔에 진한 커피를 타 주신다. 그러면 그걸 마시고 공부를 시작한다. 그러나 두어 시간이 못 되어 눈꺼풀이 처지고 비몽사몽이 된다. 그러면 딱 한 시간만 자고 해야겠다며 내게 깨워달라고 한 후 자리에 눕는다. 한 시간 후에 일어났을까? 그런 적은 한 번도 없었다. 정말 열심히 하고 싶어 의지를 불태웠지만 얼마 못 버티고 무너진 것이다. 우리도 그렇지 않은가? 주일에 설교 말씀을 듣고 결단했는데, 두 주먹 불끈 쥐고 다짐했는데, 월요일 출근 시간에 와르르 무너진 경험이 없는가? 아침에 경건의 시간을 하면서 직접 적은 큐티 노트의 잉크가 마르기도 전에 오늘은 하지 않겠다고 한 바로 그 잘못을 해 버린 경우는 없는가?

우리 인간의 의지만으로는 안 된다. 베드로는 죽는 한이 있을지라도 절대로 주님을 모른다고 하지 않겠다며 기염을 토했지만 얼마 지나지 않아 예수님을 세 번이나 부인했다. 오해는 하지 마라. 우리에게 결단이나 결심이 필요 없다는 뜻은 아니다. 우리는 결단해야 한다. 그러나 내 의지만으로 그 결단을 지켜나갈 수 없다. 우리는 그 사실을 인식해야 한다. 우리에게는 도움이 필요하다. 느헤미야 같은 영적 지도자와 공동체의 도움도 필요하지만 무엇보다도 느헤미야의 이름이 내포하고 있는 위로자 성령의 도우심이 필요하다. 우리는 늘 성령의 음성에 귀 기울이며 그분의 도움을 구하며 그분의 조정을 받아야 한다. 한 신혼부부가 혼인 서약을 하면서 주례자의 헌신 질문에 대해 그냥 "네(I do)"라고 하지 않고 "하나님의 도우심을 받아 그렇게 하겠습니다(With God's help, I do)"라고 했다는데 그게 바로 우리의 자세가 되어야 한다. 결단하고 헌신하지만 내 의지나 결심이 아니라 성령의 도우심을 받아야만 지속적인 개혁이 가능함을 알 필요가 있다.

개혁 아이엔지 #2: 매일 새로운 은혜 받기

본문의 이스라엘 사람들이 영적 개혁에 나섰던 것은 말씀 강독과 예배로 인해 받았던 큰 은혜 때문이었다. 8장에서 우리가 본 것처럼 이들은 말씀을 들으면서 찔림을 받아 울며 회개했고 그 결과, 주께서 주시는 은혜로 크게 기뻐했다. 엄청난 은혜를 받았던 것이다. 그러나 우리가 보다시피 과거의 은혜가 현재 그들의 부흥을 보장해주지 못했다.

우리의 영적 개혁과 부흥이 계속되기 위해서는 매일 새로운 은혜를 경험해야 한다. 어떤 사람은 '내가 예수님 믿고 은혜받았는데 도대체 왜 다시 마음이 심란해지고 누군가가 미워지고 참을성이 없어지지?'라면서 의아해한다. 그건 의아해할 상황이 아니다. 당연한 것이다. 은혜를 받아도 우리 안에는 옛 성품이 남아있다. 은혜가 나를 지배할 때는 그 옛 성품이 눌리고 힘을 잃지만, 시간이 가고 은혜의 감동이 사라지면 다시 올라오는 것이다. 그래서 우리는 날마다 하나님의 은혜를 받아야 한다. 생각해보라. 내가 오늘 호텔에서 최고의 음식을 배가 터지도록 먹었다고 하자. 정말 음식에 너무 큰 "은혜"를 받았다. 그렇다고 그것으로 내일도 버틸 수 있을까? 그럴 수 없다. 내일은 또 내일의 음식을 먹어야 한다. 마찬가지로 어제의 은혜가 오늘 내 심령의 부흥을 보장하지 않는다. 주님의 자비와 은혜는 아침마다 새롭다고 했다. 우리는 그 새로운 은혜를 받아야 한다. 그래서 우리가 매일 말씀을 읽고 기도하면서 순간순간 주님을 바라봐야 하는 것이다.

《날마다 숨 쉬는 순간마다》라는 찬송을 알 것이다. 그 찬송의 3절 가사는 이렇다.

인생의 어려운 순간마다 주의 약속 생각해 보네
내 맘속에 믿음 잃지 않고 말씀 속에 위로를 얻네
주님의 도우심 바라보며 모든 어려움 이기도다
흘러가는 순간순간마다 주님 약속 새겨봅니다.

흘러가는 순간순간마다 주님의 약속을 새겨본다고 했다. 왜 그랬을까? 순간순간 은혜받기 위해서이다. 주일 예배 때 경험하는 한 번의 은혜만으로 충분하지 않다. 우리 믿음의 조상들이 수요 예배를 만들고 금요 철야를 만든 이유를 생각해보라. 주일날 은혜를 받았지만 세상에 나가 살면서 힘이 떨어지고 어려워지기 때문에 중간중간 영혼의 휴게소 같은 예배에 나와 다시 은혜를 충전하고 가라는 뜻이 아니겠는가? 그래서 내가 섬기는 교회는 수요 예배를 "오아시스 예배"라고 부른다. 광야 같은 세상길을 걷다가 은혜의 오아시스로 와서 새 힘을 얻으라는 뜻이다. 아무튼 개혁과 부흥이 계속되기 위해서는 수시로 새로운 은혜를 받아 누려야 한다. 날마다 은혜의 보좌로 나아가라. 은혜받을만한 곳에 거하고 작은 은혜에도 민감하라. 무엇보다 늘 십자가 은혜를 묵상하며 언제나 후하게 은혜 주시는 주님을 계속 바라보라.

개혁 아이엔지 #3: 언제나 말씀의 기준에 따르기

처음의 개혁도 그랬지만 본문의 개혁도 말씀의 기준을 따르면서 일어났다. 13장 1절을 보면 사람들은 모세의 책을 읽다가 이방인들에 대한 기준을 발견하고 자신들을 성별하기 시작한다. 느헤미야가 페르시아에서 돌아와 한 일들, 이를테면 안식일 준수 문제나 성전 정화와 십일조 문제, 혼합 결혼 문제도 정치 경제적 논리나 본인의 취향, 또는 당시의 문화적 기준을 따른 것이 아니라 다 하나님 말씀의 기준에 맞추어 모든 것을 바로잡은 것이다.

그리스도인의 영적 개혁은 뭔가 대단하고 새로운 혁신을 하는 것이 아니다. 그것은 말씀으로 돌아가는 것이고 말씀의 기준을 따르는 것이다. 다른 말로 하자면, 다시 말씀에 따라 리셋하는 것이 바로 성경적 의미의 개혁이라고 할 수 있겠다. 그런 면에서 보면 개혁의 본질은 회복이다. 말씀의 기준을 다시 찾는 회복이라는 말이다. 교회의 개혁도 마찬가지다. 새로운 프로그램을 도입하고 누구도 하지 않는 혁신적인 방법으로 사역하는 것보다 말씀에 맞지 않는 것을 제거하고 우리가 하고 있는 것들, 전하고 있는 메시지, 가르치는 교리를 점점 성경 말씀의 기준에 맞추는 것이 개혁의 핵심이다. 기독교 역사상 가장 위대한 개혁인 16세기 종교개혁의 모토가 무엇인가? "오직 성경(sola scriptura)"이다. 당시의 타락한 가톨릭의 행습과 믿음을 성경의 기준으로 되돌리려 한 것이 종교개혁의 본질이었다. 지속적인 개혁을 원한다면 성경적으로 생각하고 행하는 습관을 가져야 한다.

몇 년 전에 필리핀에 갔을 때 어느 교회 입구에 "What the Bible says?" 즉, '성경이 무엇을 말하느냐?'라는 문구가 크게 쓰여 있는 것을 보았다. 상당히 인상적이었다. 성경 말씀대로 하겠다는 의지를 그렇게 드러낸 것 같았다. 한 교회는 예배 때 성경을 가지고 온 사람은 다 성경을 손에 들고 흔들라고 하면서 담임목사가 일일이 숫자를 세기도 했다. 성경 자체를 우상화하는 것이 아니라 성경이 하나님의 진리의 말씀이기 때문에 우리는 성경을 존중해야 한다. 성경으로 돌아가자. 성경의 권위에 복종하고 성경 말씀의 기준에 맞추자. 자녀를 양육할 때도, 재정 생활을 할 때도, 인간관계를 맺을 때도, 사역을 할 때도 성경대로 하자. "그건 성경이고!"라거나 "성경은 성경일뿐 오해하지 말자!"라고 말하지 말고 성경의 권위를 인정하며 그 말씀에 순종하자. 그것이 개혁과 부흥을 지속하게 만드는 중요한 요인이 될 것이다.

개혁 아이엔지 #4: 끊임없이 기도하기

강력한 개혁이 이루어지고 있었던 13장에 보면 느헤미야의 기도가 4번이나 나온다. 대표적으로 14절 한 절만 살펴보자. "하나님, 내가 한 일을 기억하여 주십시오. 하나님의 성전을 보살핀 일과, 예배를 드릴 수 있도록 정성껏 한 이 일을 잊지 마십시오." 그는 자신이 한 이 개혁의 일이 하나님의 기억하신 바가 되기를 기도했다. 성경에서 하나님이 무언가를 기억하시면 그분의 행동이 따라왔다. 예를 들어, 하나님은 이집트 땅에서 탄식하는 이스라엘 자손의 부르짖음을 들으시고 그 조상들과의 언약을 기억하셨다. 그리고 출애굽이라는 위대한 역사가 일어났다. 느헤미야는 하나님께서 이 개혁의 일을 기억하셔서 그 일에 개입하시고 그것이 열매 맺을 수 있게 해 달라고 기도한 것이다.

사실, 느헤미야에게 있는 가장 큰 특징 가운데 하나는 그가 기도의 사람이라는 것이다. 그는 처음부터 끝까지 기도했다. 1장을 보면 그는 금식하며 기도했고 밤낮으로 기도했다. 그의 책은 기도로 수놓아져 있다. 그랬기 때문에 거의 150년간 누구도 하지 못했던 예루살렘 성벽 재건이라는 위대한 역사를 이룰 수 있었고 이스라엘 공동체의 회복과 부흥이라는 비전의 성취까지 경험할 수 있었던 것이다.

역사적으로도 모든 부흥과 영적 개혁에는 기도의 뒷받침이 있었다. 기도는 참된 개혁과 부흥의 엔진이다. 우리 교회에는 주일 오전에 성도들이 모여 예배를 위해 기도하는 중보기도 모임이 있다. 이 모임의 이름이 "예영발전소"이다. "예배의 영광을 위한 발전소"를 줄인 말이다. 왜 발전소라고 했을까? 기도하는 모임이기 때문이다. 발전소에서 전력이 나오듯 기도 모임에서 능력이 나온다. 삶을 변화시킬 능력을 원하는가? 영적 각성이 필요한가? 가정을 새롭게 개혁하기 원하는가? 자녀가 말씀의 기준에 맞는 삶을 살기 원하는가? 부서와 소그룹과 교회 전체에 영적 부흥이 계속되기를 바라는가? 그렇다면 계속 기도해야 한다. 성경은 쉬지 말고 기도하라고 했다. 바울은 영적 전쟁에 대한 권면을 마무리하면서 에베소서 6장 18절에서 "온갖 기도와 간구로 언제나 성령 안에서 기도하십시오"라고 권면한다. 기도하자. 쉬지 말고 언제나 성령 안에서 기도하자. 우리가 기도하면 하나님이 일하신다. 그리고 하나님이 일하시면 진정한 부흥과 개혁이 계속될 수 있다. 매일 10분이라도, 그것도 안 되면 5분이라도 꾸준히 기도하자. 내 심령의 부흥과 자녀와 가정과 교회와 이 나라와 열방을 위해 간절히 기도하자. 그리고 점차 기도 시간을 늘려가자. 잊지 말라. 기도는 참된 개혁의 엔진이다. 우리가 계속 기도하면 개혁과 회복과 부흥의 큰 역사가 이루어지고 하나님의 교회와 그 백성이 그 이름에 걸맞은 존재로 세워지는 위대한 비전이 이루어지게 될 것이다.

네버 엔딩 스토리(Never Ending Story)

《네버엔딩 스토리》라는 노래가 있다. 국내 한 록그룹이 부른 사랑 노래이다. 나는 이 노래의 제목이 마음에 들었다. 특별히 우리가 다루었던 영적 개혁이야말로 네버엔딩 스토리라는 제목과 잘 어울린다고 생각했다. 기억하라. 개혁과 부흥과 헌신은 한 번의 이벤트로 끝나지 않는다. 그것은 우리가 주님 나라에 갈 때까지 끝없이 계속되어야 할 이야기이다. 그래서 네버

엔딩 스토리이고 그래서 개혁 아이엔지이다.

지속적인 개혁과 부흥을 원하는가? 당신의 삶과 가정, 소그룹과 교회, 그리고 당신의 주변이 늘 새로워지고 생명력으로 충만하길 원하는가? 느헤미야서 13장에서 배운 것처럼 인간 의지의 연약함을 인식하고 매일 새로운 은혜를 받으며 항상 말씀의 기준에 따를 뿐만 아니라 끊임없이 기도하도록 하자. 그럴 때 영적 개혁은 중단 없이 진행될 수 있을 것이다. 그럴 때 당신은 계속 성장할 수 있을 것이고 삶 가운데서 하나님의 역사를 계속 경험할 수 있을 것이며 공동체는 회복되고 부흥할 것이다. 이것이 결국 우리가 품어야 할 위대한 비전이요, 반드시 이루어야 할 꿈 너머의 꿈이 아니겠는가?

리셋
RESET
느헤미야와 함께
다시 세우라

그분은 다시 시작(Do over)의 하나님이며
재 기회(the second chance)의 주님이시다.

-존 오트버그-

우리가 회복을 말하는 것은 나의 회복, 나의 치유만이 아니라 더 나아가서 상처를 입었거나 길을 잃었거나 소중한 것을 빼앗겼거나 실패를 경험한 그런 사람들의 회복에 쓰임 받기 위해서입니다. 우리가 영적으로 침체됨을 경험했기에, 우리는 그런 사람들을 도울 수 있습니다. 우리가 실패해본 적이 있기 때문에 우리는 실패해서 주저앉은 사람들을 도울 수 있는 것입니다. 사실 우리가 당한 고통과 어려움과 아픔은 그것이 어떤 것이든지 간에 하나님께서 다른 사람들을 회복시키는 사역을 하는데 쓰이는 놀라운 재료가 될 수 있습니다.

-이재기, 『회복의 은혜』, 28.

리셋, 느헤미야와 함께 다시 세우라

지은이 **이재기**

초판 1쇄 발행 2022년 10월 19일

펴낸곳 도서출판 은채
펴낸이 문현숙
디자인 유영이
총 판 하늘유통 (031)947-7777

등록번호 제 2017-000011호
주   소 경기도 군포시 송부로 49번길 15
전   화 (070)4025-0648
이 메 일 ceraforjc@naver.com

정   가 16,000원
I S B N 979-11-962034-3-6 03230